金融マンのための
再編・再生ファイナンス講座

公認会計士
山下章太
Yamashita Shota

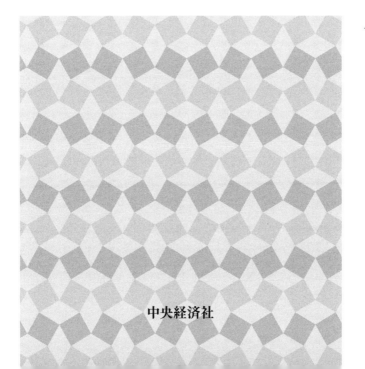

中央経済社

はじめに

　企業が活動していくと業態変更，組織変更，業績悪化などさまざまな事態が発生します。新規事業を開始する際に他社を買収（M&A）するケース，複雑化した事業をコア事業とノンコア事業に整理して事業再編を行うケースなどさまざまです。業績が悪化した際には，会社の収益を改善するために事業再生が必要です。

　本書では，主に企業が営業面・資本政策を理由として行う事業再編，業績が悪化した企業を回復するために行う事業再生という2つの分野を対象にします。
　実際に事業再編と事業再生は非常に似ています。利用するスキームは同じでも方向性（前向き，後ろ向き）が異なることから，一方は事業再編（前向きな対応），もう一方は事業再生（後ろ向きな対応）とイメージするケースが多いのでしょう。

　企業の活動は外的要因（経済環境，地政学リスクなど）に大きく影響されます。非常に収益性が高い事業を営んでいたとしても，いつまでもその事業が高い収益性を維持できるわけではありません。
　近年の企業取引はグローバル化しており，以前では考えられなかったくらい事業環境の変化が早くなりました。その意味でも，経済環境や同業他社との競争環境を考えながら，業態を再構築していくことが重要になっています。

　事業再編・事業再生については，時代とともに法制度が変化し，政策によって利用できる方法が変化します。たとえば，経済危機が発生したときには政府が特別な支援スキームを用意します。それらの多くは時限立法なので，いつまで利用できるかわかりません。ただし，事業再編・事業再生に関する基本的な

知識を有していれば，その時に利用できる制度（法律，税制など）を選択して検討することが可能です。このような事情から，本書においては事業再編・事業再生についての基本的な知識を解説することを優先し，政策によって左右されるスキームの解説は省略しています。本書では個別の時限立法に関する解説はしていないので，それらの点については他の専門書をご利用ください。

　なお，すでに私の書いた「金融マンのための」のシリーズを読んだことがある人はご存知だと思いますが，本書においても，事業再編と事業再生のファイナンスについてイメージをつかみやすいように，事例をストーリー（小話）形式で記載して，その内容について解説するという方法を採用しています。今回は，関東と関西の会社が登場します。

　本書では，事業再編・事業再生に必要な基礎知識，企業価値を判断するための知識，実行するために必要となる事項について，難解な部分を極力排除したうえで事例を交えて解説します。

　本書が事業再編・事業再生に関わる方々の一助になれば幸いです。

2022年9月

山下　章太

目　次 ● 金融マンのための再編・再生ファイナンス講座

はじめに

2

第3章 事業再生の基本的な考え方 ──────── 167

序 章

事業再編・事業再生が必要な理由

本書では事業再編と事業再生のイメージをつかみやすいように，いくつかの事例をストーリー（小話）形式で記載して，その内容について解説するという方法を採用しています。本書においては，目黒セラミックと京橋不動産という会社が登場します。

目黒セラミックは当初は半導体製造の会社でしたが，証券取引所に上場後は新規事業やM&Aによって事業分野を広げてきました。京橋不動産は大阪に本社をおく業歴70年の非上場企業です。業績が低迷してきたことにより，従来のビジネスモデルからの転換を図っています。まずは，この2社の状況から事業再編・事業再生がどのような場合に必要になってくるかを見ていきましょう。

なお，序章では事例解説をメインにしており，個別論点の解説を最小限にしています。話に出てくる内容がわかりにくい箇所もあると思いますが，詳細については後の章で解説しているため，とりあえず読み進めてください。

1. 目黒セラミックのケース

目黒セラミックは収益性が安定しない半導体業界に属しており，安定的な収益基盤を構築するために，事業領域を拡大しています。その進め方は，自社で新規事業を立ち上げる場合，他社を買収する場合，他社との提携を目的に投資する場合など，さまざまです。

今回，ある会社への出資を検討しているものの，株価が割高なので出資してよい

かどうか，社内でもめているようです。

　その時，虎ノ門銀行の加藤さんが目黒セラミックの志村社長を訪ねてきました。

志村社長：ちょっと聞いてよ。うちの取締役をしている息子（優）が，技術的に目黒セラミックとシナジーがありそうなベンチャー企業を見つけてきて，その会社に少額出資するかどうかを取締役会で検討してたんだ。増資の前提となる時価総額が200億円と言ってきているんだけど，守秘義務契約（CA（Confidentiality Agreement），NDA（Non-Disclosure Agreement））を締結して財務内容を見てみたら，売上が2億円しかないんだ。

加藤さん：売上が2億円で，時価総額が200億円というのはすごいですね。

志村社長：目黒セラミックは売上高500億円，時価総額100億円なんだけど，うちの会社は売上2億円のベンチャー企業に負けているってこと？

加藤さん：勝っている，負けているの話ではなくて，投資額が見合うかどうかだと思うのですが。

志村社長：息子は出資に乗り気なんだけど，他の取締役が気にくわないみたいで，どうしたらいいのか……。

　虎ノ門銀行に戻った加藤さんは，上司の鈴木次長に目黒セラミックの件を相談しました。

加藤さん：志村社長は，売上2億円のベンチャー企業に時価総額が負けているのが気に入らないようなんですが，どうフォローすればよかったんでしょうか？

鈴木次長：株価はそれぞれの要因で形成されているから，このベンチャー企業の株価が高いのと，目黒セラミックの株価が低いということなんだと思うよ。ベンチャー企業の株価が高いのは……。

◆　◆　◆

　虎ノ門銀行の加藤さんは，目黒セラミックの志村社長の疑問に正しく対応できなかったようです。売上が500億円の会社の時価総額よりも2億円の会社の

時価総額が高いということはよくある話です。ここでは，その理由について解説します。

（1）　企業のライフサイクルと株価の関係

　企業は創業してから衰退していくまで，一定のライフサイクルを辿ると考えるのが一般的です。ここでは，企業のライフサイクルを創業期，成長期，成熟期，衰退期，再生期という5つの区分で分けて，その時点の時価総額（株式価値）を比較したのが**図表序－1**です。企業のライフサイクルとしては，一般に創業期～衰退期の4期とするものが多いのですが，本書においては事業再生も対象にしているため，5つのサイクルとしています。

　まず，売上・利益という観点から説明します。企業は創業期を経て，成長期に売上・利益を増加させます。IPO（Initial Public Offering：株式公開）を行うのは成長期が多いでしょう。成熟期に入ると企業は安定的な利益を確保できるようになり，業績は安定します。そして，成熟期の企業が他社との競争によってマーケットシェアを失う（業績が悪化する）と，衰退期に入ります。その時点でうまく再生ができれば業績は回復します（再生期）。

　一方，株式価値の推移を見てみると，創業期から上昇し，成長期が最も株式価値が高い時期です。成熟期以降は株式価値が下がり，低い株価水準が継続します。

4

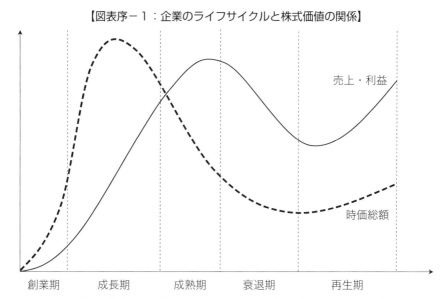

【図表序－1：企業のライフサイクルと株式価値の関係】

売上・利益

時価総額

創業期　　　成長期　　　成熟期　　　衰退期　　　再生期

※上記は一般的な傾向を示したもので，すべての企業に当てはまるわけではありません。

　図表序－1は企業の典型的な業績推移と株式価値を比較した例です。違和感を持つ人もいると思いますが，業績と株式価値はあまり関係がありません。すなわち，業績が不安定なほうが株式価値は高く，業績が安定すると株式価値は下がります。企業が成長する過程（創業期や成長期）においては，どこまで成長するかが不明なため売上・利益がどこまで上がるか（または下がるか）わかりません。ボラティリティ（業績が上がったり下がったりするブレ幅）が大きいと，投資家の期待値が高くなるのです。

　この感覚は文書では伝わりにくいため，数値を使って説明します。

　ベンチャー企業 X 社の事業が成功する場合と失敗する場合の 2 つのシナリオにおける成長率と確率を示したのが図表序－2 です。X 社は新規事業が成功すると売上・利益が100倍（10,000％）に成長し，失敗すると倒産（－100％：投資額の全損）します。X 社の成功・失敗の確率がそれぞれ 5 ％，95％なので，

投資家の期待する成長率は405％です。

【図表序－2：成長期のX社のシナリオ別の期待値】

ケース	成長率（A）	確率（B）	期待値（A×B）
成功シナリオ	10,000％	5％	500％
失敗シナリオ	－100％	95％	－95％
		合計	405％

　次に，成熟期のX社の事業が成功する場合と失敗する場合の2つのシナリオにおける成長率と確率を示したのが**図表序－3**です。

　成熟期に入ったX社は業績が安定します。事業規模が大きくなるため，新規事業の成功・失敗が業績（X社の成長率）に与える影響は相対的に小さくなります。成熟期のX社の新規事業が成功すると売上・利益は10％成長し，失敗すると－1％成長します。X社の成功・失敗の確率がそれぞれ50％，50％なので，投資家の期待する成長率は4.5％です。

【図表序－3：成熟期のX社のシナリオ別の期待値】

ケース	成長率（A）	確率（B）	期待値（A×B）
成功シナリオ	10％	50％	5％
失敗シナリオ	－1％	50％	0.5％
		合計	4.5％

　成長期の投資家の期待値は405％だったのに対して，成熟期の投資家の期待値は4.5％です。投資家は成熟期のX社に魅力は感じないでしょう。

　すなわち，（失敗する可能性が高いが）大きく成長が見込まれるライフサイクル（創業期や成長期）においては，企業業績以上の株価が付きやすくなるのです。株価は投資家の事業計画に対する期待感（過熱感）が大きく影響し，期待感が薄くなる（成熟期）と株式価値は適正水準で評価されます。

　具体例があったほうが理解しやすいので，ここではトヨタ自動車とテスラ（Tesla）の比較を行います。本書執筆時点において，トヨタ自動車はガソリン車が主力の自動車メーカーで，テスラは電気自動車（EV）の専業自動車メーカーです（将来的に商品構成は変わると思われます）。投資家の日本株と米国株の評価は異なるため単純に比較はできませんが，ここではこの2社を比較することとします。

　2021年12月末の株式時価総額と直近決算をもとに2社の株価倍率を比較したのが，**図表序－4**です。なお，テスラの株式時価総額や決算数値は米ドル建のため，115円/米ドルで円貨に換算して表示しています。

【図表序－4：トヨタ自動車とテスラの株価倍率の比較】

（単位：10億円）

	トヨタ自動車 (A)	テスラ (B)	倍率 $\left(\dfrac{B}{A}\right)$
決算期	2021年3月期	2020年12月期	
売上高	27,215	3,627	0.13
当期利益	2,245	83	0.04
総資産	62,267	5,997	0.10
純資産	23,405	2,556	0.11
株式時価総額	34,351	122,048	3.55
PER	15.3	1,472.0	96.2
PBR	1.5	47.8	32.5

※ PER＝当期利益÷時価総額，PBR＝純資産÷時価総額

　図表序－4の株価倍率（ここではPERとPBRのみを表示）を比較すると明らかなように，トヨタ自動車（ガソリン車が主力）よりもテスラ（電気自動車専業）のほうが株価倍率は高いことがわかります。企業のライフサイクルとしては，トヨタ自動車は業績が安定している成熟期，テスラは今後大きく成長する可能性のある成長期といえます。

　企業規模はトヨタ自動車のほうがテスラよりも，総資産で10倍，売上高で7.5倍大きいにもかかわらず，時価総額はテスラのほうがトヨタ自動車よりも3.5倍大きいのです。2社の企業規模と時価総額が逆転しているのは，企業のライフサイクルが大きく影響しており，投資家の期待感（過熱感）が大きいテスラのほうが株価は高くなるのです。

（2）　業種による違い

◆ ◆ ◆

加藤さん：企業のライフサイクルによって，投資家が考える株式価値は大きく違ってくるんですね。そうであれば，老舗企業よりもベンチャー企業のほうが優れているのでしょうか？

鈴木次長：株式価値だけを見ればベンチャー企業のほうが得しているような印象は受けると思うけど，銀行からすると成熟期の安定した老舗企業のほうが融資しやすいよね。銀行は成熟期の会社と継続取引できても，成長期の企業に積極的に融資しにくいかな。

加藤さん：売上2億円のベンチャー企業の株価が高くなるのは理由があるんですね。ところで，他にも目黒セラミックの株価のほうが低くなっている原因ってあるんですか？

鈴木次長：いくつか考えられると思うけど，業種も影響しているのかな……。

◆ ◆ ◆

　株式価値を評価する場合や与信（その会社の信用力）を判断する場合には，業種は重要な判断要因です。財務内容が同じでも，ある業種は相対的に株式価値が高いのに，ある業種は相対的に株式価値が低いということはよくあります。同様に，銀行が企業の与信（信用力）を判断する場合にも，同じ財務内容でも業種によって判断が異なります。

● 業種別の与信判断

まず，先に業種別の与信について解説します。ここでは，小売業のA社と不動産賃貸業のB社を比較してみましょう。

● A社のケース

> A社（小売業）は仕入代金の支払いのため，運転資金の借入を虎ノ門銀行に依頼しました。A社は，3カ月後の入金で借入金を返済する予定です。

● B社のケース

> B社（不動産賃貸業）は新規の賃貸物件を取得するため，15年間の均等返済の借入を虎ノ門銀行に依頼しました。

A社（小売業）は仕入代金の決済（支払い）のために借入しています。仕入代金の支払いを借入金で行い，3カ月後の売掛金の入金から借入金を返済します。このような借入（銀行サイドは融資）を運転資金融資といい，借入期間は数カ月です。

B社（不動産賃貸業）の借入は物件取得のためのもので，賃料収入から借入金を返済します。借入金は長期間にわたって少しずつ返済していくため，借入期間は数年〜数十年です。

A社（小売業）とB社（不動産賃貸業）を比べると，業種による融資スタンスの違いがわかると思います。

小売業の借入期間は通常短期（1年内）で長期間（1年超）の返済は想定していません。すなわち，銀行は企業の短期的な与信（信用力）しか検討しません。

一方，不動産賃貸業は借入期間が長期間（1年超，数年〜数十年）なので，銀行は企業の長期的な与信を検討する必要があります。

このように，銀行が企業の与信（信用力）を判断する場合には，A社とB社が同じ財務内容でも，業種が異なるため与信判断が異なります。

● **業種別の株価水準**

　次に，業種によって株価水準が異なる点について解説します。先ほど企業の
ライフサイクルによって投資家の期待感（過熱感）が違ってくると説明しまし
た。これは，業種にも同様に作用します。すなわち，投資家の期待が大きい業
種（成長率が高い業種）と期待が小さい業種（成長率がマイナス，または低い
業種）では，投資家の考える株価水準が異なってくるのです。傾向としては，
伝統的産業（オールドエコノミー）の株価は低く，新しい産業の株価は高いと
いえます。ただ，この傾向は経済環境に依存するため，すぐに傾向は変化します。

　具体的な例で見てみましょう。**図表序－5**は，複数業種（情報・通信，銀行，
不動産，製薬）から時価総額の最も高い企業を比較したものです（不動産は三
井不動産と三菱地所がほぼ同じ時価総額ですが，2021年12月末時点で時価総額
の大きかった三菱地所を掲載しています）。

　図表序－5は大企業なので，すべて成熟期の企業です。成長期のように株価

【図表序－5：業種別の株価・業績の比較】

(単位：10億円)

業種	情報・通信	銀行	不動産	製薬
企業名	NTT	MUFJ グループ	三菱地所	中外製薬
決算期	2021年3月期	2021年3月期	2021年3月期	2021年3月期
売上高	11,944	6,025	1,208	787
当期利益	916	777	136	215
総資産	22,965	359,474	6,073	1,235
純資産	7,563	16,803	1,852	980
時価総額	11,409	8,300	2,219	6,271
PER	12.5	10.7	16.4	29.2
PBR	1.5	0.5	1.2	6.4

※PER＝当期利益÷時価総額，PBR＝純資産÷時価総額

が割高になったりすることもなく，無難な株価水準と言ってもよいでしょう。

　ただ，成熟期の大企業であっても業種が違えば，株価水準は異なります。た
とえば，銀行業はPBR（純資産÷時価総額）が1を下回っており，ここには
掲載していませんが他のメガバンクも同様にPBRは1を下回っています。
PBRが1を下回ると決算書上の清算価値よりも株式時価が低いということを
意味しており，投資家の期待が非常に低いことが見てとれます。

　一方，製薬業はこの中では株価倍率は最も高く，PERは約30倍，PBRは約
6倍です。成熟期の企業とはいっても，他の業種よりも投資家の期待が高いこ
とがわかると思います。

　株価は投資家の期待感（過熱感）によって形成されるため，投資家が期待す
る業種・業界は株価が高くなりやすく，逆に投資家が期待しない業種・業界は
株価が低くなりやすいのです。

（3）　複合企業のデメリット

◆ ◆ ◆

加藤さん：業種によって株価水準が違うということは，目黒セラミックとベン
　　　　　チャー企業の株価の差に影響しているのかもしれませんね。ただ，目
　　　　　黒セラミックは投資を検討しているベンチャー企業とシナジーがある
　　　　　ようなので，事業領域の一部は重なっていると思うんです。
鈴木次長：目黒セラミックは複数の事業をしているから，そのうちの1つの事業
　　　　　（業種）がベンチャー企業と同じでも，投資家は会社全体としては同
　　　　　じと判断しない。あと，複数の業種にまたがっていると，投資家が投
　　　　　資判断しにくいからコングロマリット・ディスカウントが発生すると
　　　　　いうのもあるかな。

◆ ◆ ◆

　まず，コングロマリットは，一般的に複数の業種にまたがる企業グループのことを指します。Googleなどの同業種の企業体もコングロマリットということがありますが，ここでは多業種の複合企業を前提とします。

　コングロマリットは業種の異なる企業を多数保有しているので，外部からは何をしているのかわかりにくく，企業グループの価値判断が正確にできないのです。

　投資家が企業グループの価値を判断できない場合，どうするでしょうか？
　答えは，以下のどちらかです。

- 会社の状況がわからないので投資しない
- よくわからないので，価値を低めに見積もる

　投資家としてはよくわからない会社に投資したくないので，株式投資の対象になりにくいというのが1点目です。よくわからない状況で投資しても失敗するかもしれないので，保守的に価値を低めに見積っておこう，というのが2点目です。どちらも，株式価値にマイナスの影響を与えることは明らかです。

　すなわち，コングロマリット・ディスカウントは，よくわからない会社に投資するときに，公正価値よりも低く投資しようと割り引くこと（ディスカウント）です。投資する側からすると当然の理屈で，理解しやすいのではないでしょうか。

　企業グループの規模が大きくなるほどコングロマリット・ディスカウントは株式価値にインパクトを与えます。また，持株会社はコングロマリットと同じく子会社として多数の事業会社を有しているので株価が低くなります。

　たとえば**図表序－6**のように，A社～C社の本来の価値は合計300億円なのに，グループ全体としては，コングロマリット・ディスカウントが影響して250億円と評価されます。

　なお，ディスカウントはその企業グループによって異なります。10％の場合

もあれば90％の場合もあります。

【図表序－6：コングロマリット・ディスカウントのイメージ】

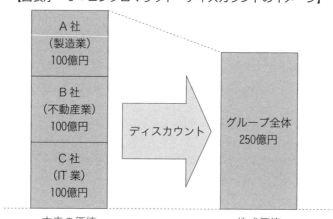

日本におけるコングロマリットの典型例はソフトバンクグループ（純粋持株会社）です。2021年12月末時点でグループ企業数が約2,000社，従業員数は約6万人なので，投資家からすると主に何をしている会社なのかわかりません。そして約2,000社のグループ会社が順調なのかわからず，開示されている決算書が正しいのかわかりません（会計監査を受けているので正しいとは思います）。

要は株価にとってマイナス要素しかないので，当然ながらコングロマリット・ディスカウントが発生します。

（4） 会社の株価を改善させる方法

◆ ◆ ◆

加藤さん：確かに，よくわからない会社には投資しにくいですね。目黒セラミックはいくつかの事業を行っているので，投資家からするとわかりにくいのかもしれません。

鈴木次長：グループの再編を行えば株式価値は上がると思うけど，志村社長はそ
　　　　　こまで必要だと思っているのかな？

加藤さん：そうですね。お節介な提案をしても嫌がられるだけなので，次回訪問
　　　　　したときに聞いてみます。

✧ ◆ ✧

　会社の株式価値がどのような状態であれば高くなるかについて，ここでは理
由を３つ説明しました。この３つをもとに株式価値を高くしようとすると，以
下の点を考慮する必要があります。

---

①　成長期の会社の株式価値は割高になり，成熟期になると株式価値は下がる
②　株式価値が高い業種と低い業種がある
③　事業が複雑になると株式価値が下がる

　これらの点を踏まえて株式価値を向上させる方法を，以下で説明します。

①　成長期の会社の株式価値は割高になる

　成熟期の企業グループの中にも成長期の事業は存在します。たとえば，新規
事業を社内で立ち上げる場合（社内ベンチャー）がイメージしやすいでしょう。
社内ベンチャーは成熟期の会社の一事業なので株式価値は割安になってしまい
ます。株式価値を増やすためには，新規事業を成熟期の会社から切り離して別
法人にすればよいのです。この際，会社分割などの組織再編を利用します。

　イメージをつかむために，例題をもとに説明しましょう。

例題序－1

　A社（製造業）の既存事業（製造業）の売上高は500億円で，時価総額は100億
円と評価されています。その後，新規事業を開始し，売上高は１億円です。

　この状況で，A社はどのようにすれば株式価値を高めることができるでしょう
か？

【解答・解説】

A社の製造業の売上高は500億円，新規事業を加算すると売上高は501億円です。投資家からするとA社の売上高が500億円でも501億円でも大した違いはなく，製造業としてのA社の時価総額は売上高が1億円増えたとしても100億円のままです（**図表序－7**の左側）。

A社の新規事業は，売上高が1億円でも投資家が20億円と評価をしている場合，A社の中においておく経済合理性はありません。すなわち，この新規事業はA社と別法人でなければ，何の価値もない（ほぼ株式価値がゼロ）のです。

新規事業の価値を正当に評価するためには，A社から新規事業を会社分割してX社として独立させる必要があります。会社分割を行った結果，A社グループの株式時価総額は100億円から120億円に増加し，新規事業の株式価値を反映させることができました（**図表序－7**の右側）。

このように，株式価値を向上させる観点からは，成長期に相当する事業は成

【図表序－7：会社分割による成長期の会社の設立】

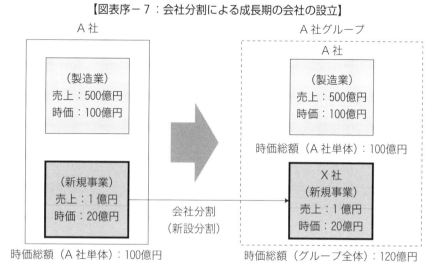

熟期の会社内で行う必要はなく，分社化をしたほうが全体として株式価値は高まります。ただし，成長期の会社は安定したキャッシュ・フローがないため，財務健全性は脆弱です。新規事業の分社化は必ずしもメリットだけではありません。

② 業種を変更して株式価値を高める

　成熟期の企業であっても業種によって株価水準が異なります。ここでは業種による株式価値の差について考えます。先ほど参考に比較した4つの業界の企業では，製薬業が最も高い株価倍率となっていました。株価倍率が高い業種と低い業種があるため，なるべく低い業種として区分されないことが株式価値を向上させるために必要です。ここでも，例題をもとに説明します。

例題序－2

　A社は製造業，不動産業と製薬業を行っています。セグメント利益は製造業10億円，不動産業4億円，製薬業6億円です。

　類似企業のPER倍率は，製造業が10倍，不動産業が10倍，製薬業が30倍とします。

　この状況で，A社はどのようにすれば株式価値を高めることができるでしょうか？

解答・解説

　A社の利益は製造業10億円，不動産業4億円，製薬業6億円です。A社の利益の半分が製造業から発生していることから，A社の業種は製造業として区分されます。

　A社の株式価値は全体の利益20億円（製造業10億円＋不動産業4億円＋製薬業6億円）と株価倍率（ここではPER倍率）を利用して，20億円×10倍＝200億円です（**図表序－8**の左側）。

　業種別株価倍率が高い製薬業も製造業として評価するため，A社の本来の

16

株式価値が評価されていません。図表序－8のように，製薬業と不動産をX社として会社分割すると，X社の利益の大半は製薬業となるため，X社の業種は製薬業として区分されます。

会社分割後のX社の株式価値は，利益10億円（製薬業6億円＋不動産業4億円）にPER倍率30倍を掛けて300億円（10億円×30倍）です。製薬業の利益6億円だけだと時価総額は180億円（6億円×30倍）なのですが，不動産業を加算することで300億円に時価総額が増加します。この結果，A社単体では時価総額200億円だったのが，業種別株価倍率が高い会社（X社）を新設することによって時価総額が400億円に向上しました。

このように，株価倍率の高い業種として企業が認識されるように組織再編を行ったほうが，株式価値の向上にはよいのです。

【図表序－8：会社分割による異業種の会社の設立】

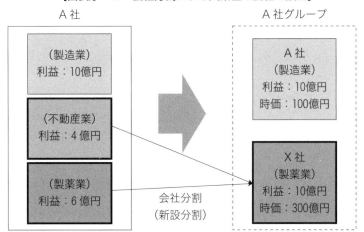

③ 事業をなるべく単純化する

コングロマリット・ディスカウントは，株価を下げる要因であることを説明しました。事業内容が複雑化すると，投資家が保守的な判断をしてしまうのが

原因です。コングロマリットは一般的には多業種の複合企業体を指しますが，中には単一業種の企業グループに見えるように事業内容をコントロールしている場合もあります。たとえば，IT系のコングロマリットは，周辺企業を多数買収するものの，広義のIT業種から事業ドメインが外れないようにしているように思います。

　狭義のコングロマリット（多業種の複合企業体）となってしまうと，「何をしている会社なのか？」が外部からわからなくなるため，企業数を増やしても事業内容は外部からも理解しやすいように単純化しておく必要があるのです。例題をもとに解説します。

┌─ 例題序－3 ─────────────────────
　製造業のA社はB社～D社の100％の持分を保有しています。外部投資家からはA社グループの事業内容がわかりにくいため，A社～D社の株式価値の単純合算400億円から10％のコングロマリット・ディスカウントを加味した360億円がA社の株式時価総額となっています。
　A社がコングロマリット・ディスカウントを解消するにはどうすればいいでしょうか？
└────────────────────────────

解答・解説

　まず，現状のA社は単体（B社～D社の持分価値を含まない）の時価が100億円で，B社～D社の時価がそれぞれ100億円なので，4社を単純合算すると400億円になるはずです。ただし，A社～D社はすべて業種が異なることから，多業種複合企業と思われています。

　この結果，A社の株式価値（グループ全体の株式価値）は単体合計の400億円から10％のコングロマリット・ディスカウントを加味した360億円と評価されています（**図表序－9**の左側）。

　特定業種（たとえば，不動産業）に投資したい投資家が他の業種（たとえば，金融業）にも投資しないといけないとなると，投資対象としての価値が減ることはイメージしやすいでしょう。言い方を変えると，多業種の企業グループに

18

投資家が投資するからコングロマリット・ディスカウントが発生するので，業種が1つの会社に投資家が投資するのであればコングロマリット・ディスカウントは発生しません。A社と子会社B社〜D社の業種が異なるのが問題になるのであれば，（可能かどうかはともかく）業種別に投資家が投資できるようにしてしまえばよいわけです。

　いくつか方法はありますが，ここでは現物配当でA社が保有するB社〜D社の株式を株主に分配する方法で説明します。

　便宜上，A社の株主は2名で株主1が70%，株主2が30%保有していたとします。A社が保有するB社〜D社の株式100%を2名の株主に現物配当すると，株主1はA社〜D社の株式を70%保有し，株主2はA社〜D社の株式を30%保有します（**図表序−9**の右側）。そうすると，株主は業種が異なるA社〜D社に投資しているため，多業種企業としてのコングロマリット・ディスカウントが解消します。

　この結果，A社グループ全体の株式価値は，単体合計の400億円に回復するのです。

【図表序−9：現物配当による組織再編】

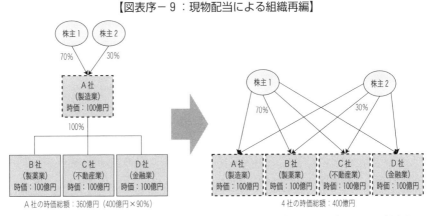

※ここでは点線で囲んだ会社に対して投資家が投資しているものとします。なお，制度上このような対応ができるかどうかはともかく，イメージをつかみやすいように少し極端な例で説明しています。

　このように，投資家が投資しやすい単一業種企業（またはグループ）に組織再編を行ったほうが，株式価値の向上にはよいのです。

　ここでは株式価値を改善させる手法として，主に組織再編の必要性を説明しました。事業再編は事業内容を改善させることを主目的としていますが，究極的には企業価値（または株式価値）を向上させるための手段を追求することなので，市場から評価されやすい組織形態に再編していくことが重要なのです。

2．京橋不動産のケース

　京橋不動産は大阪に本社を置く不動産会社です。金属素材の商社から事業をスタートし，その後，製造業，不動産業（開発，販売，仲介），運送業，建設業，金融業などに事業を拡大してきました。不動産事業において，戸建やマンションの建設資金を銀行からの借入で賄っており，最近の開発案件のいくつかが販売できずに借入金の返済が困難になってきました。

　ここでは，京橋不動産を例にして，事業再生の必要性について考えていきます。

（1）　キャッシュ・フローと有利子負債

❖ ❖ ❖

　京橋不動産の業績が悪化したのを懸念した虎ノ門銀行は，事業再生によって復活した西日本紡績にスポンサーになってもらえないかと打診しました。西日本紡績では，内容を確認してから検討しようということになり，西日本紡績の中村さんが京橋不動産の野村社長を訪問しました。

野村社長：先に依頼のあった資料のうち，直近の決算書をお渡しします（**図表序 －10，序－11**）。

中村さん：（資料を見ながら）赤字ですが，まだ純資産がプラスのようですね。 ただ，営業キャッシュ・フロー（営業利益＋減価償却費）が500百万

【図表序－10：京橋不動産の貸借対照表】

(単位：百万円)

科目	金額	科目	金額
現金預金	1,000	支払手形・買掛金	3,000
受取手形・売掛金	4,000	未払金	2,000
販売用不動産	12,000	短期借入金	20,000
商品及び製品	3,000	流動負債	25,000
原材料及び貯蔵品	2,000	長期借入金	7,000
営業貸付金	3,000	退職給付引当金	1,000
流動資産合計	25,000	固定負債	8,000
建物	5,000	負債合計	33,000
機械及び装置	2,000	資本金	1,000
土地	3,000	利益剰余金	1,000
有形固定資産	10,000	株主資本	2,000
固定資産	10,000	純資産合計	2,000
資産合計	35,000	負債純資産合計	35,000

【図表序－11：京橋不動産の損益計算書】

(単位：百万円)

科目	金額
売上	20,000
売上原価	17,000
売上総利益	3,000
販売費及び一般管理費	3,000
営業利益	0
支払利息	500
経常利益	−500
税引前当期利益	−500
法人税等	0
当期利益	−500
うち，減価償却費	500

　　　　　円（0百万円＋500百万円）なので，借入利息しか払えません。あと，
　　　　　短期借入金が多いので，販売用不動産の売却で返済ができないと，急
　　　　　激に資金繰りが厳しくなりそうですね。

野村社長：虎ノ門銀行に前回融資してもらったマンションの販売が思ったよりも
　　　　　進んでないんですけど，ここから巻き返す予定です。

中村さん：天王寺に最近建ったマンションですね。ここ数年は土地の仕入が高い
　　　　　から，販売価格も高そうです。正直なところ，売れそうなんですか？

野村社長：正直言うと，フィフティー・フィフティーかと。最近は丸の内銀行が
　　　　　毎日のように来て，マンション1室売れるたびに，内入れしてくれと
　　　　　言ってくるんです。

中村さん：丸の内銀行は取り立てが厳しいですからね。

❖ ◆ ❖

　要約すると，虎ノ門銀行から借りたマンション建設資金の返済が滞っている
ところに，丸の内銀行も積極的に回収に来ているようです。京橋不動産は不動
産業，製造業，建設業，運送業，金融業などさまざまな事業を営んでおり，今
回の資金ショートは不動産事業の過剰借入が原因のようです。

　不動産業は，物件取得代金や建築代金に多額の資金が必要で，その大半は借
入によって賄っています。不動産業は事業が順調に進んでいるときは特に問題
ありませんが，事業が悪化すると急激に資金繰りが苦しくなります。他の業種
と比べて1回の取引金額が大きいのと借入に依存する比率が高いので，景気変
動によって債務不履行（デフォルト）になる場合が多いのです。

　銀行は貸付金の回収可能性を検討する必要があり，基本的に借入金を返済で
きる十分なキャッシュ・フローを有しているかどうかで判断します。

　すなわち，会社の返済能力は，「有利子負債がキャッシュ・フローの何倍か？」
で判断します。ここで，有利子負債とは借入金，社債，リース債務など利息が
発生する負債です。また，ここでのキャッシュ・フローは営業キャッシュ・フ
ロー（営業活動から発生するキャッシュ・フロー）です。当然ながら返済可能

期間が短いほど，返済能力が高い会社です。

　図表序－12を見てみましょう。10億円の借入をしている A 社～C 社について，年間のキャッシュ・フロー（CF）がそれぞれ，A 社：1 億円，B 社：2 億円，C 社：5 億円とします。

　この場合，借入金返済に必要な期間は，A 社は10年（10億円÷1 億円），B 社は 5 年（10億円÷2 億円），C 社は 2 年（10億円÷5 億円）です。

　銀行は，借入返済に10年かかる A 社よりも，2 年で返済できる C 社のほうが返済能力が高いと判断します。

　ただし，この返済可能年数は一般的な返済能力を表す指標であり，借入金が返済できるかどうかは別問題です。図表序－13を見てみましょう。

　A 社～C 社の借入金10億円の返済期日が，A 社：20年後，B 社 7 年後，C 社：1 年後とします。

　A 社は返済可能年数が10年なので 3 社の中で最も返済能力が低いと判断されています。ただし，返済期日が20年後なので，十分に借入金の返済が可能で

【図表序－12：会社の返済可能年数の比較】

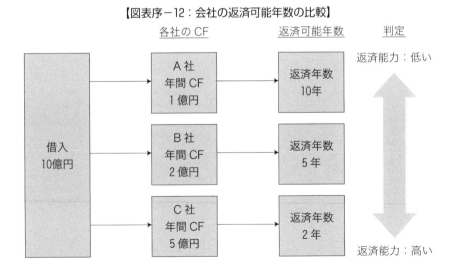

【図表序−13：会社の返済可能年数と返済期日】

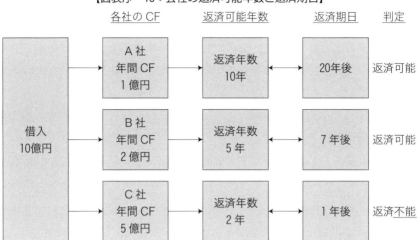

す。同様に，B社も返済期日7年よりも返済可能年数5年のほうが短いので，借入金の返済が可能です。

　一方，返済能力が最も高いC社は，返済期日1年に対して返済可能年数が2年なので，借入金を期日までに返済できません。

　このように，返済能力が高い会社が必ずしも債務不履行（デフォルト）しないわけではありません。キャッシュ・フローと有利子負債の関係を理解し，返済期日までの猶予期間（期限の利益）を確保している会社が債務不履行（デフォルト）しにくいのです。

　実際のところ，これが不動産業の債務不履行（デフォルト）が多い理由の1つです。

　さて，問題です。

例題序−4

　返済能力が高いC社が債務不履行（デフォルト）を回避するためにはどうすればいいでしょうか？

24

解答

　最も簡単な答えは，リファイナンス（返済期日に同額借入れること。「ロール」ということもあります），です。リスケ（リスケジュール。返済期日を伸ばしてもらうこと）という方法もありますが，返済条件緩和に該当するためおすすめしません。

　会社の返済能力が高ければ，リファイナンスによって債務不履行（デフォルト）を回避できます。ただ，リファイナンスが必ずしもできるとは限りません。
　会社のキャッシュ・フローが有利子負債の返済に十分な場合に限られます。

（２）　事業再生の方法

❖ ❖ ❖

　京橋不動産での話し合いはまだ続いていて，野村社長は最近聞いた再生スキームについて西日本紡績の中村さんに質問しています。

野村社長：負債を返済するのは必要やと思いますけど，京橋不動産の事業を増やし過ぎて，いくつかの事業が不採算になってきてるんです。この前，知り合いの社長に，会社分割を利用して不採算事業と債務圧縮する方法があるって聞いたんです。うちの会社にも使えるんでしょうか？

中村さん：それは多分，昔から使われてる「第二会社方式」っていう会社分割スキームのことを言っているのだと思います。新会社に優良事業と返済可能な債務を移して，不採算事業と過剰債務を残した旧会社を清算（または破産）するという方法です。Good（良い事業）とBad（悪い事業）を切り分けて，Badだけ清算するという強引な手法なので，債権者の合意なくこの方法をするのは難しいです。

野村社長：丸の内銀行の借入だけ旧会社に残して清算したろかと思ったけど，難しいですかね……。

❖ ❖ ❖

　事業再生にはさまざまな手法（スキーム）が利用されます。中村さんと野村社長の会話に出てきた「第二会社方式」とは，財務状況が悪化した会社において，収益性事業を会社分割や事業譲渡によって新会社（第二会社）に切り離して，不採算部門と過剰債務を旧会社に残して，その後旧会社を清算する方法です。

　すなわち，新会社（第二会社）を利用して黒字事業（Good）と不採算事業（Bad）を分けて，過剰債務を整理するのが第二会社方式の本質です。

　図表序－14を見てみましょう。A社は不動産業と製造業を営んでおり，利益は不動産業が－10億円，製造業が＋10億円です。この場合，不動産業は－10億円の損失を出しているため不採算事業です。銀行からの借入が100億円ありますが，A社の利益はゼロ（－10億円（不動産業）＋10億円（製造業））なので借入金の返済ができません（図表序－14の左側）。

【図表序－14：第二会社方式のイメージ】

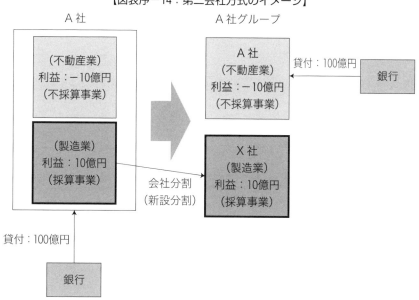

この場合，A社の不採算事業（不動産業）と借入金を残し，黒字事業（製造業）を会社分割して新会社（第二会社）であるX社を設立します。そうすると，借入と不採算事業（不動産業）は旧会社（A社）に残って，黒字事業（製造業）が新会社（X社）に移行します（図表序−14の右側）。

旧会社（A社）はその後清算し，結果としてA社は黒字事業（製造業のX社）のみを継続することができるのです。

ここでは再生スキームのうち第二会社方式を例に説明しました。すでに読者の皆さんは気づいていると思いますが，この会社分割の方法は，目黒セラミックが株式価値を高めるために利用した会社分割と同じです。両者は「株価を高めるために特定の事業だけを切り出す」と「再生のために特定の事業を切り出す」という目的の違いはありますが，実際には同じスキームを利用しています。

このように，事業再編で利用するスキーム（方法）と事業再生に利用するスキームは類似していて，その目的が違うだけなのです。

（3） 事業再生の進め方

◆ ◆ ◆

京橋不動産は複数の事業（セグメント）があり，全体の財務数値だけでは部門の収益採算が判断できません。このため西日本紡績の中村さんは，京橋不動産の野村社長に質問しています。

中村さん：事前にお願いしていた，事業部ごとの貸借対照表と損益計算書はありますか？

野村社長：これが事業部ごとの貸借対照表（**図表序−15**）と損益計算書（**図表序−16**）です。現金は事業部ごとに配分できなかったので，「その他」に入れています。

中村さん：（資料を見ながら）これですか。不動産業は，売上と売上原価が同じなので，早く回収するため簿価ギリギリで売ってるんでしょう。丸の内銀行に言われて，焦っているのがわかります。

　　　製造業は売掛金の回転期間（売掛金が資金回収できるのが何カ月か）
　　　が年間売上の6カ月分（売掛金÷売上×12カ月＝3,000÷6,000×
　　　12）って，長くないですか？
野村社長：製造業の売掛金は取引先の決済が遅れてしまって，長くなっています。

【図表序－15：京橋不動産のセグメント情報（貸借対照表）】

（単位：百万円）

科目	不動産業	製造業	建設業	運送業	金融業	その他	合計
現金預金						1,000	1,000
受取手形・売掛金		3,000	300	200	500		4,000
販売用不動産	10,000		2,000				12,000
商品及び製品		3,000					3,000
原材料及び貯蔵品		2,000					2,000
営業貸付金					3,000		3,000
流動資産合計	10,000	8,000	2,300	200	3,500	1,000	25,000
建物		3,000		2,000			5,000
機械及び装置		2,000					2,000
土地		2,000		1,000			3,000
有形固定資産	0	7,000	0	3,000	0	0	10,000
固定資産合計	0	7,000	0	3,000	0	0	10,000
資産合計	10,000	15,000	2,300	3,200	3,500	1,000	35,000

科目	不動産業	製造業	建設業	運送業	金融業	その他	合計
支払手形・買掛金	500	1,000	1,000	500			3,000
未払金		500	500	500	500		2,000
短期借入金	10,000	7,000	1,000		2,000		20,000
流動負債	10,500	8,500	2,500	1,000	2,500	0	25,000
長期借入金		5,000		2,000			7,000
退職給付引当金		500	300	200			1,000
固定負債	0	5,500	300	2,200	0	0	8,000
負債合計	10,500	14,000	2,800	3,200	2,500	0	33,000
純資産	−500	1,000	−500	0	1,000	1,000	2,000

28

【図表序－16：京橋不動産のセグメント情報（損益計算書）】

（単位：百万円）

科目	不動産業	製造業	建設業	運送業	金融業	その他	合計
売上高	8,000	6,000	3,000	2,000	1,000		20,000
売上原価	8,000	4,500	2,500	1,500	500		17,000
売上総利益	0	1,500	500	500	500		3,000
販売費及び一般管理費	1,000	1,000	200	200	100	500	3,000
営業利益	−1,000	500	300	300	400	−500	0

中村さん：あと，棚卸資産（商品及び製品，原材料及び貯蔵品）が5,000百万円だから回転期間は13.3カ月（棚卸資産÷売上原価 ×12カ月＝5,000÷4,500×12）だから，不良在庫が結構溜まってますね。

野村社長：確かに，以前製造していた製品に売れ残りがありますが……。

中村さん：それと，金融業は具体的に何をしているんですか？　営業貸付金が3,000百万円なのに売上が1,000百万円だから，売上が金利収入だけだったら年利33％ですよ。売上の50％も計上されている売掛金（未収入金）って何ですか？

野村社長：金融仲介業をしているので，その売上が計上されているはずです。

中村さん：年間1,000百万円近くブローカレッジ（仲介業務）で売上を挙げられるような優秀な社員が，御社にいると思います？

野村社長：いるかもしれないし，いないかもしれないし……。

中村さん：というか，決算書が変なのは見ればわかることなので，正直に話してくれないと，助けようにも助けられませんよ。

◆ ◆ ◆

　西日本紡績の中村さんは，京橋不動産を改善するためにセグメントごとの決算数値を確認しています。京橋不動産の業績が良くないことは決算書を見ればわかりますが，会社全体の数値よりもセグメント情報のほうが，どこが悪いかがわかりやすいのです。さらに，時系列にして数値の変化を見てみると，どこのセグメントがどのように悪化したかのヒントを発見することができます。

　事業再生は，まず問題点がどこにあるかを発見することが必要です。その後，その問題点に対してどのように対応するかを検討し，実際に実行します。

　業務管理において利用するPDCAサイクルに似ています。PDCAサイクルは，Plan（計画），Do（実行），Check（評価），Action（改善）の頭文字をとった業務管理手法で，昔から利用されています。

　一般的には**図表序−17**のように，まず計画（Plan）したものを，実際に実行（Do）し，その結果を評価（Check）し，発生した問題点を改善（Action）する方法を検討します。この流れを1サイクルとし，何度もサイクルを回し続けて精度を高めることを目的とします。

【図表序−17：PDCA サイクル】

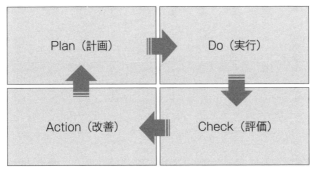

　事業再生においては，まず企業の問題点を発見する分析（Analyze）からスタートします。発見された問題点を改善する計画（Plan）を策定し，その計画を実行（Do）するという流れになります（**図表序−18**）。PDCA サイクルに似ていますが，根本的に違う点があります。PDCA サイクルは業務改善や業務

【図表序-18：事業再生のサイクル】

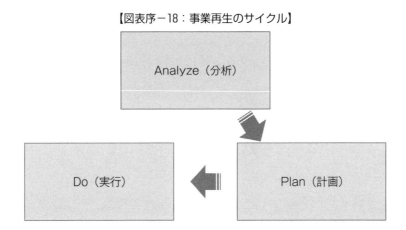

効率化を目的としたものなので，失敗してもやり直しできます。つまり，Action（改善）からPlan（計画）に戻れるのです。

　事業再生の場合は，Analyze（分析）して再生の可能性がなければ，そもそもPlan（計画）も作りません。再生計画を実行（Do）した後，再生計画の履行が失敗すると倒産してしまうため，評価（Check）も改善（Action）もできません。成功した場合には，後日談のように評価（Check）することもあります。

　実際の事業再生の流れを示すと，**図表序-19**のようになります。PDCAサイクルのようにやり直しができるわけではないので，どこかでストップすれば会社の再生はできず，破産・清算することが特徴と言えるでしょう。

　図表序-19で示した事業再生の流れで最も重要なのは，一番はじめの分析（Analyze）であることは間違いありません。会社にどのような問題点があり，その問題点は解決可能なのかを初期的に判断するもので，事業再生には不可欠な過程（プロセス）です。再生の可能性がなければ再生計画（Plan）を作って，実行（Do）する意味がないので，初期的な見極めが極めて重要といえます。

　スタートアップ企業が上場する確率（数パーセント）よりも高いものの，事業再生が成功する確率も決して高くはありません。

【図表序－19：事業再生の進み方】

Analyze（分析）

●DD（デューデリジェンス）の実施
　会社の状況を調査し，問題点と改善可能かどうかを判断する

再生不可能と判断　✖　→　会社の清算

再生可能と判断　◎

Plan（計画）

●再生計画の作成及び承認
　会社を再生させるための再生計画を作成し，利害関係者（債権者など）の合意を得る

承認されず　✖　→　会社の清算

再生計画の承認　◎

Do（実行）

●再生計画の実行
　利害関係者に承認された再生計画を実行する

再生不可能　✖　→　会社の清算

実行完了　◎

事業再生の成功

　なお，事業再生の初期段階ではデューデリジェンス（英語で Due Diligence のことで，「DD（ディーディー）」と記載されることが多い）が実施されます。デューデリジェンスは，会社の状況を調査することで，主に**図表序－20**の３種類があります。ただし，すべてのデューデリジェンスを実施するのはまれで，通常は財務デューデリジェンス＋αです。

　初期的に財務データから会社が再生可能かどうかを調査するのが財務デューデリジェンスです。西日本紡績の中村さんが財務の問題点をヒアリングしているのは，再生の分析（Analyze）手続として当然のことなのです。

　次に，再生計画は，どのようなスキームを利用するかによって状況が異なります（再生手法の違いについては後述します）。自主再建する場合は，再生計画を債権者（銀行や取引先など）に承諾してもらう必要があり，基本的に全員が承諾しないと再生計画は進められません。たとえば，仕入先に「買掛金の支

【図表序－20：デューデリジェンスの種類】

種類	内容
財務デューデリジェンス	財務面・税務面での調査。 会社の財務や税務についてその状況，リスク，課題を検討する。
ビジネスデューデリジェンス	会社のビジネス面での分析。 対象会社の持つ将来の可能性とリスクについて把握し，事業計画の蓋然性を分析する。
法務デューデリジェンス	契約内容や取引の法律面の調査。 法令違反の有無，訴訟の有無，許認可の有無など法律の観点から調査する。

払いを3カ月待ってほしい」と依頼しても，仕入先が待ってくれなければ倒産します。法的整理を行う場合も，裁判所が再生計画を承認してくれなければ，債権者は再生計画に従わないため事業再生は頓挫します。すなわち，利害関係者が再生計画に同意してくれなければ，事業再生はできないのです。

　このように，事業再生を行うためには，準備段階からさまざまな検討を行わなければならず，各段階で実行可能と判断されないと，進めることができません。

第 1 章

事業再編・事業再生に共通する事項

● ●

　ここでは，事業再編・事業再生のどちらにも共通する事項について説明をします。個別の論点というよりも概念的なものを解説しているため，後で個別のスキームの説明を読んでいてわからない場合は，本章に戻ってくると意味がわかるようになるかもしれません。

1．投資家の種類による立ち位置の違い

◆ ◆ ◆

　虎ノ門銀行の加藤さんは，目黒セラミックへの提案のために志村社長と息子の志村優取締役を訪問しました。

加藤さん：今回は，志村社長から聞いた「ベンチャー企業の株式価値が，なぜ目
　　　　　黒セラミックより高いか？」という点について，いくつか当行から提
　　　　　案できないかと思って訪問しました。

志村社長：あれから優にも聞いてみたけど，あまりよくわからなかったんだ。先
　　　　　に少し教えてくれないかな？

〈中略〉

加藤さん：……というわけでベンチャー企業の株式価値が高くなりやすくて，目
　　　　　黒セラミックの株価が低くなりやすいんです。

志村社長：そういうことか。優に聞いてもわからなかったけど，加藤さんから説
　　　　　明を聞くとわかりやすいね。

志村取締役：同じような説明したと思うけど，息子だと思って，ちゃんと聞いて

ないからだよ。

加藤さん：それで提案なんですが，大阪支店の取引先にこの前話に出たベンチャー企業とほぼ同じ事業をしている会社があるんです。ただ，そのグループ会社の本業は全く別の不動産業で，今は製造業子会社の社内の一事業として行っています。本業の業績が悪化していて，その事業に開発資金を出すのが難しいらしく，業務提携先を探しているようでした。価格が折り合えば，事業譲渡も交渉できそうなのですが，いかがでしょうか？　CA（守秘義務契約書）が締結されていないので会社の詳細情報は開示できませんが，事業内容は検討していた会社とほぼ同じです。暗号化技術を利用したセキュリティー事業を行っていて，売上5,000万円，営業利益ゼロなので，利益は出ていません。

志村取締役：なるほど。ノンコア事業だから売却しても構わないということか。売却希望額はわかりますか？

加藤さん：まだ，そこまでは聞けていませんが，目黒セラミックがその会社とCAを締結したうえで進めるということであれば，聞いてみますよ。

志村取締役：ぜひお願いします。技術的な部分が同じであれば，割安に投資できたほうがありがたいです。買収が成功すれば報酬も支払います。

◆ ◆ ◆

　目黒セラミックは社内で新規事業を行うのと同時並行で，周辺業種の買収や資本業務提携を行っているようです。自社の技術を向上させ，新しい製品を開発するためには，自社での研究開発（R&D）や業務提携を積極的に行う必要があります。

　事業再編・事業再生にはさまざまなスキームが利用されていて，ある程度ファイナンスの種類を理解しておかないといけません。ここでは，後で説明するスキームを理解するために，エクイティ・ファイナンスとデット・ファイナンスについて説明することにします。

　まず，投資家が企業に対して投資や融資（貸付）を行う場合，どのような名

目で行うかという点から説明します。企業が調達した資金は返済順位（優先して返済する順番）があり，資金調達額に優先順位をつけて細分化することを優先劣後構造といいます（図表1−1）。

【図表1−1：資金調達における優先劣後構造】

資金調達の内訳	トランシェの呼び方	会計上の区分	リスク・リターン
シニアローン	シニア	負債	低
劣後ローン	メザニン		
優先株式	エクイティ	純資産	
普通株式			高

　銀行が企業に対して融資する場合，企業にとっては借入（負債）として資金調達することになるため，負債調達（デット・ファイナンス）といいます。VC（ベンチャー・キャピタル）が企業に出資する場合，企業にとっては出資金（資本）として資金調達をすることになるため，資本調達（エクイティ・ファイナンス）といいます。さらに，一般的な貸付（シニアローン）と普通株式（エクイティ）の間で資金調達する場合はメザニン（中間）・ファイナンスといいます。

　リスク・リターンは，シニアが最も低く（回収可能性は高いが，期待リターンも小さい），エクイティが最も高く（回収可能性は低いが，期待リターンは大きい），メザニンは真ん中（回収可能性も期待リターンも中程度）です。

　投資対象のリスク・リターンが異なるため，投資家の種類（シニア，メザニン，エクイティ）によって考え方が全く異なります。ここでは投資家の種類によってどのような特徴があるのかについて，説明します。

（1）　エクイティ投資家の種類

◈ ◆ ◈

　虎ノ門銀行の加藤さんが目黒セラミックに紹介しようとしていたのは京橋不動産のようです。加藤さんは，虎ノ門銀行の同僚だった西日本紡績の中村さんに電話で連絡することにしました。

加藤さん：中村さん，この前の京橋不動産の件ですが，事業は何とか持ち直せそうでしょうか？

中村さん：あ，加藤くん，久しぶり。昨日，野村社長と面談してきたけど，高値で土地を仕入れたから，物件の販売も進んでなさそう。資料をもらってきたから検討しているところだけど，西日本紡績がスポンサーで入っても，すべての事業を継続するのは難しいから，取捨選択しないといけないと思う。

加藤さん：そうですか。ところで，京橋不動産の製造業で暗号化セキュリティー事業をしていると思うんですが，その事業に取引先の目黒セラミックが興味を持っているんです。目黒セラミックは CVC（コーポレート・ベンチャー・キャピタル）として投資も行っていて，自社の事業に関係ありそうなスタートアップ企業に出資しています。京橋不動産は財務内容がアレなんで，事業譲渡で暗号化セキュリティー事業を買えないかと思ってるんです。難しそうであれば，会社分割で分社化してもらって，その会社への投資でも検討できると思います。

中村さん：京橋不動産はノンコア事業を整理しないといけない時期だから，目黒セラミックの提案は，いい話かもしれないね。京橋不動産は新規事業を伸ばす資金がないから，売却してキャッシュ・インがあったほうがいいと思う。京橋不動産への提案は，京橋不動産にキャッシュ・インがあるように，事業譲渡か会社分割した会社の持分の一部買取のほうがいいかも。西日本紡績がスポンサーになったとしても，暗号化セキュリティー事業はノンコア事業になると思うから，協業できる目黒

セラミックに関わってもらったほうがいいんじゃないかな。

加藤さん：それを聞いて安心しました。それでは，大阪支店から野村社長に事業
譲渡か共同事業かで提案してもらいます。

❖ ◆ ❖

　新技術を有するベンチャー投資を行う目黒セラミックのような企業は，一般
的にCVC（コーポレート・ベンチャー・キャピタル）と呼ばれます。企業へ
のエクイティ投資を行う投資家の種類とその内容を列挙したのが**図表１－２**で
す。不動産ファンドやディストレス（distressed）ファンドなどを入れると話
がややこしくなるので，ここでは純粋な企業へのエクイティ投資を行うものだ
けに限定しています。また，投資家として記載しているのは，ファンド等に投
資する投資家のことを指しており，ファンド運営会社（AM：Asset Manag-
er）を記載しているわけではありません。

【図表１－２：エクイティ投資家の種類とその内容】

種類	内容	主な投資家
エンジェル	ベンチャー企業に興味のある個人が直接投資を行う	個人
コーポレート・ベンチャー・キャピタル（CVC）	事業会社が直接ベンチャー企業に投資を行う	事業会社
ベンチャー・キャピタル（VC）	ベンチャー企業に興味のある個人や法人の資金を募集して，その資金を基に投資を行う	個人，法人，年金基金
プライベート・エクイティ（PE）	国内外の法人から資金を募集して，比較的業歴の長い非上場企業に投資を行う	法人（国内外の金融機関等），年金基金
再生ファンド	国内外の法人から資金を募集して，再生が必要な企業に投資を行う	法人（国内外の事業会社や金融機関等）

これらのエクイティ投資家について，簡単に説明します。

① エンジェル

エンジェルは，ベンチャー企業への投資を行う個人のことです。たとえば，アメリカでは，自らベンチャー企業を立ち上げて成功した経営者が，将来性のあるベンチャー企業（主にスタートアップ企業）に投資するケースが多くみられます（このような投資サイクルを「エコシステム」といいます）。日本では，個人でベンチャー企業に投資するのは少数派ですが，将来的には増えてくるでしょう。

② コーポレート・ベンチャー・キャピタル

次に，コーポレート・ベンチャー・キャピタル（CVC）は事業会社がベンチャー企業に投資するものです。CVCの場合は，VCのように投資した企業のIPO（株式公開）によってリターンを得ることを目的としているわけではありません。状況によって投資理由が異なります。

たとえば，自社（目黒セラミック）で新規事業として立ち上げたい分野（暗号化技術）があっても，対応できる人材がいなければ難しいでしょう。すでに類似のビジネスを行っているベンチャー企業があれば，その会社に投資したほうが安くて早いと考えるはずです。その場合，会社（目黒セラミック）としては，ベンチャー企業への投資は，新分野への研究開発が主目的で，「上場すればラッキー」くらいにしか思っていないでしょう。

CVCの場合，事業会社が直接投資家になるので，基本的に第三者が運用するファンド等を経由して投資するのではありません（CVCの運用方法として事業会社がファンドを運用して投資を行う場合もありますが，実態としては事業会社の直接投資と同じです）。

③ ベンチャー・キャピタル

ベンチャー・キャピタル（VC）は，ベンチャー企業に特化して投資します。

投資のステージとしては，スタートアップの会社を対象にするファンドもありますが，日本では投資の目的がIPOによる売却益なので，IPOの可能性がある段階になってから投資するケースが多いでしょう。

どの会社がIPOできるかわからないため，多くの会社に対して少額のマイノリティ（少数持分）出資を行って，全体としての投資リターンを確保します。さらに，IPOの数を少しでも上げるため，有名なVCが投資している会社には，他のVCも追随して投資してくるのも，業界的な慣行と言えるでしょう。

投資リスクが高い反面，IPOによる投資リターンが高い業種を中心に投資するため，特定の業種（ITやバイオなど）やトレンド（たとえば，AIなど）を有している企業への投資がメインです。

独立系のVCには個人が出資しているケースもありますが，日本の場合は，金融機関や商社などの事業会社が主なファンドの投資家です。

④　プライベート・エクイティ

プライベート・エクイティ（PE）は，投資対象が中小企業という意味で，ベンチャー企業投資と言えるのかもしれません。ただし，業歴の長い安定した中小企業に投資するので，投資対象がVCとは異なります。すなわち，PEの投資対象は，業歴の浅いスタートアップではなく，業歴数十年の中小企業です。

投資対象が業歴の長い中小企業なのは，投資利回りを上げるために借入（レバレッジ）を利用するからです。安定してキャッシュ・フローを生み出す会社（業歴の長い中小企業）でなければ，借入金の返済が約定通りにできません。

業種についても，今後の将来性やトレンドに投資するのではなく，収益の安定した伝統的業種（オールドエコノミー）を対象とします。また，原則として買収（100％取得）するという点もVCとは異なります。

PEの投資家が想定しているリスクはミドルリスクで，得られるリターンもミドルリターンです。

⑤　再生ファンド

　再生ファンドは，業績の悪化した企業や有利子負債の返済困難な会社に対して投資を行い，企業再生（ターンアラウンド）を行うファンドです。会社の収益状況を改善（赤字を黒字に転換）し，事業戦略を転換し，リストラなどを通じて財政状況を改善させることによって，企業の価値を改善させることを目的とします。

　すなわち，再生ファンドは，企業の価値が著しく毀損した状態から，普通の状態に改善させることによって株式価値を高めてリターンを確保します。

　再生ファンドの投資対象は，他のエクイティ投資家と比較すると全く異なるといえるでしょう。

（2）　デット投資家の種類

⊹ ✦ ⊹

　虎ノ門銀行大阪支店の担当者（長井次長）が京橋不動産を訪問して，野村社長に目黒セラミックが暗号化セキュリティー事業に興味を持っていることを伝えました。京橋不動産の野村社長は暗号化セキュリティー事業が今後伸びるかもしれないと思っていて，事業譲渡ではなく，京橋不動産に直接出資するか，会社分割スキームで検討してほしいようです。

　会社分割の場合は，京橋不動産に資金が入らないのは困るので，会社分割で新会社を設立後，京橋不動産の持分を目黒セラミックに70％売却する方向で（売却後の京橋不動産の持分は30％）交渉してほしいと，長井さんは野村社長から依頼されました。

　大阪支店の長井さんからの連絡を受けて，加藤さんは目黒セラミックの志村取締役を訪問しました。

　加藤さん：CA（守秘義務契約書）の締結が完了したので，京橋不動産から財務
　　　　　　データを渡すように言われています。あと，先方からは事業譲渡ではなく，直接京橋不動産に出資する方法か，会社分割で新会社を作る方

法にしてほしいと言われています。会社分割の場合は，暗号化セキュ
リティー事業を分社化した後，増資されると京橋不動産に資金が入っ
てこないので，新会社の持分の70％を譲渡したいようです。

志村さん（取締役）：他の会社に少額出資しても仕方ないので，京橋不動産に直
接出資するのは難しいでしょう。会社分割の場合は目黒セラミックが
マジョリティを持つということであれば，検討できると思います。

加藤さん：それで，これが京橋不動産の直近の貸借対照表（**図表1－3**）と損益
計算書（**図表1－4**）です。

志村さん：直近の貸借対照表はとりあえず純資産がプラスのようですが，短期借
入金が多いので資金繰りが厳しそうですね。

損益計算書は赤字ですね。営業キャッシュ・フローを営業利益＋減価

【図表1－3：京橋不動産の貸借対照表】

(単位：百万円)

科目	金額	科目	金額
現金預金	1,000	支払手形・買掛金	3,000
受取手形・売掛金	4,000	未払金	2,000
販売用不動産	12,000	短期借入金	20,000
商品及び製品	3,000	流動負債	25,000
原材料及び貯蔵品	2,000	長期借入金	7,000
営業貸付金	3,000	退職給付引当金	1,000
流動資産合計	25,000	固定負債	8,000
建物	5,000	負債合計	33,000
機械及び装置	2,000	資本金	1,000
土地	3,000	利益剰余金	1,000
有形固定資産	10,000	株主資本	2,000
固定資産	10,000	純資産合計	2,000
資産合計	35,000	負債純資産合計	35,000

【図表 1 − 4 ：京橋不動産の損益計算書】

(単位：百万円)

科目	金額
売上	20,000
売上原価	17,000
売上総利益	3,000
販売費及び一般管理費	3,000
営業利益	0
支払利息	500
経常利益	−500
税引前当期利益	−500
法人税等	0
当期利益	−500
うち，減価償却費	500

償却費として計算すると500百万円（0百万円＋500百万円）なので，借入利息を払うと設備投資ができません。

やはり京橋不動産に直接出資は避けたいですね。

加藤さん：ちなみに，対象の事業の損益は図表 1 − 5 です。貸借対照表はまだ作成していませんが，高額な資産が必要ではないので，多くても10百万円くらいだと思います。なので，会社分割した場合の資本金は10百万円くらいでしょうか。

【図表 1 − 5 ：対象事業の損益】

(単位：百万円)

項目	金額
売上高	50
売上原価	10
売上総利益	40
販売費及び一般管理費	40
営業利益	0

志村さん：営業利益がマイナスではないのは良かったです。

加藤さん：それで，会社分割スキームで進めるとして，新会社の株式価値をいく
　　　　　らで交渉しましょうか？

志村さん：即決できないので，社内で検討してからご連絡します。さすがに，京
　　　　　橋不動産も手間と時間が掛かるので，資本金10百万円の70％だから7
　　　　　百万円とは提示できないでしょう。

　　　　　それと，LOI（Letter of Intent：意向表明書）は準備しておきます。

加藤さん：京橋不動産にとっては基本的にノンコア事業なので，あまり高い金額
　　　　　を提示しなくても，売ってもらえると思います。

　　　　　あと，1つお願いごとがあるのですが。目黒セラミックへの与信枠は
　　　　　まだ余力があるので，買収金額を融資させてもらえませんか？

　　　　　案件が成約した時に仲介手数料を払うということでしたが，虎ノ門銀行
　　　　　の手数料の最低額が高いので，買収額に対して大きくなり過ぎるんです。

　　　　　新会社は実績がない（設立して間がない）ので，目黒セラミックに買
　　　　　収資金を融資させてもらえれば，ありがたいです。

志村さん：そういうことであれば，問題ありませんよ。

❖ ◆ ❖

　企業の負債調達（デット・ファイナンス）に対応する投資家を，本章では
「デット投資家」と定義します（一般的な呼称ではありません）。デット投資家
について，企業を対象とした主なものは**図表1-6**のとおりです。

【図表1-6：デット投資家の種類とその内容】

種類	内容
銀行	企業や個人を対象に貸付を行う
証券会社	優良企業（主に上場企業）が発行する社債の引受を行う
保険会社	優良企業を対象に貸付，社債の購入を行う
ノンバンク	企業や個人を対象に貸付を行う
サービサー	銀行が融資した企業向け貸付金を買取る
ディストレス・ファンド	

　まず，銀行は企業や個人を対象に貸付を行うことが本業です。中小企業でも大企業でも対象にしますが，業歴の短い企業は避ける傾向があります。

　次に，証券会社の取引先は主に上場企業です。株式の引受や証券仲介業務を除けば，上場企業が発行する社債の引受を行います。社債は投資適格（外部格付けが BBB 以上）が前提になるので，優良企業のみを対象にします。

　保険会社（生損保）は，低リスク資産を長期間運用するというスタンスのため，主な投資対象は国債や高格付社債などです。

　ノンバンクは投資対象のリスクが比較的広く，低リスクから中リスクを対象とします。

　サービサーとディストレス・ファンド（不良債権ファンド）は，銀行等が融資した後不良債権化したものを買取るため，高リスク債権が対象です。

　このようにデット・ファイナンスのプレイヤーも，対象とする範囲が異なります。虎ノ門銀行は企業を対象に融資を行いますが，創業したばかりの企業に対して融資を行うのは難しいため，加藤さんは目黒セラミックに融資をしようとしたのです。

（3）　投資家によるリスク許容度と投資時期

❖ ◆ ❖

　志村さん（取締役）は，目黒セラミックの取締役会で京橋不動産の暗号化セキュリティー事業に投資する件を説明しています。京橋不動産から株式70％の譲渡を打診されましたが，議決権比率は高い方がよいため90％の譲渡で交渉しています。株式譲渡代金は45百万円（全体50百万円×90％）で交渉しており，取引の前提として，事業に関与している人材の転籍を要求しています。

　志村さん：今回の投資は，先方の希望で事業譲渡ではなく，会社分割によって設
　　　　　　立した新会社の発行済株式の90％を譲受ける必要があります。現在の
　　　　　　売上高は50百万円で営業利益はゼロなので，連結子会社になったとし

ても影響は軽微です。また，新会社の資本金は10百万円で，資産10百万円，負債ゼロで設立する予定です。

取締役Ａ：新会社の資本金が10百万円，株式の90％を取得するということは，取得価額は9百万円（10百万円×90％）ということですか？

志村さん：さすがにその金額だと会社分割する手間暇を考えると，売ってくれないので，45百万円（全体50百万円×90％）で交渉しています。交渉の過程で若干の値上げがあるかもしれないので，念のために60百万円を上限に取締役会の承認をお願いしたいと思っています。

今回投資する目的は暗号化セキュリティー事業の技術を，設計図の機密情報の保護に利用するためです。社内で技術開発しようとしても人材がいないのと，外部から採用して売上50百万円の規模まで到達するのに，同じくらいのコストはかかるでしょう。前回検討していた売上2億円の時価総額200億円の会社と比べると，割安だと思います。

取締役Ａ：それにしても，前の会社と今回の会社の株価がここまで違うのは，どういう理由なんですか？

志村さん：いくつか要因はあると思いますが，まず，今回の会社は京橋不動産の一事業というだけで，対外的にアピールしていなかったことが挙げられます。次に，ベンチャー企業としてのステージが違います。前回検討していた会社はすでにVCなどの外部投資家の投資対象になっていたので，時価総額が高くなりやすかったのも理由でしょう。

取締役Ａ：なるほど。

❖ ◆ ❖

●投資家によるリスク許容度

　リスク・リターンの目線が資金の出し手によって異なるため，資金調達を行う場合には，その投資家がどれくらいの目線なのかを知っておく（要は，好き嫌いを把握する）必要があります。

46

先ほど，エクイティ投資家とデット投資家について説明をしました。それらの投資家が想定するリスク・リターンを大まかに表したのが**図表１－７**です。

【図表１－７：ファイナンスのプレイヤーのリスク・リターン】

高リスク・リターン

低リスク・リターン

※上記は一般的なケースを想定したものです。

図表１－７は，与信（クレジット・リスク）をどれくらい許容できるかという観点から筆者の主観で作成したものなので，投融資の内容によっては違いがあります。

まず，最もリスク・リターンが低いのが証券会社です。証券会社は欧米では投資銀行と言われますが，基本的に投資を行うわけではなく，仲介（ブローカレッジ）業務が主業務です。確かに，自己勘定投資（プロップ）を行う部門もありますが，会社では特殊な位置付けです。証券会社は基本的にポジションを持たず，保有していたとしても，国債や高格付け社債を顧客へ販売するために一時的に在庫としている場合がほとんどです。

次に，生損保（生命保険会社，損害保険会社）は，顧客（保険者）から集めた資金を保険金支払までの期間，安定的に運用します。このため，投資スタンスは低リスク資産の長期間運用です。主な投資対象は，国債や高格付け社債なのでリスク・リターンは低いといえます。

銀行は，企業や住宅ローンなどを対象に融資を行い，余剰資金を国債や高格付け社債で運用します。貸出先の与信には差があるため，リスク・リターンは

幅が広くなります。

　ノンバンクは，消費者金融やリース会社などが該当します。銀行に比べて調達コストが高いため，ターゲットのリスク・リターンは銀行よりも相対的に高くなります。

　サービサーは，銀行の会社への融資が不良債権化した際に買取る債権管理回収業者です。債務者（借入人）の業績がすでに悪化しているため，買取債権の回収可能性は必ずしも高くありません。リスク・リターンは高いものの，回収可能額をベースに（低い金額で）不良債権を買取るため，ある程度は限定されます。

　次に，ファンドとして「プライベート・エクイティ（PE）ファンド」「再生ファンド」「ベンチャー・キャピタル（VC）」を挙げています。これらのファンドは，エクイティを投資対象とするため，リスク・リターンは高くなります。PEファンドは成熟した中小企業を対象にしているため，３つの中ではリスク・リターンが最も低くなります。再生ファンドは法的整理による合意があり，担保不動産の処分価格がある程度予想できるため，リスク・リターンはVCよりも低くなります。VCは，は業歴の短いベンチャー企業を対象にしているため，最もリスク・リターンは高くなります。

● 投資家による投資時期の違い

　エクイティ投資家とデット投資家では，リスク・リターンに対する考え方が異なります。同様に，企業のどのステージに投融資を行うかが異なります。ここでは，それぞれのプレイヤーがどのような時期に投融資を行うかを比較してみます。

　図表１－８は，ある企業が創業してから成長期にIPO（株式公開）し，その後衰退し，再生期を経て復活するという流れを示しています。どの時期にエクイティ投資家とデット投資家が投融資するかを，時系列に合わせてプレイヤーの名称を記載しています。

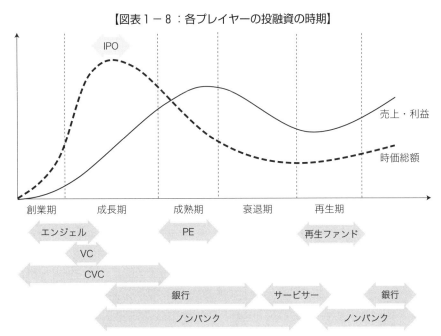

【図表1−8：各プレイヤーの投融資の時期】

※上記はイメージをつかむために図示したものなので，必ずしもこの通りになるわけではありません。

　まず，エクイティ投資家から説明します。エンジェル（個人）は，創業間もない時期からIPO（株式公開）の前まで投資を行います。VCの投資時期は上場直前からIPOまでなので，エンジェルよりも短い期間です。CVCは投資目的が純投資ではないので，エンジェルやVCよりも投資時期は広くなります。

　PEの投資段階は成熟期なので，IPOメインの投資スタイルとは異なります。再生ファンドも再生期に投資を行い，再生が完了したらEXIT（売却）します。

　次に，デット投資家については，銀行，ノンバンク，サービサーの投資時期を説明します。銀行はある程度企業の業績が判断できるようになってから融資を行うため，基本的に創業間もない段階は対象ではありません。成長期の後半から衰退期の途中までが新規融資の時期です。貸付金が不良債権化してしま

うとサービサーに売却するので，企業業績の最も悪い時期には融資しません。最悪期を脱して再生が完了すると，融資を再開します。

　サービサーは銀行が売却した不良債権を購入するため，銀行が融資しない時期に登場します。ノンバンクは銀行と同じような時期に融資を行いますが，より高いリターンを確保する必要性から融資を行う時期が銀行よりも長くなります。

　このように，投資家の種類によって投資に対するリスク許容度やタイミングが異なるため，その性質をきちんと理解しておくことが必要なのです。

2．事業再編・事業再生で登場する経営理論など

＊◆＊

　目黒セラミックの志村さんは，虎ノ門銀行の加藤さんに京橋不動産との交渉状況を確認しています。新会社の株式は90％の取得ができそうですが，譲渡価格は当初の提案（45百万円）から少し上がって50百万円になりそうです。

志村さん：少し値上げ交渉があったけど，この価格であれば想定内です。あと，簡単なデューデリジェンス（DD）をしたいので，京橋不動産の野村社長に日程を確認してもらえませんか？
　　　　　新会社には資産がほとんどないので基本的にB/S（貸借対照表）のDDはしませんが，暗号化セキュリティー事業の収益状況（売上，売上原価，販管費）が正しいかどうかを念のために確認したいと思っています。

加藤さん：DDの件は野村社長に伝えます。京橋不動産の全体ではないので，特に問題ないでしょう。
　　　　　ところで，今回の暗号化セキュリティー事業の買収は，目黒セラミックの事業とどう絡んでくるんですか？　御社の担当として，事業の方向性を知っておかないと，上司に怒られますから。

志村さん：目黒セラミックの現状は，半導体製造，半導体設計，ITソリューショ

ン，画像解析の4つです。各セグメントの直近期の損益は**図表1－9**で，ここ数年で損益状況は徐々に変わってきました。

半導体製造事業は売上の総額は大きいものの利益率が高くないため，全体としての収益貢献度はあまり高くありません。半導体設計事業は，売上規模は大きくなくても利益の大半を占めていて，利益率も最も高いです。ITソリューション事業も規模が徐々に大きくなってきて，会社の利益に貢献しています。画像解析はこれから利益貢献していくことを期待しています。

【図表1－9：目黒セラミックのセグメント情報】

項目	半導体製造	半導体設計	IT	画像解析	その他	合計
売上高	30,000	10,000	7,000	3,000		50,000
売上原価	25,000	4,000	4,000	2,000		35,000
売上総利益	5,000	6,000	3,000	1,000		15,000
販売費及び一般管理費	4,000	2,000	1,000	1,000	3,000	11,000
営業利益	1,000	4,000	2,000	0	−3,000	4,000
売上シェア	60%	20%	14%	6%	0%	100%
粗利率	17%	60%	43%	33%		30%
営業利益率	3%	40%	29%	0%		8%

※粗利率＝売上総利益÷売上高，営業利益率＝営業利益÷売上高

各セグメントの状況をイメージしやすいようにBCGマトリックスで表現すると，**図表1－10**のような感じです。半導体製造事業は，市場成長率が低く，海外メーカーとの競争が激しいため製造シェアも低下しています。今後も事業は継続する予定ですが，利益率は低下していくと思います。

半導体設計事業は，BCGマトリックスの「金のなる木（Cash Cow）」と言えるでしょう。他の事業が育つまでの間，頑張ってもらわないといけません。

　ITソリューション事業は，市場成長率が落ちてきているのと，当社のターゲット企業はそれほど多くないので，そろそろ頭打ちでしょう。これからは新規投資を抑えて利益重視にシフトする予定です。

　画像解析事業は，利益貢献はありませんが，BCGマトリックスの「花形（Star）」に移行させるために，市場シェアの拡大を試行錯誤している段階です。

【図表1-10：目黒セラミックのBCGマトリックス】

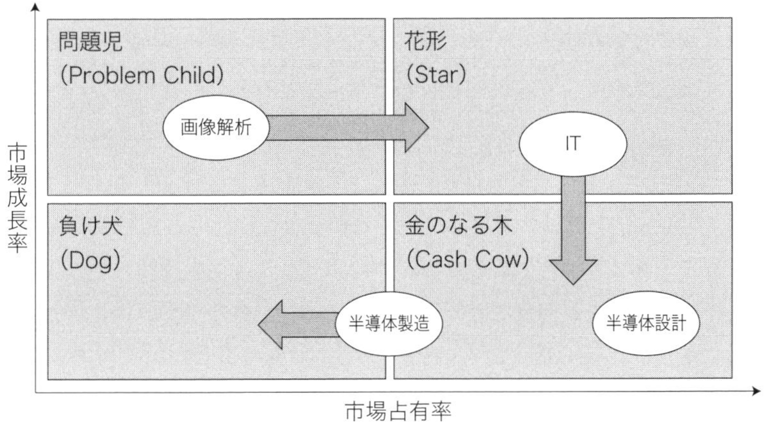

加藤さん：売上比率から目黒セラミックは半導体関連のイメージが強かったのですが，それぞれの事業を組み合わせて事業展開しているんですね。ちなみに，暗号化セキュリティー事業はどのセグメントに入るんでしょうか？

志村さん：半導体設計事業ですね。他社が生産する製品の設計情報（図面など）を提供しているのですが，機密情報に該当するケースが多くて，情報漏洩に気を使っています。技術の特許申請をすればいいと思うかもしれませんが，ノウハウを公開するのは避けたいので，なるべく特許申請せずに技術情報を守りたいんです。ただ，一部の企業からはスタンドアロン（ネット接続しない状態）のPCで，データの受渡を記録媒体（たとえば，USBやDVD）で希望してくるお客さんもいるんです。当社の業務の効

率化を考えると，専門のスタッフが常にスタンドアロンの PC の前にいるとかは避けたいんです。そういう理由から，当社ではオンライン環境でも情報漏洩が起きない仕組み作りが必要になっていて，そこに利用したいと思っています。言い方を変えれば，業務効率化です。

他の事業でも暗号化セキュリティー事業の利用を想定していますが，まずは半導体設計事業がうまくいってからですね。

＊ ✦ ＊

　事業再編では組織形態の再編だけではなく，事業戦略の再編も行われます。本書では事業戦略について説明を行いませんが，有名な経営理論等について少しだけ触れることにします。理由は，事業再編や事業再生を進める中で出てくるからです。ちなみに，細かい話ですが，実務でよく見聞きする「ポーターの戦略論」「BCG マトリックス」「SWOT 分析」などは，経営理論をもとにしたフレームワークと呼ばれるものなので，経営理論と呼ぶのは間違いのようです。

　それでは，経営の専門家でなくても知っておいたほうがよい，いくつかの経営理論（またはフレームワーク）を見ていきましょう。

（1）　BCG マトリックス

　まず，目黒セラミックの戦略の説明でも登場した「BCG マトリックス」です。BCG は戦略コンサルティング会社のボストン・コンサルティング・グループ（The Boston Consulting Group）の略称で，BCG マトリックスは企業が長期的な戦略を立てる際に古くから利用されているフレームワークです。

　BCG マトリックスは**図表 1 −11**のように，市場占有率（シェア）と市場成長率で製品（商品）を 4 つに分類したものです。その内容は**図表 1 −12**です。

　このうち，負け犬（Dog）に該当する製品は，市場シェアと市場成長率が低いため非常に競争が厳しい製品です。他社も市場シェアを高めるために価格を引下げてくるので，将来性は低いと言えます。

【図表1-11：BCGマトリックス】

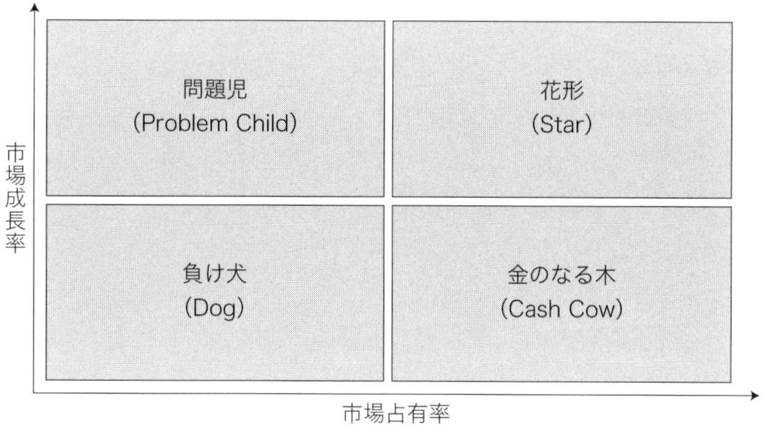

※上記の「問題児（Problem Child）」は「？（Question Mark）」と表示される場合もあります。

【図表1-12：BCGマトリックスの内容】

ステージ	内容
負け犬（Dog）	市場成長率，市場シェアがともに低い製品
問題児（Problem Child）	市場成長率が高く，市場シェアが低い製品
花形（Star）	市場成長率，市場シェアともに高い製品
金のなる木（Cash Cow）	市場成長率が低く，市場シェアが高い製品

　次に，金のなる木（Cash Cow）はすでにマーケットが成熟しており，設備投資のコストを掛けずに大きな売上を生み出せるため，大きな利益が発生します。

　花形（Star）は成長性が高いため売上が増えますが，同時に設備投資のコストも掛けます。

　問題児（Problem Child）は，高い成長率が見込める製品で，市場シェアを高めるために営業活動と設備投資を行わないといけません。

　製品のステージは，概ね**図表1-13**のような流れを辿ります。まだ利益にならないものの今後の市場の成長が見込めるため企業が参入するので，最初は

「問題児（Problem Child）」です。その後，市場シェアを高めることができると「花形（Star）」になります。この段階では成長率に合わせた多額の設備投資が必要になるので「金のなる木（Cash Cow）」で稼いだキャッシュがないと市場シェアの維持・拡大ができません。

　徐々に市場が飽和化してくると，その製品は「金のなる木（Cash Cow）」に移行します。この段階が設備投資も掛らないので企業のキャッシュ・フローに最も貢献します。

　そして，徐々に製品の需要が衰退していくと，その製品は「負け犬（Dog）」になり撤退していきます。

【図表1−13：BCGマトリックスの流れ】

　これを企業のキャッシュ・フロー（資金繰り，CF）という側面で比較したのが**図表1−14**です。問題児（Problem Child）は収入が小さく，支出（設備投資）が大きいため，CFはマイナスです。

　花形（Star）は収入も支出（設備投資）も大きいため，CFはプラスになる場合もあればマイナスになる場合もあります（感覚としてはマイナスのほうが多いと思います）。

　金のなる木（Cash Cow）は支出（設備投資）がほとんど発生しないにもか

かわらず収入は大きいため，CF は大きくプラスです。

　負け犬（Dog）になると，基本的に収入で賄えるだけの支出しかしないため，CF はわずかにプラス（ほぼゼロ）です。負け犬（Dog）の製品の CF がマイナスになると，撤退を余儀なくされます。

【図表1−14：各ステージのキャッシュ・フロー】

ステージ	収入	支出	キャッシュ・フロー
問題児（Problem Child）	小	大	−
花形（Star）	大	大	概ね−
金のなる木（Cash Cow）	大	小	＋
負け犬（Dog）	小	小	わずかな＋

　このように，BCG マトリックスをもとにすると，「問題児（Problem Child）」や「花形（Star）」の製品を育てるためには，安定的なキャッシュ・フローを有する「金のなる木（Cash Cow）」の製品を利用する必要があります。稼いだ資金を新規事業に充てていくという基本的な戦略が有効ということになるのです。

（2）　プロダクト・ライフサイクル

　商品のライフサイクルの考え方として，プロダクト・ライフサイクルがあります。プロダクト・ライフサイクルは，マーケティング理論で，製品が市場に投入されてから，寿命を終え衰退するまでのサイクルを体系づけたものです。導入期，成長期，成熟期，衰退期それぞれの市場環境と基本戦略を提示しています。

　企業のライフサイクルと基本的に同じで，内容は**図表1−15**のようなものです。BCG マトリックスと似ているので，イメージしやすいと思います。これらのライフサイクルに応じて戦略を検討していく必要があります。

56

【図表 1 − 15：プロダクト・ライフサイクルの内容】

ライフサイクル	内容
導入期	製品を市場に投入する段階。売上は少ないのに対して，設備投資・開発費が多額に発生するため通常は損失が発生する。
成長期	売上が拡大する段階。売上が設備投資・開発費を超えてくると利益が発生する。
成熟期	売上が頭打ちになる段階。市場のシェアを維持できれば利益が最も発生する。
衰退期	売上，利益が減少する時期。設備投資を抑えて利益を確保しながら，撤退時期を検討する。

　各ライフサイクルについて，その時点におけるキャッシュ・フロー（CF）との関係を示したのが**図表 1 − 16**です。導入期については，設備投資や開発費を賄えるだけの売上が無いため，CF は大幅なマイナスです。

　成長期においても，多額の設備投資や開発費が必要なため，当初は CF がマイナスです。売上が増加するに伴って徐々に CF がプラスに転換していきます。

【図表 1 − 16：プロダクト・ライフサイクルとキャッシュ・フロー】

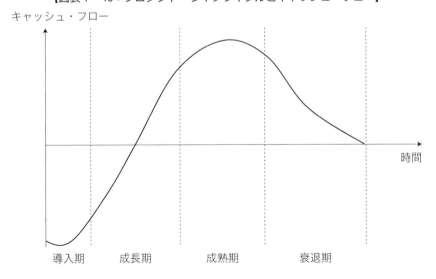

　成熟期では成長期ほど設備投資や開発費が必要ないため，CFはプラスです。この時期のCFで今までの支出を回収し，新規のライフサイクルへの投資を行います。

　衰退期ではCFが徐々に減少していきます。CFがプラスの間に（マイナスになるまでに）撤退を行うというのが通常のケースです。

　このように，プロダクト・ライフサイクルをもとにすると，導入期や成長期の製品を育てるためには，安定的なキャッシュ・フローを有する成熟期の製品を利用する必要があります。稼いだ資金を新規事業に充てていくという基本的な戦略が有効になるのです。

　具体的には**図表1-17**のように，製品AのCFを利用して製品Bを開発し，製品Aと製品BのCFを利用して製品Cを開発するという一連の製品開発・販売の戦略が必要になってきます。BCGマトリックスと同じですが，市場が飽和化した段階でキャッシュ・フローを新規プロジェクトに積極活用し，不採算となったプロジェクトは撤退していくという事業戦略が有効ということを示しています。

【図表1-17：製品ごとのライフサイクルとキャッシュ・フロー】

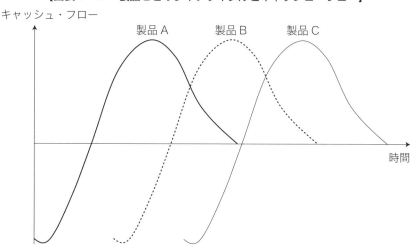

58

　プロダクト・ライフサイクルは，さまざまな企業の発展・衰退に影響を与え
ています。継続成長する企業は，この特性をうまく利用しているのです。極論
すると，成長を続ける企業，タイクーンが率いる企業（財閥）は，技術的に他
者よりも優れているわけではなく，スキルが優れたスタッフが多いわけでもあ
りません。新しく出てきた分野に首を突っ込むのがうまいのです。

　たとえば，IT ジャイアントの Amazon は，最初はオンラインの本屋でした。
その後，取扱う商品を書籍以外に拡大して総合 EC サイトに変化しました。さ
らに EC サイトの顧客基盤を安定させるため Amazon プライムという会員制
サービスをスタートして，サブスクリプションサービスを提供しています。一
方，EC 事業とは別に AWS というデータサーバー事業を立ち上げ，安定的な
収益を生む事業に成長させました。

　Amazon はプロダクト・ライフサイクルをうまく組み合わせ成長しましたが，
1 つのプロダクト（オンラインの本屋）だけでは，IT ジャイアントにまで成
長しなかったでしょう。

（3）　SWOT 分析

　SWOT 分析は BCG マトリックスなどのフレームワークというよりも，企業
や製品の分析手法の 1 つと言えます。シンプルな分析方法なので見たことがあ
る人も多いと思います。

　自社の置かれている状況を分析する方法で，Strength（強み），Weakness（弱
み），Opportunity（機会），Threat（脅威）という 4 つの頭文字をとって
SWOT（スウォット）分析と言われています。

　似たような分析方法に「PEST 分析」，「ファイブフォース分析」などもあり
ますが，SWOT 分析ほど目にする機会がないと思うので，ここでは説明を省
略します。

　SWOT 分析は，**図表 1 −18**のように事業環境の変化に対応した経営資源の
最適活用を検討するためのツールで，Strength（強み），Weakness（弱み）は

【図表 1 − 18：SWOT 分析の項目】

<table>
<tr><td rowspan="1">内部環境</td><td>Strength
（強み）</td><td>Weakness
（弱み）</td></tr>
<tr><td>外部環境</td><td>Opportunity
（機会）</td><td>Threat
（脅威）</td></tr>
</table>

　内部環境，Opportunity（機会），Threat（脅威）は外部環境として戦略構築のヒントとします。また，外部環境に対する分析を行うため，企業の内部要因（社内の製造体制など）だけでなく外部要因（競合他社の状況など）に目を向けて戦略を構築できるというメリットがあります。

　SWOT 分析における目標は，取り組む必要のあるテーマを洗い出し，戦略を構築することです。内部環境である Strength（強み）は「活かすべき強みは何か？」を検討し，Weakness（弱み）は「克服する必要のある課題は何か？」を検討します。外部要因である Opportunity（機会）は「市場におけるチャンスはあるか？」を検討し，Threat（脅威）は「避けるべき脅威はあるか？」を検討します。

　なお，SWOT 分析において洗い出した課題について，さらにクロス分析を行う場合があります。図表 1 −19のように内部環境と外部環境を組み合わせて，どのような事業戦略が自社にとって最適かを検討します。

【図表 1 −19：クロス SWOT 分析の例】

	内部環境	
	Strength (強み)	Weakness (弱み)
Opportunity (機会)	自社の強み（S）を市場の機会（O）に活かすための手段を検討する	市場の機会（O）に活かすために改善すべき弱み（W）を検討する
Threat (脅威)	自社の強み（S）を活かして市場の脅威（T）に対抗する方法を検討する	市場の脅威（T）から守るために改善すべき弱み（W）を検討する

（※ 左端に縦書きで「外部環境」）

（4） ゲーム理論

　ゲーム理論は経済学の有名な理論で，経営学でも利用されています。BCG マトリックスなどと比べると実務で見かけることは少ないかもしれませんが，競争戦略のほぼすべてを説明できる理論なので，基本的な考え方は知っておいたほうがよいでしょう。

　なお，ゲーム理論の前提事項をすべて説明するときりがないので，完全競争を前提として，以下の 3 つの前提でゲーム理論を説明します。

---

① 同時ゲームによる数量決定（クールノー競争）
② 同時ゲームによる価格決定（ベルトラン競争）
③ 逐次ゲームによる数量決定

---

① 同時ゲームによる数量決定（クールノー競争）

　ここでは，ゲーム理論におけるナッシュ均衡（Nash equilibrium）について，例題をもとに説明します。

例題1－1

　市場がA社とB社の2社による寡占状態にあり，A社とB社は製品を現状維持するか，増産するかをそれぞれ同時に決定します。また，A社とB社の戦略（現状維持・増産）によって発生する利益は図表1－20とします。

　この場合，A社とB社の採択する戦略はケース1～4のどれでしょうか？

【図表1－20：同時ゲームによる数量決定】

		A社	
		現状維持	増産
B社	現状維持	ケース1 A社：20　B社：15	ケース2 A社：25　B社：7
	増産	ケース3 A社：10　B社：20	ケース4 A社：15　B社：10

解答

ケース4

解説

　まず，A社の立場で考えます。B社が現状維持の場合，A社の現状維持の利益は20（ケース1），増産の利益は25（ケース2）です。B社が増産した場合，A社の現状維持の利益は10（ケース3），増産の利益は15（ケース4）です。B社が現状維持でも増産をしても，A社の利益が大きいのは増産（ケース2またはケース4）の戦略です。

　次に，B社の立場で考えます。B社の場合も，A社が現状維持でも増産でも，B社は増産（ケース3またはケース4）したほうが有利です。

　すなわち，A社とB社の戦略はともに増産がベストです。このように，相手がどのような戦略であったとしても有利となる戦略を支配戦略といいます。

　この同時ゲームによる数量決定では，A社もB社も増産するため，ケース

4がこのゲームの解です。なお，A社もB社も支配戦略を有している場合，自動的にゲームの結論が判明します。この状態をナッシュ均衡といいます。

A社とB社は，ともに現状維持であれば利益は合計35（20＋15）ですが，ともに増産で均衡するため利益は合計25（15＋10）に減少してしまいます。すなわち，クールノー競争でナッシュ均衡が起きるということは，市場全体の利益（および各社の利益）が減少することを意味します。

A社もB社も利益が減少するのを回避するためには（クールノー競争のナッシュ均衡を回避するためには），A社とB社が現状維持に決定することを調整（談合）しないといけません。つまり，談合は法律的に禁止されていたとしても，経済的には合理的な行動なのです。

② 同時ゲームによる価格決定（ベルトラン競争）

ここでも，例題をもとに説明します。

例題1－2

市場がA社とB社の2社による寡占状態にあり，A社とB社は製品の価格を現状維持するか，値下げするかをそれぞれ同時に決定します。また，A社とB社の戦略（現状維持・値下げ）によって発生する利益は図表1－21とします。

この場合，A社とB社の採択する戦略はケース1～4のどれでしょうか？

【図表1－21：同時ゲームによる価格決定】

		A社			
		現状維持		値下げ	
B社	現状維持	ケース1		ケース2	
		A社：20	B社：15	A社：25	B社：3
	値下げ	ケース3		ケース4	
		A社：5	B社：20	A社：7	B社：5

ケース4

　この場合も数量決定競争（クールノー競争）と同じナッシュ均衡が成立します。

　まず，A社の立場で考えます。B社が現状維持の場合，A社の現状維持の利益は20（ケース1），値下げした場合の利益は25（ケース2）です。B社が値下げした場合，A社の現状維持の利益は5（ケース3），値下げの利益は7（ケース4）です。B社が現状維持でも値下げでも，A社は値下げ（ケース2またはケース4）したほうが有利です。

　次に，B社の立場で考えます。B社の場合も，A社が現状維持でも値下げでも，B社は値下げ（ケース3またはケース4）したほうが有利です。

　すなわち，A社とB社の支配戦略は値下げです。

　この同時ゲームによる価格決定では，A社もB社も値下げするため，ケース4がナッシュ均衡です。A社とB社は，ともに現状維持であれば利益は合計35（20＋15）ですが，ともに値下げで均衡するため利益は合計12（7＋5）に減少します。

　一般的に「価格競争はよくない」と言われているように，なぜよくないのかはゲームの結果からもわかると思います。さらに追加すると，企業が置かれている競争環境は一度だけではありません。一度値下げしてしまうと価格を引き上げるということが難しくなるため，その製品（または業種）は利益が大幅に下がってしまうのです。

③　逐次ゲームによる数量決定

　次に，逐次ゲームのゲーム理論について記載します。先ほどまで説明した数量決定，価格決定は，A社とB社が同時に意思決定（増産するか？　値下げ

するか？）を行うことを前提にしていました。

　実社会では談合まではいかなくても，Ａ社とＢ社が情報交換しながら，来年度以降の事業計画を決定するということもあると思います。

　たとえば，Ａ社の担当者とＢ社の担当者が個人的に知り合いで，飲み会の席で「Ａ社は来年度に増産する」ことを聞いたＢ社の担当者は，「Ｂ社の来年度の戦略は，Ａ社が来年度に増産することを前提として，検討しないといけない」と思うでしょう。すなわち，この場合はＡ社とＢ社が意思決定を同時に行っているわけではなく，Ａ社が決定した結果を踏まえて（逐次：順序を追って）Ｂ社が決定しています。このような状況を逐次ゲームといいます。

　逐次ゲームについて，例題をもとに説明します。

例題 1 － 3

　市場がＡ社とＢ社の 2 社による寡占状態にあり，Ａ社は製品を増産することを先に決定しました。Ａ社とＢ社の戦略（現状維持・増産）によって発生する利益は図表 1 － 22 とします。

　この場合，Ａ社とＢ社の採択する戦略はケース 1 ～ 4 のどれでしょうか？

【図表 1 － 22：同時ゲームによる数量決定】

		A社	
		現状維持	増産
B社	現状維持	ケース 1 A社：20　　B社：15	ケース 2 A社：19　　B社：13
	増産	ケース 3 A社：15　　B社：17	ケース 4 A社：13　　B社：10

解答

ケース 2

解説

　まず，A社は増産することを決定してアナウンスしているため，戦略はケース2（A社：増産，B社：現状維持）かケース4（A社：増産，B社：増産）のどちらかです。B社は現状維持の利益は13，増産の利益は10なので，現状維持を選択します。よって，ケース2（A社：増産，B社：現状維持）がこの逐次ゲームの解となります。

　このような駆け引きは，すでに市場が飽和化しており設備投資に見合う利益が見込めないような場合に必要になります。A社の場合は増産すると設備投資に見合う利益が見込めないため，現状維持のほうが有利です。B社の場合は増産のほうが有利な場合と現状維持が有利な場合があります。

　このゲームはA社が先行しました。A社はケース2を選択すると利益は減少（利益20→19）しますが，ケース2よりも利益の減るケース3（利益20→15），ケース4（利益20→13）は避けたいと思っているはずです。すなわち，A社はB社が増産（ケース3，4）を選択すると困るため，B社が現状維持（ケース1，2）を選択するように誘導しないといけません。

　すなわち，逐次ゲームでは，利益が増加する，または利益が大きく減少しないように相手を誘導するための戦略が必要となります。

　このように，ゲーム理論を利用すれば自社がどの戦略を採用すべきかを決定することができます。

　ここまで，専門家でなくても知っておいたほうがよい経営理論やフレームワークについて解説してきました。世の中には他にもさまざまな経営理論やフレームワークがありますが，すべてを理解することは不可能なので，個人的には，知名度が高く理解しやすいものをいくつか理解しておくだけで問題ないと思います。

3. 組織再編の種類

◆ ◆ ◆

　虎ノ門銀行の加藤さんが目黒セラミックの買収のスキームを稟議書でどう説明するかについて，上司の鈴木次長に相談しています。

加藤さん：京橋不動産は会社分割（新設分割）で新会社を設立し，発行済株式の90％を譲渡しようとしています。この方法だと，株式譲渡代金は京橋不動産に入り，新会社の発行済株式の10％を保有することによって，その後の株式価値の増加を狙っています。目黒セラミックは事業譲渡のほうがよかったと思いますが，結局は京橋不動産の希望に沿う形になっています。目黒セラミックにとっては，有利な条件で進めることができなかったのではないかと，思っているのですが……。

鈴木次長：そうだね。よほど売り手が売却を急いでいるとかでなければ，株式譲渡では売り手のほうが強い立場だから，買い手は売り手の希望する条件に合わせる場合が多いと思う。今回の株式譲渡の条件は，発行済株式数の90％にできたから，最善は尽くしたんじゃないかな。

加藤さん：それにしても，会社を買収する場合には，いろんなスキームがあるんですね。

◆ ◆ ◆

　企業が事業再編・事業再生を行う際には，さまざまなスキームが利用されます。そのスキームにどのようなメリット・デメリットがあるのかを理解しておかないと，正しい意思決定はできません。ここでは，会社の組織再編に利用するスキームについて解説します。

（1）　株式譲渡

　まず，最もシンプルな組織再編である株式譲渡です。企業を買収する M&A

では，株主から対象会社の株式を買い取ります。

　図表1－23のように，買い手（B社）は売り手（A社株主）に対して株式の代金を支払い，会社（A社）の株式を譲受けます。株式譲渡を行った後（買収後）は，A社はB社の100％子会社となります。

【図表1－23：現金による株式譲渡のスキーム】

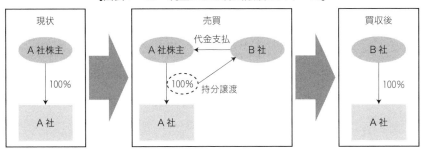

　このように，株式の売買によって組織再編（買収）を行うのが株式譲渡です。株式譲渡の対象となるA社には特に変化はなく，スキームとしては単純に株主構成が変わっただけです。

　通常は決済手段として現金（実際には預金口座への振込）が用いられます。売主（A社株主）からすると，買主（B社）が他の資産（たとえば，B社株式）で払うとすぐに資金化できないので困ります。買主（B社）が売買代金を後払いすると，本当に譲渡代金を払うのか不安なので，一括での現金支払いのほうが好ましいことは，言うまでもありません。

　ちなみに，買主（B社）から売主（A社株主）への決済手段をB社株式にしたのが株式交換といいますが，これは（3）で説明します。

（2）　合　併

　次に，組織再編の1つとして，合併を説明します。M&A（Mergers and Acquisitions）のMergerという単語が，「合併」を意味するように，合併は代

表的な企業買収の手法です。

　合併は，２つ以上の会社が１つの会社になることで，存続会社（合併法人）に消滅会社（被合併法人，非存続会社）が吸収される，吸収合併という方法が一般的です。

　消滅する会社の株主に対しては，合併の対価（消滅会社の株式価値）として，現金または存続会社の株式が支払われます。

　図表１－24のように，A社を存続会社とし，B社を吸収合併する場合，A社は，B社株主に対してA社株式を割り当てし，合併後は，旧B社株主もA社の株主となります。

【図表１－24：吸収合併のスキーム】

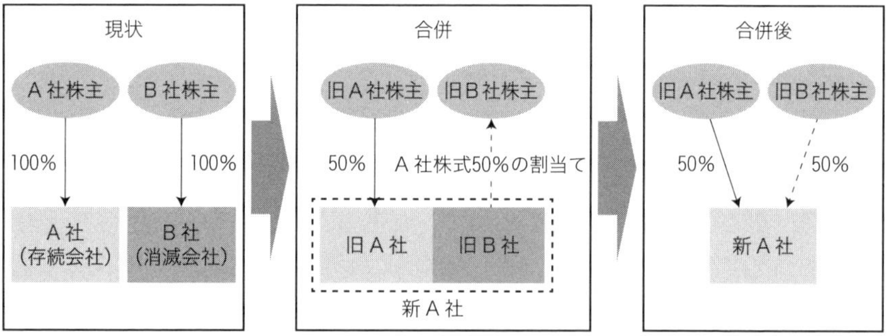

※A社とB社の株式時価総額は同じとして記載。

　合併を行うためには，消滅会社の株主総会において，合併についての特別決議で賛成を得なければなりません。すなわち，消滅会社の株主のほぼ全員が合併に賛成という状況でなければ，合併はできないのです。

　なお，合併の対価として，現金交付（合併交付金）する方法もあります。ただし，消滅会社の株主全員に対して現金決済を行って合併するくらいであれば，現金で買収（前述の（１）株式譲渡）した後に合併したほうが，株主総会での決議などの面倒な手続を省略できるため，手間がかかりません。そういう理由から，合併対価の全額を現金決済するということはありません。

　合併対価の一部（たとえば，端株や単元未満株）を現金交付して決済し，ほ

とんどは存続会社の株式で決済するほうが一般的です。

　合併を行う場合，どちらを消滅会社にしてもかまわないため，実際の業歴，規模や力関係とは関係なく，存続会社と消滅会社は決定されます。規模が小さい会社が存続会社となる場合もあります。2003年に行われた，わかしお銀行（第二地方銀行）が三井住友銀行（メガバンク）を吸収合併した「逆さ合併」は有名で，三井住友銀行の保有資産を時価評価することを目的にしてわかしお銀行が存続会社とされました。

　合併は，２社を統合して企業価値を向上させることを目的としますが，それ以外に，買い手（存続会社）にとっては資金負担が発生しないというメリットがあります。

　なお，合併には「新設合併」と「吸収合併」という２つの形態があり，普通は吸収合併です。先ほどのＡ社とＢ社の事例をもとに，新設合併と吸収合併を比較したものが**図表１－25**です。新設合併の場合はＡ社もＢ社も法人格が消滅するのに対して，吸収合併はどちらか一方（Ｂ社）の法人格が消滅します。

【図表１－25：合併の形態】

形態	内容
新設合併	新しく会社（Ｘ社）を設立して，そこに消滅する会社（Ａ社およびＢ社）のすべての権利義務を承継する方法
吸収合併	消滅する会社（Ｂ社）のすべての権利義務を存続する会社（Ａ社）に承継する方法

（３）　株式交換

　次に株式交換について説明します。すでに説明した株式譲渡において，譲渡代金を現金ではなく株式で支払った場合が株式交換です。

　企業買収においては，譲渡代金の支払いを株式で行う株式交換が用いられる

70 •

ケースがあります。典型的なのは，上場会社（買い手）が非上場会社を買収するケースです。通常，売り手は換金性の劣る株式での決済を嫌がりますが，上場企業株式であれば換金性が高いため，売り手も決済手段として許容できるのです。

　株式交換のスキームは，**図表１−26**のように，売り手（B社の株主）が保有しているB社株式と買い手（A社）の株式を交換します。この結果，旧B社の株主はすべてA社株主となり，A社がB社を100％保有することになります。

【図表１−26：株式交換のスキーム】

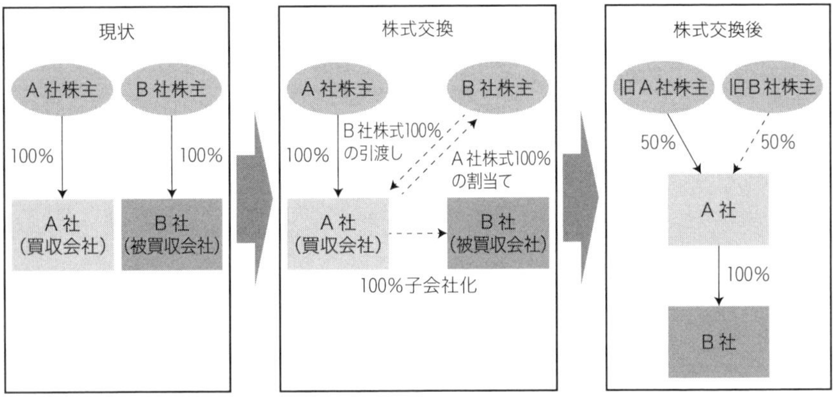

※A社とB社の株式時価総額は同じとして記載。

　上場会社（買い手）は，非上場会社の発行する株式の100％を自社株式と交換することによって，非上場会社を100％子会社にします。現金交付を行わない合併（被合併法人の株主に合併法人の株式を交付する方法）と似ていますが，違いは買収された会社が消滅せずに100％子会社として存続する点です。被買収会社の株主は，全員，買収会社の株主になるという点は，合併と同じです。

　なお，株式交換と似たスキームに「株式交付」があります。株式交換は売り手（B社の株主）の100％が買い手（A社）の株主となるため，対象会社（B社）は買い手（A社）の完全子会社になります。株式交付は売り手（B社の株主）の一部が買い手（A社）の株主になり，対象会社（B社）が買い手（A社）の

子会社（100％子会社ではない）になる制度です。どちらも株式で決済するスキームですが，100％株式を取得するか否かが異なります。

　企業買収において，現金による株式譲渡よりも株式交換を利用するメリットは，資金負担が発生しない点です。また，合併よりも株式交換を利用するメリットは，下記のようなものです。

- 合併とは異なり，買収された会社の事業に隠れた債務（簿外債務）があったとしても，買収した会社はダイレクトに損害を受けない（合併すると同じ法人になるため，簿外債務を共有してしまう）
- 将来的に売却を検討する際には，1つの会社として売却が可能なため，事業再編をスピーディに行うことができる

（4）　株式移転

　次に，合併（新設合併）と類似の効果を持つ株式移転を説明します。株式移転は，統合しようとする複数の会社の株式と新設の会社の株式を交換することによって，完全親会社を作るスキームです。すなわち，株式交換は完全子会社を作るスキームで，株式移転は完全親会社を作るスキームです。

　株式交換や合併（吸収合併）の場合，買収される会社の株主（売主）は別会社の株主になりますが，株式移転の場合は，すべての株主が別会社の株主になる点が異なります。

　たとえば，グループ内の組織再編において，A社がホールディングカンパニー（完全親会社）B社を設立しようとしています。

　図表1－27のようにA社の100％親会社としてB社を作る場合，B社を設立後，A社株主とB社の間で，A社株式とB社株式の交換を行います。この結果，A社株主はすべてB社株主となり，A社はB社の完全子会社となります。

【図表１－27：株式移転のスキーム】

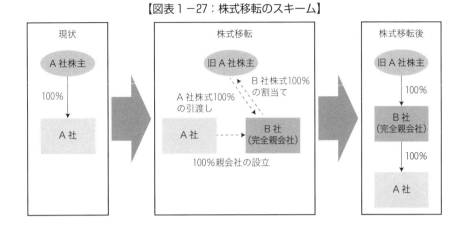

株式移転は，合併や株式交換と比較すると下記のような違いがあります。

- 合併のように一方の会社が消滅しない
- 株式交換のように，どちらかの会社が親会社になるわけではない（２社が共同で株式移転をする場合，両方とも子会社になる）

（5）　事業譲渡

　事業譲渡は（６）で説明する会社分割と似ています。具体的なケースで説明します。

　図表１－28の現状（左端）において，A 社は X 事業を有していて，B 社はA 社から X 事業を買いたいと思っています。この場合，A 社は X 事業（従業員や建物・設備などを含む）を B 社に譲渡し，B 社は X 事業の対価として A 社に現金を支払います（図表１－28の中央）。事業譲渡後は，B 社が X 事業を有している状態になります（図表１－28の右端）。

【図表1－28：事業譲渡のスキーム】

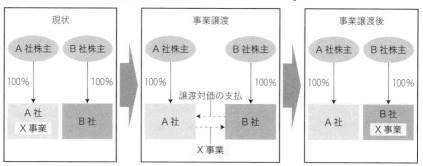

　このケースは，「Ａ社とＢ社の間でＸ事業の譲渡契約を締結し，Ａ社はＸ事業を引渡し，Ｂ社は代金を支払う」という事業譲渡です。事業譲渡は後で説明する会社分割とは異なり，Ｘ事業に係る権利義務がＡ社からＢ社に自動的に（包括的に）移るわけではありません。

　たとえば，Ｘ事業で利用している機械設備をＡ社からＢ社に譲渡する必要があります。販売先・仕入先にも個別に取引相手がＡ社からＢ社に移ることを通知・説明する必要があります。当然，Ｘ事業の従業員はＡ社の従業員なので，Ｂ社に移籍（転職）してもらわないと，Ｂ社はＸ事業を行う従業員を確保することができません。すなわち，Ａ社の権利義務のうち，Ｂ社に承継させる権利義務を個別に決定する必要があり，このような承継（引継ぎ）の方法を「特定承継」といいます。

（6）　会社分割

　会社分割は事業譲渡などの他のスキームと似ています。似ていても違うので，ここでは会社分割のスキームがどのように異なるかを説明します。

　まず，会社分割には合併と同様に「新設分割」と「吸収分割」という2つの形態があります。序章で登場したのは新設分割です。会社分割の形態を比較したのが**図表1－29**です。

【図表1−29：会社分割の形態】

形態	内容
新設分割	対象事業（A社のX事業）の一部または全部の権利義務を分割して新しく会社（X社）を設立する方法
吸収分割	対象事業（A社のX事業）の一部または全部の権利義務を会社（B社）に承継する方法

　まず，会社分割のうち序章で登場した新設分割から説明します。新設分割は会社の事業を分割して新会社にする組織再編です。**図表1−30**を見てみましょう。

　A社はX事業を分割して新会社（X社）を設立します（図表1−30の中央）。新設分割によってA社がX社を設立し，X社は株式をA社に対して発行するため，X社はA社の100％子会社となります（図表1−30の右端）。新設分割は，現物出資（X事業を出資）によって会社設立をしているのと同じです。

【図表1−30：新設分割のスキーム】

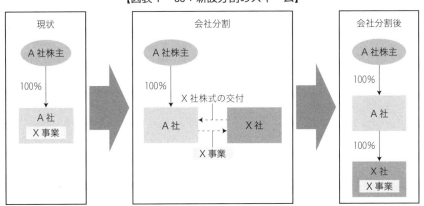

　新設分割は戦略的に事業を分社化するためのスキームです。たとえば，他社（B社）と資本業務提携を行う際に，B社からA社ではなく分社化したX社に出資してもらえば，A社の株主構成は変えずに資本業務提携を行うことができます。

　次に，吸収分割を説明します。この方法は事業譲渡と似ています。

　図表 1 −31の現状（左端）において，Ａ社はＸ事業を有していて，Ｂ社は
Ａ社からＸ事業を買いたいと思っています。この場合，Ａ社はＸ事業（従業
員や建物・設備などを含む）をＢ社に譲渡するとともに，Ｂ社はＸ事業の対
価として現金（またはＢ社株式）を支払います（図表 1 −31の中央）。吸収分
割後は，Ｂ社がＸ事業を有している状態になります（図表 1 −31の右端）。

【図表 1 −31：吸収分割のスキーム】

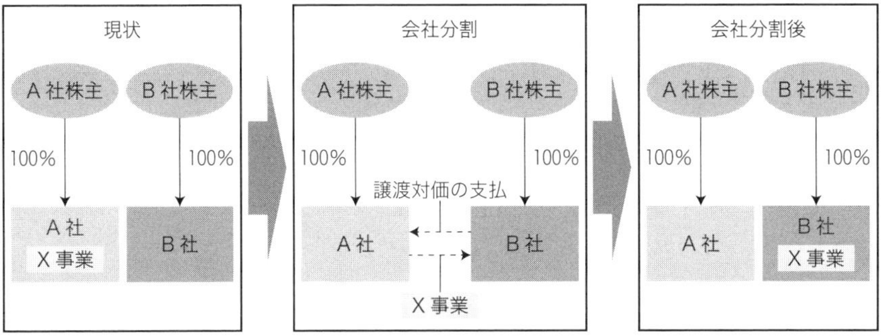

　事業譲渡のスキーム（図表 1 −28）と比較すればわかりますが，吸収分割と
事業譲渡はほぼ同じです。スキームはほぼ同じですが，契約方法が吸収分割契
約と事業譲渡契約で異なるため，法的な効果が異なります。

　吸収分割は分割事業に係る権利義務が包括承継されるため，債権者・契約の
相手・労働者の個別の同意なしに承継できます（法的に有効であるとしても，
一通りの説明は必要でしょう）。一方，事業譲渡は対象事業に係る権利義務が
特定承継なので，契約相手や労働者の個別同意が必要となり，吸収分割に比べ
て手間とコストが掛ります。

（7）　現物配当

　現物配当は，会社が行う配当の一種です。上場企業の株主は，毎年，会社か

ら配当金（金銭）が送金されてきます。会社は利益（剰余金）処分として株主に対して金銭を配当として支払うことが多いため，配当は金銭で受け取るものと思っている人も多いでしょう。実際には金銭以外も配当できます。

　配当の対象は資産価値があればよいので，有価証券，不動産，機械設備など何でも配当できるのです。このような金銭以外の配当を現物配当といいます。

　ただし，会社が1万人の株主に不動産1物件の権利（1万分の1）を配当すると，不動産1物件を1万人で共有することになるので，株主は困ってしまうでしょう。このため，普通は金銭配当だけです。

　一方，株主数が少ない場合は現物配当という選択肢もあり得ます。**図表1－32**を見てみましょう。なお，ここでのA社株主は個人ではなく法人とし，A社株主は1社だけで，A社はX社の株式の100％を保有しているとします（図表1－32の左端）。A社株主がX社を間接保有（A社を通じての株式保有）ではなく，X社を直接保有したいと考えた場合，A社が保有するX社株式100％を，A社株主に対して現物配当すればよいのです（図表1－32の中央）。この結果，A社株主はA社とX社の100％を保有する株主となりました（図表1－32の右端）。

　組織再編において現物配当が利用される理由は，税務上の「配当金の益金不

【図表1－32：現物配当のスキーム】

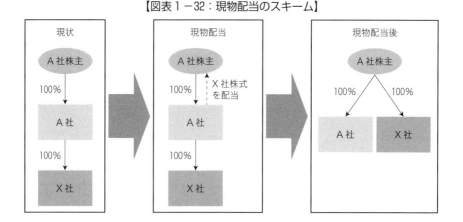

算入」です。税務（法人税法）上は，完全子法人（100％子会社）からの配当は全額が益金不算入（税務上の利益とならない）なので，現物配当を受け取ったA社株主には税金（法人税）がかかりません。少数株主に対する配当の場合は税金がかかりますが，（原則として）親会社等に対する配当には税金がかからないため，株主にとってデメリットはありません。

　株主に課税が発生すると利用するのは難しいのですが，親会社等の場合は現物配当によって特段の金銭支出（税金）が発生しないため，組織再編スキームの1つとして利用されているのです。

（8）　例題演習

　ここまで組織再編に利用するスキームの説明をしてきました。ここではどのように利用すればいいかを例題形式で説明していきます。

例題1-4

　A社株主はX事業の価値が将来的に高くなることを予想しており，X事業をA社から分社化してX社を作りたいと思っています。

　現在のA社は，**図表1-33**の左端の状態です。右端の状態にするには，どのような組織再編（図表1-33の？の部分）が必要でしょうか？

【図表1-33：組織再編前と組織再編後の状態】

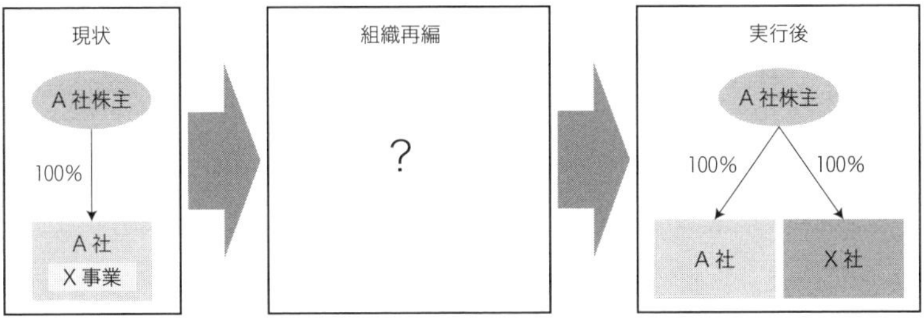

※X社はA社のX事業を分社化したものとします。

解答

以下の2つの手順で組織再編を実行する。

① A社からX事業を新設会社分割して，X社を設立する

② A社からA社株主に対してX社株式を現物配当する

解説

まず，X社が存在していないため（図表1−34の左側），A社のX事業を新

【図表1−34：会社分割によるX事業の分社化】

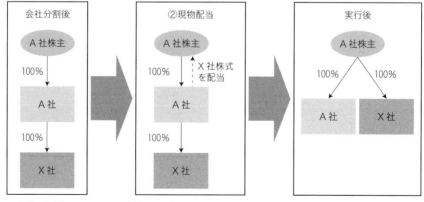

【図表1−35：現物配当による組織再編】

※上記は図表1−34からの続きを記載。

設会社で分割してＸ社を設立します。具体的には，Ａ社のＸ事業を対価にしてＸ社を設立し，Ｘ社はＸ事業の対価としてＡ社にＸ社株式を交付します（**図表１−34の中央**）。新設分割の実行後，Ｘ社はＡ社の100％子会社となります（**図表１−34の右側**）。

次に，Ａ社の保有するＸ社株式100％をＡ社株主に現物配当します（**図表１−35の中央**）。現物配当を行った後は，Ａ社とＸ社はＡ社株主の100％子会社となりました（**図表１−35の右側**）。

以上の２つの組織再編により，Ｘ事業を分社化し，Ａ社とＸ社をＡ社株主に100％子会社とすることができました。

例題１−５

　Ａ社株主とＢ社株主は，共同保有する持株会社を設立して，保有するＡ社とＢ社を持株会社の子会社にしようと考えています。

　現在のＡ社とＢ社は，**図表１−36**の左端の状態です。右端の状態にするには，どのような組織再編（**図表１−36の？の部分**）が必要でしょうか？

【図表１−36：組織再編前と組織再編後の状態】

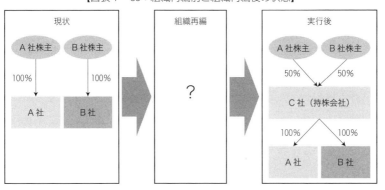

※Ａ社とＢ社の株式時価総額は同じとします。

解答

① Ａ社が完全親会社となるＣ社を株式移転で設立。

② Ｃ社とＢ社株主の間で株式交換を行う。

解説

　この例題の解答はいくつかありますが，ここでは１つの方法を説明します。

　まず，Ｃ社の設立を説明します。具体的には，Ａ社が株式移転によって100％親会社（Ｃ社）を設立します。この際，Ａ社株式を保有しているＡ社株主は保有するすべてのＡ社株式をＣ社に引き渡すとともに，新会社Ｃ社の株式の交付を受けます（**図表１−37**の中央）。株式移転後，Ａ社株主はＣ社を100％保有し，Ｃ社（持株会社）がＡ社株式を100％保有します（**図表１−37**の右側）。Ｂ社の株主構成は特に変化ありません。

【図表１−37：株式移転による持株会社の設立】

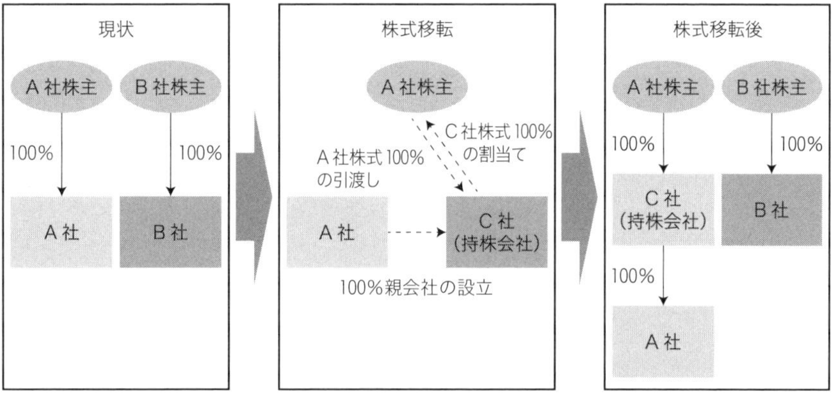

※Ｂ社に特に動きはないため，株式移転（中央）にはＡ社の組織再編のみを表示しています。

　次に，Ｂ社を持株会社の完全子会社にするために株式交換を行います。具体的には，**図表１−38**のようにＢ社株主とＣ社（持株会社）の間で株式交換を行い，Ｂ社株主が保有するＢ社株式をすべてＣ社株式と交換します。この際，Ａ社とＢ社の株式時価総額は同じなので，Ｃ社が発行している株数と同じ数（株式交換前の100％の株数）をＢ社株主に交付します（**図表１−38**の中央）。株式交換後は，Ａ社株主とＢ社株主が持株会社Ｃ社の発行済株式の50％をそれぞれ保有することになりました（**図表１−38**の右側）。

　ここではＡ社の完全親会社としてＣ社を設立するスキームで解説しましたが，

【図表1−38：株式交換によるB社の子会社化】

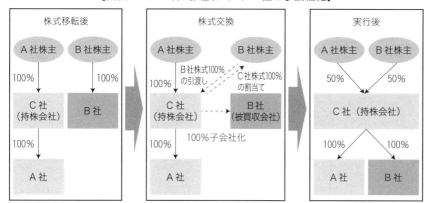

※上記は図表1−37からの続きを記載。

B社で株式移転をしてC社を設立しても同じ結果となります。また，説明したスキームの株式移転と株式交換を逆にしても同じ結果になります（正確には株式交換を先に行うと一方（B社）がもう一方（A社）の完全子会社となるため，株式移転を行った後で完全子会社（B社）の株式を現物配当などでC社に移す必要があります）。

　以上の2つの組織再編により，A社とB社を，A社株主とB社株主が共同保有する持株会社Cの完全子会社とすることができました。

┌─ 例題1−6 ─

　A社グループの中ではB社が最も規模が大きいため，A社株主はAグループの組織再編をしようと考えています。

　現在のA社とB社は，**図表1−39**の左端の状態です。右端の状態にするには，どのような組織再編（図表1−39の？の部分）が必要でしょうか？

82 •

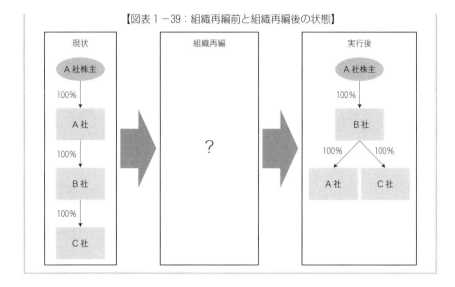

【図表１−39：組織再編前と組織再編後の状態】

解答

①　A社がB社株式をA社株主に現物配当する

②　B社とA社株主との間で株式交換（A社株式とB社株式）を行う

解説

　まず，A社が保有するB社株式をA社株主に現物配当することにより，B社をA社株主の100％子会社にします。具体的には**図表１−40**のように，A社がA社株主に対してB社株式を現物配当することによって，B社をA社株主の100％子会社にします（図表１−40の中央）。

　現物配当を行った後は，A社株主がA社とB社の発行済株式の100％を保有します（図表１−40の右端）。

【図表1−40：現物配当による組織再編】

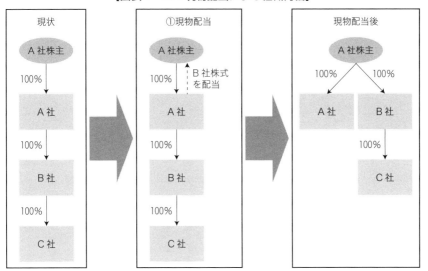

　次に，A社株主とB社の間で株式交換を行います。具体的には**図表1−41**のように，A社株主が保有するA社株式とB社が発行するB社株式を交換します（図表1−41の中央）。株式交換の結果，B社がA社とC社の親会社となり，組織再編が完了しました（図表1−41の右端）。

【図表1−41：株式交換による組織再編】

　他の方法でも同じ組織再編を行うことはできますが，ここでは現物配当と株式交換による組織再編を説明しました。

　以上の2つの組織再編により，A社とC社を，A社株主が保有するB社の完全子会社とすることができました。

第2章 事業再編・事業再生に必要な基礎知識

事業再編・事業再生に利用するスキームを知っていても、「そのスキームを利用することによってどのような影響が発生するか？」「どのような問題点を改善していく必要があるか？」がわかっていなければ、うまく進めることができません。ここでは、事業再編・事業再生を行う際にベースとなる財務的な基礎知識を解説します。

1. キャッシュ・フロー

◆ ◆ ◆

　西日本紡績の中村さんは、京橋不動産の財務状況が怪しいので、現状を把握するために、財務デューデリジェンスを実施しようと思っています。ただ、依頼する前に、そもそも検討に値する会社なのかを確認するため、京橋不動産の過去5年分の財務データの推移を確認しています。そこに、虎ノ門銀行の加藤さんから電話が掛ってきました。

加藤さん：この前話した分社化の件は、うまくまとまりそうです。それで、会社の再生は何とかなりそうですか？

中村さん：決算書の推移を見てるけど、X2年に事業を拡大したときに失敗したパターンかな。ちょっとファイルをメールするから見てくれない？

加藤さん：いまメール確認しました。このファイルですね。

中村さん：貸借対照表（**図表2−1**）の資産はX2年度に大幅に増加していて、

借入金（短期借入金，長期借入金）も X2年度に大幅に増加してる。
損益計算書（**図表 2 - 2**）の売上は X2〜X3年度に増加しているけど，
粗利（売上総利益）は X2年度以降減少しているから，無理して販売
用不動産を仕入れたのがまずかったんでしょう。

【図表 2 - 1：京橋不動産の貸借対照表の推移】

（単位：百万円）

科目	X0年度	X1年度	X2年度	X3年度	X4年度	X5年度
現金預金	1,000	1,500	5,700	4,000	1,700	1,000
受取手形・売掛金	1,000	1,000	2,000	2,500	3,500	4,000
販売用不動産	1,000	3,000	15,000	14,000	13,000	12,000
商品及び製品	1,000	1,500	2,000	2,500	2,700	3,000
原材料及び貯蔵品	1,000	1,000	1,300	1,700	1,900	2,000
営業貸付金	1,000	1,000	1,300	1,500	2,500	3,000
流動資産合計	6,000	9,000	27,300	26,200	25,300	25,000
建物	2,300	2,200	5,900	5,600	5,300	5,000
機械及び装置	1,200	1,100	2,600	2,400	2,200	2,000
土地	3,000	3,000	3,000	3,000	3,000	3,000
有形固定資産	6,500	6,300	11,500	11,000	10,500	10,000
固定資産	6,500	6,300	11,500	11,000	10,500	10,000
資産合計	12,500	15,300	38,800	37,200	35,800	35,000

科目	X0年度	X1年度	X2年度	X3年度	X4年度	X5年度
支払手形・買掛金	1,000	1,000	1,500	2,000	2,500	3,000
未払金	1,000	1,000	1,500	1,500	1,500	2,000
短期借入金	5,000	5,000	23,000	22,000	21,000	20,000
流動負債	7,000	7,000	26,000	25,500	25,000	25,000
長期借入金	2,000	3,000	8,000	7,600	7,300	7,000
退職給付引当金	1,000	1,000	1,000	1,000	1,000	1,000
固定負債	3,000	4,000	9,000	8,600	8,300	8,000
負債合計	10,000	11,000	35,000	34,100	33,300	33,000
資本金	1,000	1,000	1,000	1,000	1,000	1,000
利益剰余金	1,500	3,300	2,800	2,100	1,500	1,000
株主資本	2,500	4,300	3,800	3,100	2,500	2,000
純資産合計	2,500	4,300	3,800	3,100	2,500	2,000
負債純資産合計	12,500	15,300	38,800	37,200	35,800	35,000

【図表2－2：京橋不動産の損益計算書の推移】

（単位：百万円）

科目	X1年度	X2年度	X3年度	X4年度	X5年度
売上	15,000	20,000	25,000	23,000	20,000
売上原価	10,000	17,000	22,000	20,000	17,000
売上総利益	5,000	3,000	3,000	3,000	3,000
販売費及び一般管理費	1,800	2,500	3,000	3,000	3,000
営業利益	3,200	500	0	0	0
支払利息	200	1,000	700	600	500
経常利益	3,000	−500	−700	−600	−500
税引前当期利益	3,000	−500	−700	−600	−500
法人税等	1,200	0	0	0	0
当期利益	1,800	−500	−700	−600	−500
うち，減価償却費	200	500	500	500	500

加藤さん：そうですね。借入金は X2年度に増えていますね。犯人は，虎ノ門銀行と丸の内銀行の担当者でしょう。

中村さん：そうなんだけど，そういうことが言いたいわけじゃなくて。利益は毎期マイナスなんだけど，キャッシュ・フロー計算書（**図表2－3**）のマイナスが損益計算書と比べて大きいから，急激にキャッシュが流出しているみたい。

【図表2-3：京橋不動産のキャッシュ・フロー計算書の推移】

(単位：百万円)

項目	X1年度	X2年度	X3年度	X4年度	X5年度
税引前当期利益	3,000	−500	−700	−600	−500
減価償却費	200	500	500	500	500
売上債権の増減額	0	−1,000	−500	−1,000	−500
販売用不動産の増減額	−2,000	−12,000	1,000	1,000	1,000
棚卸資産の増減額	−500	−800	−900	−400	−400
営業貸付金の増減	0	−300	−200	−1,000	−500
仕入債務の増減額	0	500	500	500	500
その他債務の増減	0	500	0	0	500
法人税等の支払額	−1,200	0	0	0	0
営業 CF	−500	−13,100	−300	−1,000	600
有形固定資産の増減額	0	−5,700	0	0	0
投資 CF	0	−5,700	0	0	0
借入金の増減	1,000	23,000	−1,400	−1,300	−1,300
財務 CF	1,000	23,000	−1,400	−1,300	−1,300
キャッシュ増加額	500	4,200	−1,700	−2,300	−700
キャッシュの期首残高	1,000	1,500	5,700	4,000	1,700
キャッシュ期末残高	1,500	5,700	4,000	1,700	1,000

加藤さん：確かに，X2年度に多めに借入金で資金調達したようだけど，X3年度以降はキャッシュ・アウトが大きいですね。

中村さん：損益とキャッシュ・フローの差の原因は，回転期間の増加からきていると思う。たとえば，**図表2-4**の売上債権（受取手形・売掛金）や棚卸資産（販売用不動産～営業貸付金）の回転期間を見てみると，売上債権の回転期間（売上債権÷売上×12カ月）はX1年度が0.8カ月なのに，X5年度は2.4カ月に増加している。X5年度の売上の40％が売上債権の発生しない不動産業だから，実際の回転期間はもっと長いと思う。

棚卸資産（合計）の回転期間（棚卸資産÷売上原価×12カ月）も

【図表2-4：京橋不動産の回転期間の推移】

(単位：月)

科目	X1年度	X2年度	X3年度	X4年度	X5年度
受取手形・売掛金	0.8	1.2	1.2	1.8	2.4
販売用不動産	3.6	10.6	7.6	7.8	8.5
商品及び製品	1.8	1.4	1.4	1.6	2.1
原材料及び貯蔵品	1.2	0.9	0.9	1.1	1.4
営業貸付金	1.2	0.9	0.8	1.5	2.1
棚卸資産計	7.8	13.8	10.7	12.1	14.1
支払手形・買掛金	1.2	1.1	1.1	1.5	2.1

　　　　　　X1年度は7.8カ月なのに，X5年度は14.1カ月（1.2年）に増加している。販売用不動産の回転期間の増加（X1年度：3.6カ月⇒X5年度：8.5カ月）が大きな要因になっているものの，他の棚卸資産（商品及び製品，原材料及び貯蔵品）も増加しているから他の事業も滞留在庫を抱えていてもおかしくないよね。

加藤さん：急激に在庫を増加させたか，売れなくて滞留しているか，どちらかということですか？

中村さん：そんな気がする。仕入債務（支払手形・買掛金）の回転期間（仕入債務÷売上原価×12カ月）も少しずつ長くなってきているから，支払が滞ってきているのかな。いずれにしても，実際の業績がどの程度なのか，調べてみないといけないね。

❖ ◆ ❖

　キャッシュ・フローは決算書などの財務データを利用して計算するため，計算方法やその特徴をよく把握しておく必要があります。ここでは事業再編・事業再生に重要な影響を与えるキャッシュ・フローについて説明します。

（1） 会社の作成する決算書

　本書は事業再編・事業再生について主に記載しているため，基本的な財務諸表（決算書）の知識はある程度理解しているうえで話を解説しています。ここでは，会社の作成する決算書がどのようなものかについて，念のために解説します。すでに知っている読者は読み飛ばしてかまいません。

　日本の会社は，上場しているかどうかに関係なく，会社法に基づく決算書（計算書類）を作成します。上場会社の場合は，さらに，決算書として有価証券報告書（四半期報告書）や決算短信（四半期決算短信）を作成します。また，上場企業のうち，日本以外の会計基準（たとえば，IFRS）に準拠している会社の場合は，その会計基準に準拠した決算書類の作成が必要です。すべてを説明するときりがないので，ここでは日本の中小企業が作成する決算書をベースに解説します。

　会社法で作成が必要とされている決算書（計算書類）は，下記の①〜③です。また，会社法での作成が義務付けられていないものの，企業の資金繰りを把握するのに必要となる決算書類は④キャッシュ・フロー計算書です。

---

① 　貸借対照表
② 　損益計算書
③ 　株主資本等変動計算書
④ 　キャッシュ・フロー計算書

　それぞれの決算書の内容について，簡単に説明します。

① 　貸借対照表

　一般的な貸借対照表（Balance Sheets の略称で「B/S」と表記し「ビーエス」という場合が多い）の形式は**図表 2 − 5**です。貸借対照表は，会社が保有する資産，抱えている負債，会社に残っている純資産の状況を表します。

【図表2−5：貸借対照表の形式】

（資産の部）	（負債の部）
Ｉ　流動資産	Ｉ　流動負債
Ⅱ　固定資産	Ⅱ　固定負債
1　有形固定資産	（純資産の部）
2　無形固定資産	Ｉ　株主資本
3　投資その他の資産	Ⅱ　評価・換算差額等
Ⅲ　繰延資産	Ⅲ　新株予約権

　まず，B/S には，「資産の部」「負債の部」「純資産の部」という区分があります。

　「資産の部」は保有している資産の残高，「負債の部」は借入金などの負債の残高，「純資産の部」は資産と負債の差額を表します。

　「資産の部」は「流動資産」，「固定資産」，「繰延資産」の3つに分かれます。

　「流動資産」は，営業上の資産（会社の売上に関連する売上債権や棚卸資産など）と1年内に回収可能な資産です。

　「固定資産」は，営業上の資産ではなく，回収が1年超になる資産です。そのうち，「有形固定資産」は土地や建物などの形のある固定資産，「無形固定資産」はソフトウエアや商標権といった形のない固定資産です。出資金など投資目的で保有している固定資産は，「投資その他の資産」に分類されます。

　「繰延資産」は，旧商法上の区分がそのまま残っているために区分表示されているだけで，計上は固定資産と分ける意味はありません。

　「負債の部」は，「流動負債」と「固定負債」の2つに分かれます。この2つの違いは，「流動資産」と「固定資産」の違いとほとんど同じです。営業上の負債と1年内返済の負債が「流動資産」，1年超の返済の負債が「固定負債」です。

　「純資産の部」は，「資本の部」から「負債の部」を差し引いた金額です。会計上は内訳が複雑に規定されていますが，投資や融資の判断においては，内訳

はあまり意味がありません。

② 損益計算書

損益計算書（Profit and Loss Statement の略称で「P/L」と表記し「ピーエル」
という場合が多い）は，会社の業績を示す決算書です。損益計算書は**図表2－
6**のような形式です。

【図表2－6：損益計算書の形式】

項目	計算式
Ⅰ　売上高	A
Ⅱ　売上原価	B
売上総利益	C＝A－B
Ⅲ　販売費及び一般管理費	D
営業利益	E＝C－D
Ⅳ　営業外収益	F
Ⅴ　営業外費用	G
経常利益	H＝E＋F－G
Ⅵ　特別利益	J
Ⅶ　特別損失	K
税引前当期純利益	L＝H＋J－K
法人税等	M
当期純利益	N＝L－M

「売上高（A）」から「売上原価（B）」を控除した「売上総利益（C）」は商
品等を販売することによって得られる，企業の「粗利（粗利益）」です。

「販売費及び一般管理費（D)」には，従業員の給与や家賃など，商品の売上
原価のように1対1で対応しないものの，会社を運営するうえで必要となるコ
ストです。少し長いので普通は「販管費：ハンカンヒ」といいます。

「営業利益（E）」は営業面での会社の利益です。

「営業外収益（F)」と「営業外費用（G)」は，会社の営業とは直接関係ない

ものの，経常的に発生する収益と費用です。たとえば，営業外費用には支払利息が含まれます。経常的に発生する収益と費用までを含めて「経常利益（H)」を算出します。

　「特別利益（J)」と「特別損失（K)」は，経常的には発生することのない，特殊要因によって発生した利益と損失です。たとえば，固定資産の売却による利益・損失などが，「特別利益」と「特別損失」に表示されます。

　「法人税等（M)」には，法人税・住民税・事業税が含まれます。

③　株主資本等変動計算書

　株主資本等変動計算書は株主資本（純資産の内訳）の推移を示す決算書です。会社としては作成が必要な書類ですが，外部関係者（株主や債権者）が利用することはないので，本書では説明を省略します。

④　キャッシュ・フロー計算書

　キャッシュ・フロー計算書（Cash Flow Statement：「C/F 計算書」）は，「お金の流れ＝キャッシュ・フロー」を示す決算書です。有価証券報告書（上場企業などが作成する決算書類）作成会社は作成する必要がありますが，それ以外は作成する必要がありません。C/F 計算書は**図表 2 － 7**の形式で作成します。

【図表2－7：キャッシュ・フロー計算書の形式】

項目	影響	
Ⅰ　営業活動によるキャッシュ・フロー		
税引前当期利益		A
減価償却費	＋	B
売掛金の増加	－	C
商品の増加	－	D
買掛金の増加	＋	E
法人税等	－	F
合計		G＝A＋B－C－D＋E－F
Ⅱ　投資活動によるキャッシュ・フロー		
固定資産の増加	－	H
投資有価証券の増加	－	J
合計		K＝－H－J
Ⅲ　財務活動によるキャッシュ・フロー		
借入金の増加	＋	L
配当金の支払額	－	M
合計		N＝L－M
Ⅳ　現金及び現金同等物の増加額		O＝G＋K＋N
Ⅴ　現金及び現金同等物の期首残高	＋	P
Ⅵ　現金及び現金同等物の期末残高		Q＝O＋P

　この形式は間接法と言われる C/F 計算書の作成方法で，貸借対照表と損益計算書を利用して計算できます。直接法という C/F 計算書の作成方法もありますが，直接法は会計仕訳から現預金項目のみを抽出して作成する方法なので，会社の会計システムを利用できる人でなければ，直接法で C/F 計算書を作成することはできません。また，連結子会社が多数存在する場合には各社のキャッシュ・フローを直接法で集計するのが困難です。

　このような理由から，C/F 計算書は一般的に間接法で作成します。

　C/F 計算書に表示される，「営業活動によるキャッシュ・フロー」，「投資活

動によるキャッシュ・フロー」,「財務活動によるキャッシュ・フロー」がそれ
ぞれ何を示しているかを以下で説明します。

i ）営業活動によるキャッシュ・フロー

　「営業活動によるキャッシュ・フロー（営業 CF)」は，会社の営業から獲得
したキャッシュ・フローです。C/F 計算書は，税引前当期利益からスタート
して，減価償却費を加算します。P/L では，減価償却費を差し引いて税引前当
期利益を算定するものの，現金支出を伴わない費用なので，キャッシュ・フ
ローを計算する際には税引前利益の計算で控除した減価償却費をプラスしなけ
ればなりません。

　売掛金の増加は，キャッシュ・フローにはマイナスの影響を与えます。売掛
金が増加する（＝販売したものの入金が減少している）ので，マイナスの影響
があるわけです。

　商品（棚卸資産）が増加した場合，仕入れたけど商品が売れていない（＝現
金回収できていない）ので，キャッシュ・フローにマイナスの影響を与えます。

　買掛金が増加した場合，支払っていない金額（未払い）が増加している（＝
お金を払っていない）ので，キャッシュ・フローにプラスの影響を与えます。

　営業 CF は本業の収入なのでプラス（キャッシュ・イン）である必要があり
ます。

ii ）投資活動によるキャッシュ・フロー

　「投資活動によるキャッシュ・フロー（投資 CF)」は，会社の投資の状況を
示すものです。工場の建設資金，製造設備の購入資金，他社への投資・出資が
投資 CF に計上されます。投資なので，基本的に投資 CF はマイナスです。

　企業のキャッシュ・フローを把握する上では，P/L に計上されない資本的支
出（CAPEX（キャペックス）：Capital Expenditure の略称，資本的支出）が
重要になり，投資 CF は CAPEX です。

96

iii）財務活動によるキャッシュ・フロー

　「財務活動によるキャッシュ・フロー（財務 CF）」は，会社の資金調達の状況を示すものです。借入した場合，増資によって資金調達を行った場合，会社に入金があるので財務CFはプラスです。借入の返済は財務CFのマイナスです。

（2）　キャッシュ・フローはどのように発生するか

　会社が製品を販売した場合（売上が計上された場合），損益計算書に利益が計上されます。ただし，損益計算書に売上が計上されていても，会社にキャッシュ・インがあるかどうかは別の話です。利益とキャッシュ・フローの関係を例題で説明します。

例題 2 - 1

　会社が商品を100万円で仕入れました。仕入代金は現金で支払ったとします。
　この場合の会計処理を説明しなさい。

解答

　この取引の会計仕訳は，次のとおりです。

（借方）　商　品	100万円	／	（貸方）　現　金	100万円

解説

　上記の会計仕訳を貸借対照表と損益計算書の動きで説明します。企業会計においては，借方と貸方が一致する（この状態を「バランスする」といいます）という性質があります。製品を購入した場合，資産が増加するため借方が増加します。貸借は一致しないといけないため，**図表 2 - 8** のように貸方を同額増加させます（効果としては借方をマイナスするのと同じ）。

　これは，貸借対照表の資産（現金）が別の資産（商品）に振り替わっただけで，損益計算書には影響を与えません。このケースはキャッシュ・フローへの

影響を損益計算書からは判別できないのです。

【図表 2 － 8 ：商品仕入時の B/S，P/L の変化】

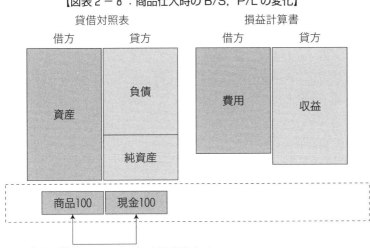

借方・貸方（借方のマイナス）が同額増える

　商品への支出（仕入）が損益計算書に反映されるのは，商品が販売されて売上が計上された段階です。損益計算書だけでは，商品の仕入から売上までのキャッシュ・フローのタイムラグが把握できないので，キャッシュ・フローを正確に把握するためには資産の変動から計算する必要があるのです。

　次に，損益計算書に計上されるものの，キャッシュ・フローが発生しない取引を説明します。

例題 2 － 2

　会社が顧客にサービスを提供し100万円で掛売上しました。
　この場合の会計処理を説明しなさい。

この取引の会計仕訳は，次のとおりです。

（借方）　売掛金	100万円	／	（貸方）　売　上	100万円

 解説

　これを貸借対照表と損益計算書の動きで説明します。顧客への売上100万円は損益計算書に計上されます。貸方（売上）の増加に伴い増加する借方は売掛金です。この取引は掛売上なので，売上を計上した時点でキャッシュ・インはありません。

　損益計算書には売上が計上されているものの，実際にはキャッシュ・インがないため，損益計算書とキャッシュ・フローが一致しません。この取引についても損益計算書ではキャッシュ・フローの内容が把握できないため，貸借対照表の動きからキャッシュ・フローを計算する必要があるのです。

【図表2-9：掛売上のB/S, P/Lの変化】

貸借対照表　　　　　　　　　損益計算書

借方	貸方		借方	貸方
資産	負債		費用	収益
	純資産			
売掛金100			売上100	

借方・貸方が同額増える

次は，例題 2 － 2 と同様に，損益計算書に計上されるものの，キャッシュ・フローが発生しない取引を説明します。

 例題 2 － 3

　会社が業務委託先に委託した業務が完了し，業務委託先が100万円を請求（未払金が発生）しました。
　この場合の会計処理を説明しなさい。

解答

この取引の会計仕訳は，次のとおりです。

（借方）　業務委託費	100万円	／	（貸方）　未払金	100万円

解説

　これを貸借対照表と損益計算書の動きで説明します。業務委託先からの業務委託費100万円は損益計算書に計上されます。借方（業務委託費：費用）の増加に伴い増加する貸方は未払金（負債）です。この取引は後払いなので，費用を計上した時点でキャッシュ・アウトはありません。

　損益計算書には費用が計上されているものの，実際にはキャッシュ・アウトがないため，損益計算書とキャッシュ・フローが一致しません。この取引についても損益計算書ではキャッシュ・フローの内容が把握できないため，貸借対照表の動きからキャッシュ・フローを計算する必要があるのです。

【図表2-10：未払業務委託費のB/S，P/Lの変化】

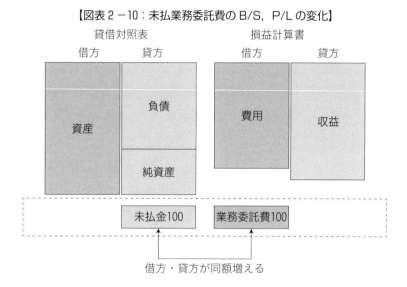

貸借対照表
借方　貸方

資産　負債　純資産

損益計算書
借方　貸方

費用　収益

未払金100　業務委託費100

借方・貸方が同額増える

　ここでは，3つの例題を利用して，損益計算書とキャッシュ・フローの関係を説明しました。キャッシュ・フローは損益計算書から正確に把握することができないため，貸借対照表の動きからキャッシュ・フローを計算する知識が必要となるのです。

　損益計算書からキャッシュ・フローが把握できない取引は，主に以下の2つです。

- ● B/Sのみの取引（商品や固定資産の購入，負債の返済）
- ● 未収金・未払金（売掛金や買掛金）が発生する取引

　また，企業の資金繰りの面からは，以下のことが言えます。

- ● 資産の回転期間は短いほうがよい（売掛金の回収は早いほうがよい）
- ● 負債の回転期間は長いほうがよい（買掛金の支払は遅いほうがよい）

　キャッシュ・フローの発生原因を正しく理解しておくことが，企業の資金繰りを安定させることにつながるのです。

（3）　キャッシュ・フローの意味の違い

◆◆◆

　虎ノ門銀行の加藤さんは，京橋不動産の担当をしている大阪支店の長井さんに連絡しました。

加藤さん：京橋不動産の株式価値を計算するために，キャッシュ・フローを調べ
　　　　　ていたんですが，自己査定のフォーマットで計算している営業 CF と，
　　　　　実際の営業 CF にはかなり乖離がありそうなんです。

長井さん：どういうことですか？

加藤さん：虎ノ門銀行の計算方法は簡易なものなので，「営業 CF ＝営業利益＋
　　　　　減価償却費－法人税等」として計算しています。実際には売上債権と
　　　　　棚卸資産が年々増加しているので，B/S の資産・負債を調整して計
　　　　　算すると，結構ずれるんです。

長井さん：そういうことですか。所定のフォーマットで計算していただけだった
　　　　　んですが，短期的な資産・負債によるキャッシュ・フローのブレは，
　　　　　長期では調整されるはずですよね？

加藤さん：普通の状態だとそのとおりです。ただ，ここ数年，特に X3年～X5年
　　　　　で売上が減少しているのに，売上債権と棚卸資産は増えています。た
　　　　　ぶん，売上債権と販売用不動産以外の在庫が滞留してそうです。
　　　　　さらに，仕入が減っているのに仕入債務が増えているので，資金繰り
　　　　　がきつくなってきて，支払が滞っていそうです。

長井さん：ひょっとして，粉飾していそうですか？

加藤さん：その可能性が高そうです。

長井さん：賃貸物件のキャッシュ・フローも順調だと聞いていたので，業績が回
　　　　　復するのを期待していたんですが……。ストレートに聞きにくい内容

ですが，少し探りを入れてみます。

◆ ◆ ◆

　ここまでキャッシュ・フローについて説明してきましたが，実は「キャッシュ・フロー」という言葉は使う人によって意味するものが微妙に違います。

　ここでは，いくつかのキャッシュ・フローの種類を理解して，関係当事者がどのキャッシュ・フローをイメージしているかを理解できるようになることを目的とします。

　銀行が貸付を行う場合，会社が生み出すキャッシュ・フローが返済原資です。株式投資を行う場合，会社が生み出すキャッシュ・フローの現在価値をもとに株式価値を計算します。不動産収益物件を購入する場合，物件から発生するキャッシュ・フローをもとに不動産価格を評価します。

　虎ノ門銀行の加藤さんと長井さんの会話の中にも，いくつかキャッシュ・フローという用語が出てきました。会話で出てきたキャッシュ・フローはすべて同じ意味ではなく，微妙に違うキャッシュ・フローを指しています。実際に「キャッシュ・フロー」という言葉はかなり曖昧で，使う人によって定義が異なります。

　C/F 計算書においては，「営業活動によるキャッシュ・フロー（営業CF）」，「投資活動によるキャッシュ・フロー（投資CF）」，「財務活動によるキャッシュ・フロー（財務CF）」という3種類のキャッシュ・フローを計算することを説明しました。これは会計上のキャッシュ・フローの区分なので，投資や融資を行う際のキャッシュ・フローとは別物です。

　虎ノ門銀行の加藤さんの話に出てきたそれぞれのキャッシュ・フローを例に，どのような違いがあるかを比較してみます。

●債務償還に利用するキャッシュ・フロー

　損益計算書をベースにすると，下記のように計算します。

営業キャッシュ・フロー（営業 CF）＝営業利益＋減価償却費－法人税等
※ C/F 計算書における営業 CF は，通常，支払利息を控除しますが，ここでは控除していません。

　営業 CF は，会社の営業活動によって発生したキャッシュ・フローを示しています。銀行など債権者が債務償還の可能性を判断するために利用するキャッシュ・フローです。

●株式評価に利用するキャッシュ・フロー

フリー・キャッシュ・フロー（FCF）＝営業 CF－CAPEX

　FCF は，会社の活動に必要な CAPEX（資本的支出）まで含めたキャッシュ・フローで，株主（投資家）が株式価値を評価する際に利用するキャッシュ・フローです。

●不動産評価に利用するキャッシュ・フロー

　不動産評価に用いるキャッシュ・フローは，NOI（物件純収益）から CAPEX を控除して計算します。

物件キャッシュ・フロー（不動産 CF）＝物件収益－物件費用－CAPEX
※厳密には預り金等の運用益を加算しますが，説明の都合上省略しています。

　物件費用には，会計上のように減価償却費が含まれず，物件に直接関係のない費用（支払利息など）は除かれます。税引前なので，当然のことながら法人税等は控除しません。このキャッシュ・フローは，不動産価格を評価することを目的としたもので，物件以外の要因は除かれます。
　上記 3 つを比較したのが**図表 2－11**です。

【図表 2 −11：キャッシュ・フローの比較】

	営業 CF	FCF	不動産 CF
想定する利用者	銀行	株主	不動産投資家
減価償却費	控除しない	控除しない	控除しない
支払利息	控除しない	控除しない	控除しない
税金（法人税等）	控除する	控除する	控除しない
CAPEX	控除しない	控除する	控除する

　まず，減価償却費については，会計上も非現金支出費用（お金を支払わない
コスト）なので，キャッシュ・フローの計算において，控除しないのはすべて
共通します。債権者や株主は，税金（国）よりも返済順位が落ちるため，営業
CF，FCF とも税金を控除してキャッシュ・フローを計算します。

　なお，資産価値（不動産や貸付金など）を算定する際のキャッシュ・フロー
は，対象資産の収益から課税される金額はその所有者によって異なるため，資
産価値の算定において利用するキャッシュ・フローから税金（法人税等）は控
除しません。

　では，具体的に，キャッシュ・フローの数値がどのように異なるかを計算し
てみましょう。

例題 2 − 4

　A 社は賃貸用不動産を保有する SPC（ペーパーカンパニー）です。営業利益
300百万円，減価償却費200百万円，法人税等100百万円，CAPEX200百万円の場合，
営業 CF，FCF，不動産 CF を計算しなさい。

解答

　条件を利用して計算した結果は，**図表 2 −12**のとおりです。

【図表 2 -12：営業 CF，FCF，不動産 CF の計算】

（単位：百万円）

項目	営業 CF	FCF	不動産 CF	
営業利益	300	300	300	A
減価償却費	200	200	200	B
法人税等	100	100	0	C
CAPEX	0	200	200	D
計算値	400	200	300	A＋B－C－D

　このように，キャッシュ・フローという言葉は同じでも状況によって意味が異なるため，どのキャッシュ・フローを意味しているかを正確に理解する必要があります。

（4）　黒字倒産とはどういう状態なのか

　前述のとおり，損益計算書が黒字でもキャッシュ・フローが不足して倒産する，という場合があります。このような状況を黒字倒産といいます。
　ここでは，いくつかの原因から黒字倒産していく A 社の例題をもとに説明します。

例題 2 - 5

　A 社の決算の実績値は**図表 2 -13**のとおりで，X1年度以降売上が減少し，赤字が発生する見込みです。A 社は赤字を回避するため，売上と売上原価の計上を前倒しして，**図表 2 -14**の決算（営業損益がゼロ）を作成しました。
　この際，A 社の売上債権はどのように変化するか計算しなさい。

【図表2－13：A社の決算実績値】

	X1年度	X2年度	X3年度	X4年度	X5年度	備考
売上高	1,000	950	900	850	800	
売上原価	800	760	720	680	640	原価率80%
売上総利益	200	190	180	170	160	
販管費	200	200	200	200	200	
営業利益	0	−10	−20	−30	−40	
売上債権	100	95	90	85	80	売上高×10%
回転期間（月）	1.2	1.2	1.2	1.2	1.2	

【図表2－14：A社の決算数値（売上と売上原価の前倒し計上）】

	X1年度	X2年度	X3年度	X4年度	X5年度
売上高	1,000	1,000	1,000	1,000	1,000
売上原価	800	800	800	800	800
売上総利益	200	200	200	200	200
販管費	200	200	200	200	200
営業利益	0	0	0	0	0

解答

【図表2－15：A社の売上債権の推移と回転期間（月）】

	X1年度	X2年度	X3年度	X4年度	X5年度
売上債権	100	145	240	385	580
回転期間（月）	1.2	1.7	2.9	4.6	7.0

解説

　A社の実績値はX2年度以降売上が減少しており，X1年度からX5年度までの売上減少額は**図表2－16**です。この減少額を架空売上として計上し，（原価率が増減すると架空売上がわかってしまうため）原価率80％が以前と変わらな

いように売上原価を計上します。A 社の売上高の実績値，追加額（架空売上），その合計額は**図表 2 −17**です。

【図表 2 −16：A 社の実績値の売上減少額】

	X1年度	X2年度	X3年度	X4年度	X5年度
売上減少額	0	−50	−100	−150	−200

【図表 2 −17：A 社の実績値と追加額の合計】

	X1年度	X2年度	X3年度	X4年度	X5年度
実績値	1,000	950	900	850	800
架空売上	0	50	100	150	200
決算の数値	1,000	1,000	1,000	1,000	1,000

　A 社の売上債権の回転期間は1.2カ月（図表 2 −13）なので，本来であれば実績値の売上高の10％ずつ毎年計上されるはずです。ただし，X2〜X5年度には架空売上が含まれるため，架空売上と同額（架空売上×100％）の売上債権が計上されます。同様に架空の売上原価も計上されるため，同額の仕入債務も発生しますが，売上債権の金額を算定する例題なので，ここでは説明を省略します。

　架空売上の売上債権は翌期以降も回収されないので（正確には，翌期の売上債権の入金は前年度の架空売上債権の回収に充当される），何年も累積されていきます。

　A 社の売上債権の内訳を示したものが**図表 2 −18**です。たとえば，X3年度の売上債権には，「X2年度の架空売上50」と「X3年度の架空売上100」の合計150が含まれます。この架空売上に伴う売掛金が加算されていくと，X5年では本来の売上から発生する売上債権80（売上×10％＝800×10％）以外に X2〜X5年度の架空売上による売上債権500が加算されることになり，売上債権は580まで膨らみます。

売上債権の回転期間（年間売上の何日分か？ 何カ月分か？ を示す）は，X1年度の1.2カ月（100÷1,000×12カ月）から X5年度では7.0カ月（580÷1,000×12カ月）まで増加するので，回収不能の売上債権が増加していることがわかると思います。

【図表 2 － 18：A 社の売上債権の内訳】

内訳	X1年度	X2年度	X3年度	X4年度	X5年度
正常な売上債権	100	95	90	85	80
X2年度の架空売上の売上債権		50	50	50	50
X3年度の架空売上の売上債権			100	100	100
X4年度の架空売上の売上債権				150	150
X5年度の架空売上の売上債権					200
合計	100	145	240	385	580

【図表 2 － 19：A 社の売上の前倒し】

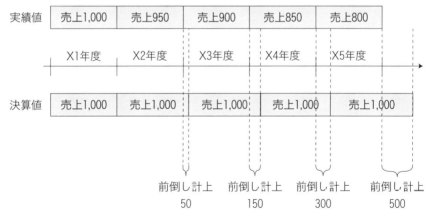

架空売上は，会計上，本来翌期（X2年度）に計上すべき売上を今期（X1年度）に計上します。このイメージを図示したものが，**図表 2 － 19**です。

X2年度の架空売上50の売上債権は，X3年度（翌期）の売上の入金から回収

するため，実質的に X3年度に発生する売上50を X2年度に前倒しして計上しているのと同じなのです。X3年度の売上の実績値900から決算数値を1,000にするためには，追加売上100（1,000 − 900）を計上する必要がありますが，すでにX2年度に X3年度の売上50を前倒ししてしまっているので，X3年度の追加売上100と X2年度の前倒し計上額50の合計150を架空売上として計上することになります。X3年度の前倒し売上150は，X4年度に引継がれていき，X4年度単体での必要額150（1,000 − 850）との合計で300の架空売上が必要になります。

売上と売上原価の計上を前倒しする方法を利用すると，架空売上高が雪だるま式に増加していき，その影響は売上債権に表れます。

これを繰返していくと，損益計算書が黒字でもキャッシュ・フローが不足していくので，最終的に倒産することになるのです。

例題2−6

A 社の決算の実績値は**図表2−20**のとおりで，X1年度以降売上が減少し，赤字が発生する見込みです。A社は赤字を回避するため，売上の計上のみを前倒しして，**図表2−21**の決算（営業損益がゼロ）を作成しました。

この際，A 社の売上債権と売上総利益率（売上総利益 ÷ 売上高）はどのように変化するか計算しなさい。

【図表2−20：A 社の決算実績値】

	X1年度	X2年度	X3年度	X4年度	X5年度	備考
売上高	1,000	950	900	850	800	
売上原価	800	760	720	680	640	原価率80%
売上総利益	200	190	180	170	160	
販管費	200	200	200	200	200	
営業利益	0	−10	−20	−30	−40	

| 売上債権 | 100 | 95 | 90 | 85 | 80 | 売上高×10% |
| 回転期間（月） | 1.2 | 1.2 | 1.2 | 1.2 | 1.2 | |

【図表２－21：Ａ社の決算数値（売上のみ前倒し計上）】

	X1年度	X2年度	X3年度	X4年度	X5年度
売上高	1,000	960	920	880	840
売上原価	800	760	720	680	640
売上総利益	200	200	200	200	200
販管費	200	200	200	200	200
営業利益	0	0	0	0	0

解答

【図表２－22：Ａ社の売上債権と回転期間（月），売上総利益率】

	X1年度	X2年度	X3年度	X4年度	X5年度
売上債権	100	105	120	145	180
回転期間（月）	1.2	1.3	1.6	2.0	2.6
売上総利益率	20%	21%	22%	23%	24%

解説

　例題２－６では，営業損益がゼロになるように架空売上を計上しています。例題２－５では，利益減少額を粗利（売上総利益）で賄う必要があったため，営業損失の５倍（１÷売上総利益率＝１÷0.2）の売上高を計上する必要がありました。例題２－６では，利益減少額を架空売上高とするため，例題２－５よりも金額は小さくなります。

　X2〜X5年度の営業損失は**図表２－23**のとおりで，この金額と同額の売上高（**図表２－24**）を計上することによって営業損益をゼロにします。

【図表２－23：Ａ社の実績値の利益減少額】

	X1年度	X2年度	X3年度	X4年度	X5年度
利益減少額	0	−10	−20	−30	−40

【図表2-24：A社の架空売上高】

	X1年度	X2年度	X3年度	X4年度	X5年度
売上増加額	0	10	20	30	40

A社の売上高の実績値，追加額（架空売上），その合計額は**図表2-25**です。

【図表2-25：A社の売上高の実績値と架空売上】

	X1年度	X2年度	X3年度	X4年度	X5年度
実績値	1,000	950	900	850	800
架空売上	0	10	20	30	40
決算の数値	1,000	960	920	880	840

売上債権は，実績値の売上高の10%（正常な売掛金＝売上高（実績）×10%）と架空売上高の100%が各年度に計上されます。なお，例題2-5で説明したように，架空売上に係る売上債権は翌期の売上の前倒しのため，年々累積します。A社の売上債権の内訳を示したものが**図表2-26**です。

【図表2-26：A社の売上債権の内訳】

	X1年度	X2年度	X3年度	X4年度	X5年度
正常な売掛金	100	95	90	85	80
X2年度の架空売上の売掛金		10	10	10	10
X3年度の架空売上の売掛金			20	20	20
X4年度の架空売上の売掛金				30	30
X5年度の架空売上の売掛金					40
合計	100	105	120	145	180

例題2-5ほど売上債権は増加しませんが，**図表2-27**を見ると，回転期間がX1年度の1.2カ月（100÷1,000×12カ月）からX5年度の2.6カ月（180÷840×12カ月）に増加することがわかります。

【図表2－27：A社の売上債権の金額と回転期間（月）】

	X1年度	X2年度	X3年度	X4年度	X5年度
売上債権	100	105	120	145	180
回転期間（月）	1.2	1.3	1.6	2.0	2.6

　本例題においては，売上原価は変化せず，売上高だけ増加させているため，売上総利益率が上昇します。A社の売上総利益率の推移を示したものが，図表2－28です。売上総利益率はX1年度の20％からX5年度の24％に増加します。

【図表2－28：A社の売上総利益率の推移】

	X1年度	X2年度	X3年度	X4年度	X5年度	
売上高	1,000	960	920	880	840	A
売上総利益	200	200	200	200	200	B
売上総利益率	20％	21％	22％	23％	24％	B/A

　本例題においては，売上高を増やして営業損益をゼロにしましたが，実際にはキャッシュ・フローがマイナスなので，資金繰りが悪化していくのです。

　この資金繰り悪化の傾向は，売上債権の回転期間の増加と売上総利益率の上昇に表れているので，詳しく見ればその兆候がわかるはずです。

　ちなみに，A社の損益計算書および売上債権の変動から営業キャッシュ・フロー（営業CF）を計算したのが，図表2－29です。損益計算書だけではキャッシュ・フローがマイナスになっていることはわかりませんが，貸借対照表の変動を加味することでキャッシュ・フローを正確に把握することが可能です。

【図表2－29：A社の営業CFの計算】

	X1年度	X2年度	X3年度	X4年度	X5年度	
営業利益	0	0	0	0	0	A
売上債権の増減		−5	−15	−25	−35	B：前年度−当年度
営業CF	0	−5	−15	−25	−35	A+B

例題 2 － 7

　A 社の決算の実績値は**図表 2 －30**のとおりで，X1年度以降売上が減少し，赤字が発生する見込みです。A 社は赤字を回避するため，B 社に対して，B 社からソフトウエアを購入する代わりに，A 社のサービス（売上原価はゼロ）を購入するように依頼しました（循環取引）。この循環取引によって，**図表 2 －31**の決算（営業損益がゼロ）を作成しました。

　この際，A 社の売上債権，売上総利益率（売上総利益 ÷ 売上高），ソフトウエアの残高はどのように変化するか計算しなさい。

　なお，ソフトウエアの耐用年数は 5 年とし，減価償却は定額法で行うものとします。

【図表 2 －30：A 社の決算実績値】

	X1年度	X2年度	X3年度	X4年度	X5年度	備考
売上高	1,000	950	900	850	800	
売上原価	800	760	720	680	640	原価率80%
売上総利益	200	190	180	170	160	
販管費	200	200	200	200	200	
営業利益	0	－10	－20	－30	－40	

	X1年度	X2年度	X3年度	X4年度	X5年度	
売上債権	100	95	90	85	80	売上高×10%
回転期間（月）	1.2	1.2	1.2	1.2	1.2	

【図表 2 －31：A 社の決算数値（売上と固定資産購入の循環取引)】

	X1年度	X2年度	X3年度	X4年度	X5年度
売上高	1,000	960	922	886.4	853.7
売上原価	800	760	720	680	640
売上総利益	200	200	202	206.4	213.7
販管費	200	200	202	206.4	213.7
営業利益	0	0	0	0	0

※表示単位未満を四捨五入して表示（以下同様）。

114

解答

【図表 2 −32：A 社の売上債権，売上総利益，ソフトウエアの推移】

	X1年度	X2年度	X3年度	X4年度	X5年度
売上債権	100	105	112	121.4	133.7
回転期間（月）	1.2	1.3	1.5	1.6	1.9
売上総利益率	20%	21%	22%	23%	25%
ソフトウエア残高	0	10	30	60	100

解説

　今回は，売上を増加させるために，B 社から同額のソフトウエアを購入する循環取引を行っています。**図表 2 −33**のとおり，A 社は B 社に対してサービスを販売し，代わりに B 社からソフトウエアを購入しています。

【図表 2 −33：A 社と B 社の循環取引】

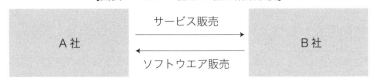

　A 社の B 社へのサービス販売は，販売時に売上として計上されますが，購入したソフトウエアは固定資産として計上されるため，即時に費用化されるわけではありません。本例題の条件から購入したソフトウエアは 5 年間を掛けて減価償却費によって費用化されます。

　たとえば，X1年度末に A 社が売上を100計上した場合，ソフトウエアの減価償却費は翌年度（X2年度）から 5 年間（X2〜X6年度）にわたって，毎年20ずつ費用化されます。さらに，減価償却費は損益計算書の販管費に計上されるため，販管費の増加額による利益減少額を賄うための売上が必要となります。

　実際に必要な追加売上高を計算するのは少し複雑です。営業損益をゼロにするために必要な循環売上，見合いのソフトウエアから発生する減価償却費によ

る販管費の増加，販管費による営業損失を相殺するために必要な循環売上，という３つの手順を繰返し，**図表２−34**のように計算します。

【図表２−34：Ａ社の循環売上高の計算手順】

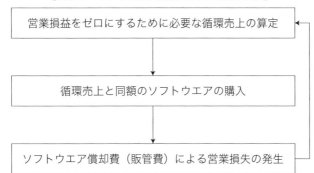

この計算過程を説明すると長くなるため，本例題では結果の数値（図表２−31）を表示します。売上の実績値，営業損益をゼロにするために必要な循環売上は**図表２−35**です。

【図表２−35：Ａ社の売上高の実績値と架空売上】

	X1年度	X2年度	X3年度	X4年度	X5年度
実績値	1,000	950	900	850	800
循環売上	0	10	22	36.4	53.7
決算の数値	1,000	960	922	886.4	853.7

　Ａ社がＢ社から購入したソフトウエアの取得価額（循環売上額と同額），償却費控除後の帳簿価額の推移を示したのが**図表２−36**です。また，ソフトウエア償却費の推移を示したのが**図表２−37**で，各年度の償却費が（図表２−31の損益計算書の）販管費に加算されます。

【図表2－36：A社が購入したソフトウエアの簿価の推移】

	X1年度	X2年度	X3年度	X4年度	X5年度
X2年度購入分		10	8	6	4
X3年度購入分			22	17.6	13.2
X4年度購入分				36.4	29.1
X5年度購入分					53.7
合計	0	10	30	60	100

【図表2－37：A社のソフトウエア償却費の推移】

	X1年度	X2年度	X3年度	X4年度	X5年度
X2年度購入分の償却費			2	2	2
X3年度購入分の償却費				4.4	4.4
X4年度購入分の償却費					7.3
X5年度購入分の償却費					
合計	0	0	2	6.4	13.7

A社の売上債権は，実績値の売上から発生する正常な売掛金，X2〜X5年度の循環売上から発生する売掛金の2種類が存在し，各年度の内訳は**図表2－38**のとおりです。なお，循環売上は売上の前倒しではなく，翌期にB社から実際に入金があるため，次年度以降に残高が累積するわけではありません。

【図表2－38：A社の売上債権の内訳】

	X1年度	X2年度	X3年度	X4年度	X5年度
正常な売掛金	100	95	90	85	80
X2年度の循環売上の売掛金		10			
X3年度の循環売上の売掛金			22		
X4年度の循環売上の売掛金				36.4	
X5年度の循環売上の売掛金					53.7
合計	100	105	112	121.4	133.7

　本例題においては，売上原価は変化せず，売上高だけ増加させているため，売上総利益率が上昇していきます。A社の売上総利益率の推移を示したものが，**図表2－39**です。売上総利益率は X1年度の20％から X5年度の25％に増加しています。

【図表2－39：A社の売上総利益率の推移】

	X1年度	X2年度	X3年度	X4年度	X5年度	
売上高	1,000	960	922	886.4	853.7	A
売上総利益	200	200	202	206.4	213.7	B
売上総利益率	20%	21%	22%	23%	25%	B/A

　本例題においては，売上高を増やして営業損益をゼロにしましたが，実際にはキャッシュ・フローがマイナスなので，資金繰りが悪化していくのです。

　この資金繰り悪化の傾向は，固定資産残高の増加，売上債権の回転期間の増加，売上総利益率の上昇に表れているので，詳しく見ればその兆候がわかるはずです。

　なお，A社の営業キャッシュ・フロー（営業CF），投資キャッシュ・フロー（投資CF），フリー・キャッシュ・フロー（FCF）を計算したのが**図表2－40**です。本例題では，売上を確保するために固定資産の購入を行っているため，営業CFのみでは正確なキャッシュ・フローが把握できません。営業CFと投資CFを計算することにより，A社の資金繰りの実態を把握することができるのです。

118 •

【図表 2 −40：A 社の FCF の計算】

	X1年度	X2年度	X3年度	X4年度	X5年度	
営業利益	0	0	0	0	0	
減価償却費	0	0	2	6	14	
売上債権の増加		−5	−7	−9	−12	前年度−当年度
営業 CF	0	−5	−5	−3	1	
固定資産の購入		−10	−22	−36	−54	前期残高−当期残高−減価償却費
投資 CF	0	−10	−22	−36	−54	
FCF	0	−15	−27	−39	−52	営業 CF＋投資 CF

※表示単位未満を四捨五入して表示。

（5） 減価償却費と CAPEX

　ここまでの解説や事例（たとえば，「（4）黒字倒産とはどういう状態なのか」の例題 2 − 7）においてキャッシュ・フローを計算する際には，減価償却費とCAPEX（「Capital Expenditure」の略称で資本的支出（設備投資））を調整しています。

　ファイナンスに関わる人は当然知っているので，なぜこの2つを調整するのかを知らないと恥ずかしい思いをするかもしれません。念のためにここで説明します。

　まず，減価償却費は損益計算書（P/L）では費用として計上されるものの，現金支出ではないため，営業利益や当期利益からキャッシュ・フローを計算する際には加算（プラス）する必要があります。逆に，CAPEX（資本的支出）は固定資産の購入時の支出なので損益計算書（P/L）に費用計上されません。営業利益や当期利益からキャッシュ・フローを計算する際には CAPEX を減算（マイナス）する必要があります。

● 減価償却費のキャッシュ・フローへの影響

　決算書の利益（営業利益や当期利益）からキャッシュ・フローを算定する場合には減価償却費をプラスします。

　会社が固定資産に投資する場合（設備投資や工場の建設など），支出額は貸借対照表に計上されます。その後，会社はその固定資産を数年〜数十年間にわたって使用します。

　仮に，固定資産への支出額を支出時に費用化してしまうと，数十年にわたる使用に応じた費用化ができません。また，その期の業績が大幅に悪くなるでしょう。このような理由から，固定資産の費用化について，会計上は減価償却費という概念を採り入れ，使用が長期にわたる固定資産への支出額については，1度に費用化せずに，使用期間に応じて毎年少しずつ費用化します。この「使用期間に応じた費用化」が減価償却費です。

　キャッシュ・フローを算定する際に利益（営業利益や当期利益）に減価償却費をプラスする理由は，実際の現金の支出は固定資産の購入時に行われているため，減価償却費によって現金の支出は発生しないからです。減価償却費のような現金を支払わないコストを「非現金支出費用（お金を支払わないコスト）」といいます。

　減価償却費がキャッシュ・フローに与える影響を例題で解説します。

例題2−8

　A社の損益計算書における営業利益は100百万円です。減価償却費が50百万円，実効税率が30%の場合，A社の営業キャッシュ・フローを計算しなさい。

120百万円

本例題において，営業キャッシュ・フロー（営業CF）は以下の計算式で計

算します。

　　営業キャッシュ・フロー＝営業利益×（1－実効税率）＋減価償却費

　営業利益100百万円，減価償却費50百万円，実効税率30％なので，営業CF
は図表2－41のように計算します。

【図表2－41：営業CFの計算過程】

項目	金額（百万円）	
営業利益	100	A
減価償却費	50	B
法人税等	30	C＝A×30％
営業CF	120	A＋B－C

　このように，キャッシュ・フローを会計上の利益から計算する場合，減価償
却費はプラスの影響を与えます。

● CAPEXのキャッシュ・フローへの影響
　資本的支出（CAPEX）は損益計算書（P/L）に表示されないので，利益（営
業利益や当期利益）からキャッシュ・フローを計算する際には調整する必要が
あります。
　CF計算書を作成している場合は「投資活動によるCF」がCAPEXです。
CF計算書を作成していない場合は，簡便的に，

　　CAPEX＝固定資産（当期）－固定資産（前期）＋減価償却費

と計算します。

　設備投資の支出（CAPEX）は，会社にとって非常に大きなキャッシュ・ア
ウトです。どれだけのCAPEXが必要なのか正確に把握しておかなければ，急

激に資金繰りが悪化します。かつて航空会社が，購入した機体の支払ができず
に民事再生法を申請したことがありましたが，P/L は黒字であったとしても，
多額の CAPEX が必要になると，資金繰りが悪化して倒産します。

　このように，CAPEX は会社のキャッシュ・フローを計算する上でとても重
要です。

　CAPEX がキャッシュ・フローに与える影響を例題で解説します。

例題 2 − 9

　A 社の損益計算書における営業利益は100百万円です。なお，A 社は本年度に
100百万円の設備投資（CAPEX）を実施しました。
　減価償却費が50百万円，実効税率が30％の場合，A 社のフリー・キャッシュ・
フローを計算しなさい。

解答

20百万円

解説

　本例題も例題 2 − 8 と同様に以下の計算式で営業キャッシュ・フロー（営業
CF）を計算します。

　営業キャッシュ・フロー＝営業利益×（１−実効税率）＋減価償却費

　本例題において，営業利益100百万円，減価償却費50百万円，実効税率30％
です。

　次に，CAPEX（固定資産の購入）100百万円が投資キャッシュ・フロー（投
資 CF）です。
　フリー・キャッシュ・フロー（FCF）は，**図表 2 −42**のように営業 CF ＋投
資 CF で計算します。

122

【図表2－42：FCFの計算過程】

項目	金額（百万円）	
営業利益	100	A
減価償却費	50	B
法人税等	30	C＝A×30％
営業CF	120	D＝A＋B－C
固定資産購入	－100	E
投資CF	－100	E
FCF	20	D＋E

（6） 繰越欠損金

　キャッシュ・フローに影響を与える要因として，ここでは税務上の欠損金の繰越控除について説明します。

　税務上の欠損金は課税所得がマイナスの場合に発生します。欠損金は翌期以降に発生したプラスの課税所得を相殺（繰越控除）することができるため，会社が繰越欠損金を有していると法人税等を減額する効果があります。

　税務上の課税所得（または欠損金）は，会計上の当期純利益（損失）とほぼ同じですが，法人税法上の調整項目があるため，若干の差が生じます。税務上の課税所得（または欠損金）と会計上の当期利益（または当期損失）との差はさまざまなものがありますが，説明すると長くなるためここでは説明を省略します。

　繰越控除される欠損金額は，各事業年度開始日前10年以内に開始した事業年度において生じた欠損金額です。また，中小法人等（資本金の額が1億円以下の普通法人など）以外は，繰越控除できる欠損金額は50％のみに制限されています。さらに，会社更生等（会社更生法，民事再生法に基づく法的整理，またはそれに準じる私的整理）による債務免除等があった場合，期限切れ欠損金に

ついても控除が可能となります。

　細かい話をすると長くなるので，ここでは簡単な例題を使用して課税所得に与える影響を説明します。

例題 2 － 10

　Ａ社は税務上の中小法人等に該当します。X0年度に50百万円，X1年度に100百万円の欠損金が発生しました。

　Ａ社は X2年度に200百万円の税引前利益が発生し，特に税務上の調整項目はありません。Ａ社の X2年度の課税所得はいくらですか？

解答

課税所得：50百万円

解説

　Ａ社には X0年度50百万円，X1年度100百万円の欠損金が存在します。Ａ社は中小法人等に該当し，10年以内の欠損金なので，繰越欠損金150百万円を全額控除することができます。

　Ａ社の課税所得＝200百万円（税引前利益）－150百万円（繰越欠損金）
　　　　　　　　＝50百万円

　このように，繰越欠損金は課税所得を小さくする効果があり，結果として法人税等の金額を引下げます。繰越欠損金はキャッシュ・フローに大きな影響を与えることを理解しておく必要があります。

　なお，ここで説明した欠損金の繰越控除の内容は執筆時点のものなので，実際に利用する際にはその時点での税法における取扱いを確認してください。

2. 株式価値の評価

◆ ◆ ◆

　目黒セラミックの志村さん（取締役）は，画像解析事業を会社分割（新設分割）して別会社にしようと考えています。理由は，伝統的な製造業では株式価値が低いため，別会社にしたほうが株式価値を高めることができると考えているからです。取締役会で，今後の事業の方向性を議論することになりました。

　志村さん：目黒セラミックの社内ベンチャーとしてスタートした画像解析事業も，規模が少しずつ大きくなってきたので，そろそろ分社化して別会社にしてもいい頃だと思っています。画像解析事業を分社化する目的は，株式価値を高めるためです。

　取締役A：画像解析事業はまだ黒字化していないようですが，別会社にしてしまって大丈夫でしょうか？

　志村さん：今後1〜2年は目黒セラミックの資金支援が必要になる可能性はありますが，その後はキャッシュ・フローも安定する予定なので，問題ないと思います。

　取締役B：それなら，1〜2年後に分社化してもいいんじゃないですか？

　志村さん：今後の戦略上，他社との提携やIPOも考えていきたいと思っています。なので，早めに会社分割しておいたほうが，そういう話もしやすいのです。ちなみに，現時点での画像解析事業の事業計画が**図表2－43**です。

【図表2-43：画像解析事業の事業計画】

(単位：百万円)

項目	X1年度	X2年度	X3年度	X4年度	X5年度	〈計算式〉
売上高	3,000	3,500	4,000	4,500	5,000	A
売上原価	2,000	2,333	2,667	3,000	3,333	B
売上総利益	1,000	1,167	1,333	1,500	1,667	C＝A－B
販売費及び一般管理費	1,000	1,000	1,100	1,200	1,300	D
営業利益	0	167	233	300	367	E＝C－D
減価償却費	200	200	250	300	300	F
EBITDA	200	367	483	600	667	G＝E＋F
法人税等	0	58	82	105	128	H＝E×35%
営業 CF	200	308	402	495	538	J＝G－H
CAPEX	200	250	300	300	300	K
FCF	0	58	102	195	238	L＝J－K

志村さん：売上高は X1年度の3,000百万円から X5年度に5,000百万円まで増加し，営業利益も X1年度 0 から X5年度の367百万円に増加する予定です。それに伴って，EBITDA（利払前・税引前・償却前利益）や FCF（フリー・キャッシュ・フロー）も増加します。

画像解析事業の類似上場企業の EV/EBITDA 倍率が10倍なので，X1年度の EV（事業価値）は2,000百万円，X5年度には EV が6,667百万円（EBITDA×10倍＝667百万円×10倍）に増加します。

目黒セラミックは株式時価総額が10,000百万円，有利子負債が23,000百万円なので EV が33,000百万円です。EBITDA が7,000百万円なので，EV/EBITDA 倍率が4.7倍で評価されています。分社化すると株価倍率が高くなって株式価値を高めることができるので，その方向で事業再編を進めようと思います。

> 取締役Ｃ：このままだと，10年後には子会社のほうが目黒セラミックよりも時価
> 総額が高くなりそうです……。

◆ ◆ ◆

　株式価値評価はさまざまなケースで必要になります。たとえば，事業再編の一環で他社と合弁会社を作る場合，出資額や割当株数を決定するために，その会社の価値（株式価値）を計算する必要があります。事業再生においてスポンサーが会社に投資する場合，会社の価値（株式価値）を計算しなければなりません。余剰資産（非事業性資産）である株式を売却する場合，売却価格の適正性を判断するために株式価値評価をしなければいけません。このように，株式価値評価はいろんなケースで登場するため，評価方法についてある程度理解しておく必要があります。

　ここでは，細かい説明は省略し，株式価値評価の概要を解説します。株式価値評価について本書の説明以上に詳しく知りたい人は，姉妹書の『金融マンのためのエクイティ・ファイナンス講座』をご覧ください。

（1）　株式価値評価の方法

　株式価値評価の方法は，その目的によって方法が異なります。日本において実施される株式価値評価は，主に，税法に基づく株式価値評価と，それ以外の一般的な株式価値評価の2つです（図表2－44）。

【図表2－44：日本における株式価値評価の種類】

種類	内容
一般的な株式価値評価	資本関係のない当事者の間の株式売買，増資などにおいて実施される株式価値の評価
税法評価	税法（法人税法，相続税法など）の規定に従って実施される株式価値の評価

　相続が発生し，相続税の計算を行う際には相続税法に従った相続財産の評価（株式価値評価など）が行われます。また，特別な利害関係者の間で実施される株式売買（たとえば，親族間で行う株式売買，資本関係のある法人間における株式売買）は，所得税法，法人税法に従った株式評価が必要になります。これは，利害関係者の間で株式売買を行う場合，極端に安い価格（または高い価格）で売買する可能性があるためです。

　たとえば，父親が保有する時価1億円の株式を息子に1百万円で譲渡することができれば，将来の相続税を大幅に減らすことができます。資本関係のある法人間の売買においても同じで，このような事態（脱法行為）が起きないように税法で株式価値評価の方法を定めています。

　利害関係者間で行われる株式売買以外の場合は，税法の規定に縛られる必要がないので，一般的な株式価値評価が行われます。本書では，税法評価の説明をする必要がないので，一般的な株式価値評価のみを説明します。

　まず，株式価値評価の方法は下記の3つです。

---

①　インカム・アプローチ
②　マーケット・アプローチ
③　コスト・アプローチ

　まず，インカム・アプローチは，将来獲得されるリターン（利益，キャッシュ・フロー，配当）を現在価値に還元評価し，株式価値を評価する方法です。

　マーケット・アプローチは企業自身もしくは同業他社の株式市場での評価を利用して，株式価値を評価する方法です。

　コスト・アプローチは企業の所有する資産および負債の価値を個別評価し，その差額（純資産）をもって株式価値を評価する方法です。

　なお，評価方法によって，株式価値を直接算定するタイプと，事業価値

（EV：Enterprise Value）を算定するタイプに分かれます。コスト・アプローチとマーケット・アプローチの一部は，株式価値を直接算定しますが，インカム・アプローチとマーケット・アプローチの一部は事業価値を算定するものなので，株式価値を直接算定することはできません。

　事業価値（EV）を求めるタイプの株式価値の具体的な評価手順としては，下式のように，事業価値を算定した後に，非事業性資産（余剰資産）や有利子負債を調整して株式価値を算定します。

　株式価値＝非事業性資産＋事業価値（EV）－支払債務－有利子負債

　これを図でイメージしたのが**図表２－45**です。プラスの価値の非事業性資産，事業価値（EV）から，マイナスの価値の支払債務，有利子負債を控除し，その差額を株式価値として計算します。

【図表２－45：株価評価におけるB/Sイメージ】

非事業性資産	支払債務
事業価値 （EV）	有利子負債
	株式価値

　なお，非事業性資産とは本業以外の資産（事業に使用していない資産）で，以下のようなものです。

---

① 事業に利用していない現預金

② 余剰運用目的の有価証券・投資有価証券

③ 事業に利用していない投資不動産

　有利子負債は，借入金，社債，リース債務などです。

　支払債務は，買収前に発生していた勤務費用である，退職給付債務などです。退職給付債務については，過去の勤務から発生する会社の負債であっても，すぐに支払が発生するものではなく，今後の拠出額については，事業計画に含められているため，すべての株式評価で控除しているわけではありません。

　以降で 3 つの評価方法について説明します。

（2）　インカム・アプローチ

　インカム・アプローチには，**図表 2 −46**のような 3 種類の評価方法があります。評価方法に差はありますが，キャッシュ・フローの現在価値を求めるという点では共通しています。一般的には DCF 法（Discounted Cash Flow 法）を使用し，その他の評価方法を採用するというケースは稀です。なお，DCF 法にはエンタープライズ DCF 法とエクイティ DCF 法の 2 種類があり，一般的に利用されるのはエンタープライズ DCF 法です。

　ここでは，DCF 法のうちエンタープライズ DCF 法を前提に解説します。

【図表 2 −46：インカム・アプローチの評価方法】

評価方法	内容
DCF 法	企業の将来キャッシュ・フローに対して当該企業のリスクを反映させた割引率を適用して事業価値を算定する方法。
収益還元法 （直接還元法）	企業の正常利益を推定し企業のリスクを反映させた割引率を適用して事業価値を算定する方法。DCF 法の簡便法として採用します。
配当還元法 （DDM）	配当予想額を推定し，それに対して当該企業のリスクを反映させた割引率を適用して株式価値を算定する方法。

　DCF 法（エンタープライズ DCF 法）は，事業計画等を利用して将来のキャッシュ・フローを予想し，割引率によって現在価値を算定し，その合計額を事業

価値（EV）とする方法です。

　事業価値（EV）を計算する際のキャッシュ・フローは，フリー・キャッシュ・フロー（FCF＝営業CF＋投資CF）を利用します。このFCFには支払利息は含まれません。求めたEVに対して，有利子負債等を加味して株式価値を求めます。

　実際にどのように計算するかを，例題を使って説明します。

例題 2 −11

　A社の事業計画におけるFCFは毎期100で一定です。A社の割引率は5％，非事業性資産100，有利子負債1,000（考慮すべき支払債務0）の場合，A社の株式時価総額を計算しなさい。

解答

A社の株式価値：1,100

解説

　ここでは1年〜5年までのFCFの割引現在価値（DCF）を個別に計算し，5年超のFCFの割引現在価値は継続価値として計算します。

　まず，1年〜5年の各年度に発生するFCF（**図表2−47**のA）について，割引現在価値係数（図表2−47のB）を使って現在価値に割戻します。

　3年度を例にすると，$DCF=\dfrac{100}{(1+5\%)^3}=86.4$ と計算します。

　DCF法は以下のように，

$$EV=\frac{100}{(1+5\%)^1}+\frac{100}{(1+5\%)^2}+\frac{100}{(1+5\%)^3}+\cdots\cdots$$

と延々と割引現在価値を足し算する計算方法です。ただし，際限なく割引現在価値を足し算することはできないため，一定期間DCF法で計算した後は継続価値を計算します。

FCF が一定の場合，DCF 法の計算式は以下のように変換できます。

$$EV = \sum_{i=1}^{\infty} \frac{FCF}{(1+r)^i} = \frac{FCF}{r}$$

　r：割引率，i：経過年数

本例題においては，「継続年度の FCF ＝ 5 年目の継続価値」となるため，以下の計算式で計算します。

$$継続年度の FCF = \frac{100}{5\%} = 2,000$$

DCF 法は事業価値（EV）を計算しているので，株式価値は，以下のように計算します。

　　株式価値＝非事業性資産＋事業価値（EV）－有利子負債
　　　　　　＝100＋2,000－1,000＝1,100

【図表 2 −47：DCF 法による株式価値の計算】

	経過年数（T）					継続年度	合計	
	1	2	3	4	5			
FCF	100	100	100	100	100	2,000	2,500	A
割引現在価値係数	0.952	0.907	0.864	0.823	0.784	0.784		$B=\dfrac{1}{(1+5\%)^T}$
DCF	95.2	90.7	86.4	82.3	78.4	1,567.1	2,000	C＝A×B

EV	2,000	D：Cの合計
非事業性資産	100	E
有利子負債	1,000	F
株式価値	1,100	D＋E－F

ちなみに，事業価値（EV），非事業性資産，有利子負債，株式価値の関係は，図表 2 −48のようなイメージです。

【図表2 −48：DCF 法による評価結果のイメージ】

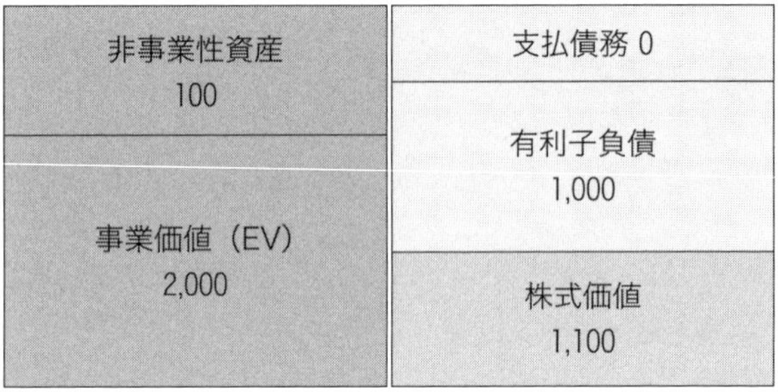

非事業性資産 100	支払債務 0
事業価値（EV）2,000	有利子負債 1,000
	株式価値 1,100

　実際に株式価値を計算する際には，FCF の計算，割引率の計算など論点がいくつもあるため，本例題のように単純に計算できるものではありません。ただし，どのような方法で株式価値を計算しているのかは，イメージできるのではないかと思います。

（3）　マーケット・アプローチ

　マーケット・アプローチの主な算定方法には，上場会社に使用される市場株価法と，非上場会社にも使用される倍率法があります（**図表2 −49**）。本書は主に非上場企業を対象にしているため，ここでは倍率法の概要について説明します。

【図表2 −49：マーケット・アプローチの種類】

評価方法	内容
市場株価法	上場企業の市場株価を使用して対象会社の株式価値を評価する方法。
倍率法	同業の上場企業の市場株価と，1株当たり簿価純資産，純利益，経常利益，営業利益（EBIT），償却前営業利益（EBITDA），売上高等の倍率とを比較することにより，対象会社の株式価値を算定する方法。類似 M&A における倍率によって評価する方法もあるものの，この方法はデータの入手が困難である場合が多く，あまり採用されない。

　倍率法は，さまざまな観点から株価を算定できる利点を有するため，株式価値評価の際には，頻繁に用いられている方法です。この方法は上場企業か非上場企業かを問わず株式価値を算定する際に利用されます。

　一般的に利用されている倍率法は，同業の上場企業の株価と財務数値（簿価純資産，純利益，経常利益，営業利益（EBIT），償却前営業利益（EBITDA），売上高など）の倍率（マルチプル）を算定し，対象会社の財務数値と比較することにより算定する方法です。この算定方法は，類似公開会社法，類似会社比準法，類似公開会社比較法などさまざまな呼び方をします。言い回しはたくさんあるので紛らわしいのですが，すべて同じ計算方法を意味しています。

　本書では，説明の都合上，「類似会社比較法」として説明します。

　ここでは，類似会社比較法で利用する EBITDA 倍率，PER 倍率，PBR 倍率を説明します。なお，最も実務で用いられる方法は，EBITDA 倍率です。

● EBITDA 倍率法

　EBITDA（イービッダー）倍率法は，類似上場会社の時価総額と非支配株主持分および有利子負債を加算して非事業性資産を控除した事業価値（EV）と EBITDA との倍率を算出し，対象会社の EBITDA にその倍率を掛けて対象会社の事業価値（EV）を求め，そこから対象会社の非支配株主持分と有利子負債および非事業性資産を減加算して株式価値を算出する方法です。

　DCF 法と同じで，株式価値ではなく事業価値（EV）を計算します。

　なお，類似会社比較法には売上高や営業利益（EBIT）の倍率から株式価値を算定する方法もありますが，下記の計算式の EBITDA を売上高や営業利益（EBIT）に置き換えた計算式で計算できます。

134

【計算式】

　　対象会社の株式価値＝Ａ×Ｂ−Ｃ−Ｄ＋Ｅ

　　　　Ａ：対象会社のEBITDA

　　　　Ｂ：類似会社のEBITDA倍率

　　　　　　＝（類似会社時価総額＋非支配株主持分＋有利子負債−非事業性資産）

　　　　　　　÷類似会社EBITDA

　　　　Ｃ：対象会社の非支配株主持分

　　　　Ｄ：対象会社の有利子負債

　　　　Ｅ：対象会社の非事業性資産

　なお，類似会社の時価総額を計算する際に利用する株式総数のうち，自己株式は株主持分ではないため，発行済株式総数から自己株式を控除した株式総数を使用して計算を行います。

●当期純利益倍率法

　当期純利益倍率（PER：ピーイーアール）法は，類似上場会社の時価総額と当期純利益の倍率を算定し，対象会社の当期純利益にその倍率を掛けて株式価値を算出する方法です。情報提供サイトで開示されている指標なので，なじみやすいと思います。ただ，株式価値の評価においては，あまり使われません。

【計算式】

　　対象会社の株式価値＝Ａ×Ｂ

　　　　Ａ：対象会社の当期純利益

　　　　Ｂ：類似会社の当期純利益倍率

　　　　　　＝類似会社時価総額÷類似会社当期純利益

●純資産倍率法

　純資産倍率（PBR：ピービーアール）法は，類似上場会社の時価総額と純資産の倍率を算定し，対象会社の簿価純資産にその倍率を掛けて株式価値を算出する方法です。こちらも，一般的な情報提供サイトで開示されている指標なの

で，なじみやすいと思います。

【計算式】

　対象会社の株式価値＝ A×B

　　A：対象会社の純資産

　　B：類似会社の純資産倍率

　　　＝類似会社時価総額÷類似会社純資産

マーケット・アプローチを理解するために，例題をもとに説明します。

例題 2 −12

　A 社の EBITDA（償却前営業利益）は100，非事業性資産は10，有利子負債は300（考慮すべき支払債務 0 ）です。類似上場企業の EV/EBITDA 倍率が 5 倍の場合，A 社の株式価値（時価総額）を計算しなさい。

解答

株式価値：210

解説

類似上場企業の EV/EBITDA 倍率は 5 倍なので，

A 社の事業価値（EV）＝100×5 ＝500　です。

次に，株式価値を以下の計算式で算定します。

株式価値＝事業価値（EV）＋非事業性資産−有利子負債

　　　　＝500＋10−300＝210

【図表2－50：類似会社比較法による株式価値の算定】

EBITDA	100	A
倍率	5	B
EV	500	C＝A×B
非事業性資産	10	D
有利子負債	300	E
株式価値	210	C＋D－E

　ちなみ，事業価値（EV），非事業性資産，有利子負債，株式価値の関係は，図表2－51のようなイメージです。

【図表2－51：類似会社比較法による評価結果のイメージ】

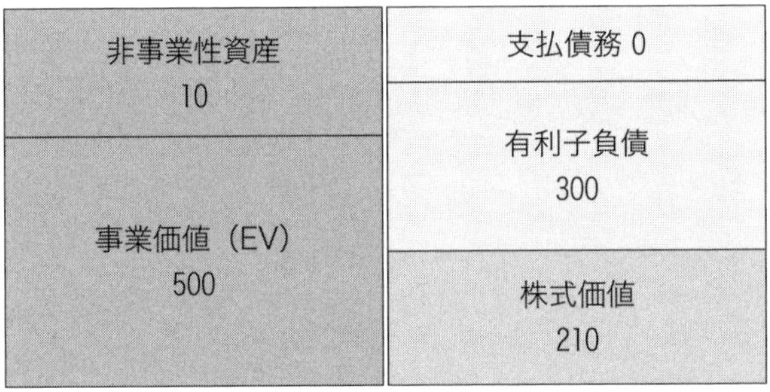

非事業性資産 10	支払債務 0
事業価値（EV） 500	有利子負債 300
	株式価値 210

（4）　コスト・アプローチ

　コスト・アプローチは企業の純資産の価値を算定評価する方法で，簿価純資産額法と時価純資産額法があります（**図表2－52**）。

　なお，この計算方法を「ネット・アセット・アプローチ」という場合もありますが，本書では「コスト・アプローチ」を使用します。

【図表2－52：コスト・アプローチの種類】

評価方法	内容
簿価純資産額法	貸借対照表上の純資産額をもって株式価値とする方法
時価純資産額法	会社の資産・負債について，時価評価による修正を反映させて，時価ベースの純資産価値を算出し，それを株式価値とする方法

　株式価値を計算する際には，一般的には時価純資産額法を利用します。簿価純資産額法を利用するのは，時価評価すべき資産・負債をほとんど保有していない場合，ほぼすべての資産・負債が時価評価されており簿価純資産額を利用できると判断可能な場合などでしょう。

　ここでは，時価純資産額法について説明します。

　時価純資産額法では，時価評価損益について法人税等相当額を調整する方法としない方法とがあります。法人税等相当額を調整するのは，企業が含み益のある資産を売却すると，売却益（売却価格－帳簿価額）に対して法人税等が課税されるからです。

　時価純資産額法のうち法人税等相当額を調整する方法は下式で計算します。

【計算方法】

　貸借対照表の資産・負債を時価評価し，評価損益に課税される法人税等相当額を控除した純資産価額を株式価値とします。

　株式価値＝簿価純資産額±評価損益×（1－実効税率）

　コスト・アプローチを理解するために，例題をもとに説明します。

例題2－13

　A社の貸借対照表の純資産額は100，保有する資産に含み益50が存在しています。法人税等の実効税率が30％の場合，A社の株式価値（時価総額）を時価純資産額法で計算しなさい。

138

 解答

株式価値：135

解説

　ここでは，評価損益に課税される法人税等相当額を考慮して，時価純資産額法で株式価値を算定します。

　簿価純資産額100に評価益50を加算して時価純資産額を計算しますが，評価益に対して30％（実効税率）の法人税等が課税されるため15（50×30％）を控除する必要があります。

　すなわち，以下の計算式で時価純資産を算定します。

　時価純資産額＝簿価純資産＋評価益－法人税等相当額
　　　　　　　＝100＋50－50×30％＝135

【図表2−53：時価純資産額法による株式価値の算定】

簿価純資産	100	A
評価益	50	B
法人税等相当額	15	C＝B×30％
時価純資産	135	A＋B−C

（5）　対象企業による評価方法の違い

　株式価値の評価方法として，インカム・アプローチ，マーケット・アプローチ，コスト・アプローチの3種類の方法を説明しました。この3種類の方法がすべて等しく利用されているかというと，実務上はそういうわけではありません。

　ここでは，いくつかのケースに分けて，どのように評価方法を使い分けてい

るかを説明します。

例題 2 −14

　A 社は衰退期の上場企業です。A 社の基準日の株価終値は100円/株，1 株当り株式価値は，市場株価法は80～100円/株，DCF 法は120～140円/株，純資産額法は200～220円/株と算定されました。

　A 社に対して TOB（株式公開買付）を実施しようとしている B 社は，1 株当りいくらで TOB を行うでしょうか？

解答

120～140円/株

解説

　まず，本例題では倍率法（類似会社比較法）は説明の都合上省略します。

　A 社の株式価値を算定した結果（市場株価法，DCF 法，純資産額法）を比較したのが**図表 2 −54**です。

【図表 2 −54：A 社の株式価値の算定結果】

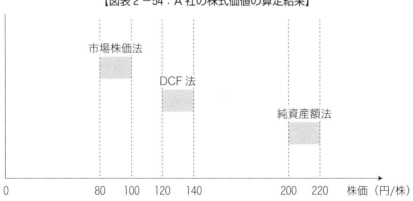

　市場株価法の算定結果が最も低く，次が DCF 法の算定結果です。純資産額法の算定結果は最も高く，市場株価法の約 2 倍の株式価値が算定されています。純資産額法と市場株価法の算定結果から，A 社の PBR（株価純資産倍率）は0.5

未満です。PBR が 1 倍未満は,「会社を存続するよりも清算して残余財産を分配したほうが良い」と市場から評価されています。

　実は,このような評価結果は,成熟期や衰退期の上場企業では特にめずらしくはありません。

　3 手法の結果を比較すると,純資産額法だけが明らかに高くなっていて,純資産額法の結果を加味するかどうかで,TOB 価格は大きく変わります。本例題のような評価結果となる場合,(100％ではありませんが,概ね)実務的には純資産額を加味しません。

　一方,DCF 法の結果(120〜140円/株)は,株価終値の120％(120円/株÷100円/株)〜140％(140円/株÷100円/株)です。TOB 価格を DCF 法の評価結果とすると,市場株価の終値100円に対して20％〜40％のプレミアムを付けて TOB を実施することになるため,株主に対して説明がしやすいのです。

　このため,本例題のような評価結果の場合,B 社は DCF 法の評価結果(120〜140円/株)の間で TOB 価格を設定するでしょう。

　上場企業に対する TOB 価格は株価を基準に設定されるため,純資産額が考慮されるケースが(ゼロとはいいませんが)ほとんどありません。このように,株式価値評価の方法がすべて等しく利用されるわけではないのです。

> **例題 2 −15**
>
> 　C 社は,投資家から注目されている成長期のベンチャー企業です。C 社の直近ファイナンス価格は500円/株です。C 社に対する出資を検討している D 社が計算した 1 株当り株式価値は,DCF 法550円/株,純資産額法は200円/株と算定されました。
> 　C 社は 1 株当り550円で新株発行を計画していますが,D 社は出資しても問題ないでしょうか?

　D 社は C 社に550円/株で出資しても問題ない。

解説

　本例題でも倍率法（類似会社比較法）は説明の都合上省略します。まず，本例題において「直近ファイナンス価格」という用語が出てきました。直近ファイナンス価格は，非上場のベンチャー企業がエクイティ・ファイナンス（増資での資金調達）を行う際に，最も直近に実施された増資における1株当りの価格です。たとえば，C社が3カ月前に500円/株でエクイティ・ファイナンス（増資）をしており，それ以降新株発行していない場合，直近ファイナンス価格は500円/株です。すでに投資家が投資実行した1株当り株式価値なので，直近ファイナンス価格はその時点の市場価格または時価と考えられています。

　上場企業の市場株価と似ていて，非上場のベンチャー企業へ投資を行う場合，直近ファイナンス価格を基準にして投資家は投資判断を行います。

　さらに，ベンチャー企業の場合は企業ステージが進むにつれて株式価値は高くなっていく傾向があり，新たに増資を行う場合は，直近ファイナンス価格と同じか，直近ファイナンス価格よりも高い価格になるケースが多いのです。

　また，ベンチャー企業はほとんど利益が出ておらず，純資産も大きくないため，過去の実績値（貸借対照表，損益計算書の数値）をもとに投資判断を行うことはほとんどありません。このため，株式価値を判断する際に純資産額はほとんど考慮されません。

　直近ファイナンス価格500円/株で，DCF法による株式価値が550円/株であれば，C社が実施する550円/株での新株発行に応じる投資家も多いでしょう。よって，D社が550円/株で投資しても特に問題はありません。

　C社，D社，他の投資家がそれぞれどのように考えているかをイメージしたのが，**図表2－55**です。C社は企業ステージが進んだので，前回よりも高い株式価値で発行しようと考えます。他の投資家は，前回よりも高い株式価値になるだろうと想像しています。また，D社は前回よりも高い株式価値になると思っていて，DCF法で計算した株式価値が550円/株なので，そんなものかと考えます。

142

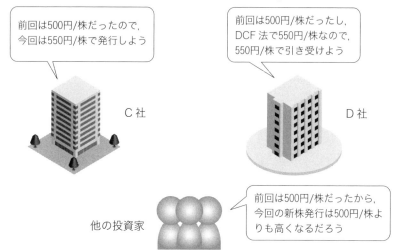

【図表 2 −55：関係当事者の思考】

前回は500円/株だったので，今回は550円/株で発行しよう

C 社

前回は500円/株だったし，DCF 法で550円/株なので，550円/株で引き受けよう

D 社

他の投資家

前回は500円/株だったから，今回の新株発行は500円/株よりも高くなるだろう

　このように，ベンチャー企業の株式価値を算定する際に，純資産額を考慮するケースはほとんどなく，直近ファイナンス価格を参考にしながら，DCF 法で説明できる範囲内に収まることが多いでしょう。

例題 2 −16

　E 社は成熟期の非上場会社です。F 社は E 社を完全子会社（100％子会社）にするために，他の株主から E 社株式を買取ることを検討しています。
　F 社が計算した E 社の 1 株当り株式価値は，DCF 法は100円/株，類似会社比較法は100円/株，純資産額法は200円/株と算定されました。
　F 社は他の株主に対して，1 株当りいくらで買取りを行うでしょうか？

解答

200円/株

解説

　E 社は成熟期の非上場会社なので，3 種類の評価手法を利用して，株式価値を算定します。本例題において，純資産額法の算定結果200円/株は，DCF 法，

類似会社比較法の評価結果100円/株の2倍です。

　ここまで評価結果が離れていると，上場会社への TOB の場合は純資産額法の200円/株は無視します。ただし，純資産額法は会社の清算価値と同義なので，非上場会社の純資産額は，株式価値の最低値と考えられています。すなわち，純資産額よりも高い株式価値が期待されているため，他の評価方法（DCF 法や類似会社比較法）の価格が低くても，株式価値が純資産額より低くなることはあまりないのです。

【図表2－56：各手法の評価結果と株式価値】

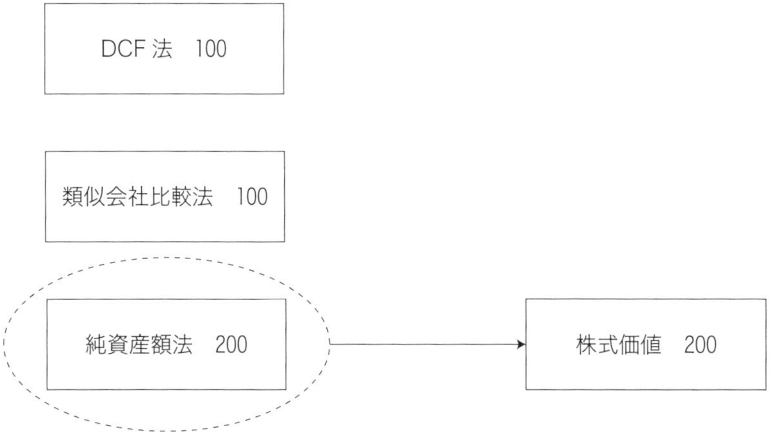

このため，F 社は他の株主に対して，純資産額法の評価結果である200円/株で買取りを行うことになります。もちろん，200円/株よりも低い価格（たとえば150円/株）で買取交渉することは可能ですが，他の株主も純資産額法の評価額を把握しているため，交渉は難航するでしょう。

　ここでは，3つ評価方法をどのように採用するかについて，3つの例題を利用して説明しました。ここで説明した状況がすべての案件に当てはまるわけではありませんが，3種類の評価方法がすべて等しく利用されているわけではないことがわかったと思います。総論すると，以下のような特徴があるといえるでしょう。

- 上場会社の場合，市場株価法とDCF法を利用し，純資産額は重視しない。
- ベンチャー企業の場合，主に直近ファイナンス価格とDCF法を重視する。
- 成熟期の非上場企業の場合，３種類の方法を利用する。

3. 不動産評価

◆ ◆ ◆

　西日本紡績の中村さんは，運送事業部の井上部長と京橋不動産の運送事業を実査した後，打合せをしています。

中村さん：京橋不動産の自社倉庫はどうでしたか？

井上部長：幹線道路沿いなので，場所は悪くなかったですね。大きさも物流施設として問題なさそうです。正確には何坪ですか？

中村さん：築５年らしいですが，面積はこれです（**図表２−57**）。もし，賃貸したら賃料相場はどれくらいですか？

井上部長：場所はいいですし，築年も浅いから月額賃料は坪3,000円以上とれるでしょう。時期がよければもう少し高くても借り手は付くと思います。

中村さん：そうすると，坪賃料3,000円，空室率５％，経費率20%，CR（キャップレート）５％で計算すると，収益価格は約5,000百万円（**図表２−58**）。簿価よりも2,000百万円高いし，売ったほうがよくないかな？

井上部長：一応，事業として運送業をやっているので，すぐに売ってしまうのはまずいと思います。それに，今は物流施設（倉庫）の利回りが低いですが，今後事業環境が変わってCRが６％になったら4,138百万円，

【図表２−57：倉庫の土地・建物の面積】

土地面積	10,000m²
建物面積	30,500m²
賃貸可能面積	30,000m²（9,075坪）

CRが7％になったら3,547百万円なので，予想通りに売却できるとは限りません（**図表2-59**）。ちなみに，運送業の損益状況はどのような感じですか？

中村さん：運送業の前年度実績はこの資料（**図表2-60**）です。

井上部長：売上2,000百万円，営業利益300百万円ですか。すべて社内で配送できないので，外注費（売上原価）が多いようですね。売上の変動が多い

【図表2-58：倉庫の収益価格】

項目	金額（千円）	計算式
賃料収入	326,700	A：3,000円/坪×9,075坪×12カ月
空室等損失	16,335	B：A×5％
運営収益	310,365	C：A−B
運営費用	62,073	D：C×20%
運営純収益	248,292	E：C−D
還元利回り	5％	F
収益価格	4,965,840	G：E÷5％

【図表2-59：倉庫のCRに応じた収益価格】

CR	5％	6％	7％
収益価格（百万円）	4,966	4,138	3,547

【図表2-60：倉庫の収益価格】

項目	金額（百万円）
売上高	2,000
売上原価	1,500
売上総利益	500
販売費及び一般管理費	200
営業利益	300

　のと，スタッフの確保に課題があるようです。固定費は大きくなさそ
　うなので営業利益は確保できそうですが，安定的に営業利益300百万
　円を計上できるかどうかはわかりません。
中村さん：物件賃貸の場合は純収益が250百万円（図表2－58）だから，賃貸の
　ほうが収益は安定すると思うんだけどな……。

　　　　　　　　　　　　　　◆　◆　◆

　不動産評価は事業再編・事業再生において重要な役割を果たします。企業に
とって不動産の金額的重要性は高く，事業再編を行う場合や事業再生を行う場
合において，インパクトが大きいからです。
　ここでは不動産の価値を評価するための方法について解説します。
　なお，本書での解説は不動産評価の概要を理解することを目的としているた
め，詳細な解説は行いません。詳しく知りたい場合は，姉妹書の『金融マンの
ための不動産ファイナンス講座』をご覧ください。

（1）　不動産鑑定評価とは

　不動産評価は，株式価値評価と同様に，評価目的がいくつかあります。
　評価目的に応じた不動産評価の種類を示したのが**図表2－61**です。
　まず，不動産鑑定評価とは，不動産鑑定士が国土交通省の定める不動産鑑定

【図表2－61：日本における不動産評価の種類】

種類	内容
不動産鑑定評価	不動産鑑定士が国土交通省の定める不動産鑑定評価基準に従って不動産鑑定評価書を作成するもの
不動産鑑定評価以外の評価	上記以外の評価
税法評価	税法（法人税法，相続税法など）の規定に従って実施される不動産価値の評価

評価基準に基づき，決められた手順に従い不動産の評価を行うことをいいます。日本における不動産鑑定評価は不動産鑑定評価基準に従って行われます。

　不動産鑑定評価基準に従っていない，または部分的に依拠している不動産評価もあり，不動産評価を「正式鑑定」と「簡易鑑定」と分ける場合があります。「正式鑑定」と「簡易鑑定」は正式な用語ではありません。どちらの不動産評価を行っているかを識別するために，不動産鑑定評価基準に従った不動産鑑定評価を「正式鑑定」，それ以外の不動産評価を「簡易鑑定」といいます。

　次に，株式価値評価と同様に，不動産評価においても税法評価が存在します。相続が発生し，相続税の計算を行う際には相続税法に従った相続財産の評価が行われます。また，特別な利害関係者の間で実施される不動産売買は，所得税法，法人税法に従った評価が必要になります。税法評価は税法の規定に従って評価を行うものなので不動産鑑定評価基準に基づいた評価ではありません。

　ここでは，不動産鑑定評価基準に基づいた不動産評価について説明します。

（2）　不動産評価における価格の種類

　まず，不動産評価には，不動産価格の評価（価格評価）と不動産の賃料の評価（賃料評価）があります。本書で賃料評価を説明してもしかたないので，価格評価について解説します。

　不動産鑑定評価の価格の種類は，「正常価格」，「限定価格」，「特定価格」「特殊価格」の4種類があります。
　不動産の価値はすべての人にとって等しくはなりません。Aさんにとっての適正価格とBさんにとっての適正価格は違います。どういう場合に価格が違うのかを理解するために，例題を使って説明します。

　土地所有者 B 氏は，建物所有者 A 氏に土地を貸しています。建物所有者 A 氏は，賃借人 C 氏に建物を貸し出しており，賃料100を毎月受け取っています。一方，A 氏は B 氏から土地を借りているので，A 氏は借地料として毎月10を B 氏に支払っています（図表 2 −62）。

　土地所有者 B 氏は，毎月の土地賃借料10に不満をもっていて，建物所有者 A 氏から建物を買い取って，毎月の収入を100にしたいと思っています。

　土地所有者 B 氏が建物所有者 A 氏に提案する買取価格は，不動産投資家 D 氏が A 氏に提案する買取価格よりも高いでしょうか？　低いでしょうか？

【図表 2 −62：不動産の権利関係】

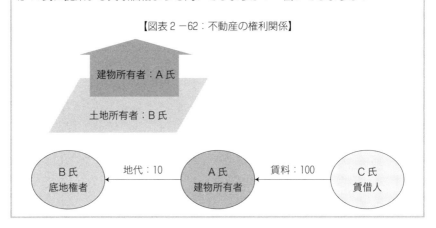

解答

　B 氏が A 氏に提案する価格のほうが，D 氏が A 氏に提案する価格よりも高い。

解説

　まず，不動産投資家 D 氏のほうから説明します。不動産投資家 D 氏が A 氏から買おうとしているのは，借地権付建物です。借地権付建物は，完全所有権（土地と建物の両方を所有）ではないので，土地所有者 B 氏に毎月の土地賃借料の支払が必要なのと，建物を処分（売却）する際に土地所有者 B 氏の承諾が必要になるケースが多いのです。借地権付建物の購入は制約があるため，一般的に高い価格にはなりません。

　一方，土地所有者B氏が建物所有者A氏から建物を買取ることができれば，完全所有権（B氏が土地と建物の両方を所有）になります。完全所有権の場合は売却する時に制約もなく，価格も借地権付建物に比べて大幅に増加します。

　すなわち，土地所有者B氏が完全所有権にするために支払うことができる価格は，不動産投資家D氏が借地権付建物を購入するのに支払う価格よりも高いのです。

　不動産評価において，B氏が提案する建物価格は「限定価格」といい，D氏が提案する建物価格は「正常価格」といいます。

　不動産鑑定評価の価格が4種類あるのは，当事者の状況によって不動産価格が異なる（B氏とD氏の建物価格の違い）ためです。以降で，それぞれの価格について説明します。

①　正常価格

　正常価格とは，市場性を有する不動産について，現実の社会経済情勢の下で合理的と考えられる条件を満たす市場で形成されるであろう市場価値を表示する適正な価格です。不動産の鑑定評価は，通常は正常価格を求めます。

　なお，合理的な市場とは次のような市場のことをいいます。

- 市場参加者が自由意思よって自由に市場に参加，退出できること
- 取引形態が，市場参加者が制約されたり，売り急ぎ，買い進み等を誘引したりするような特別なものではないこと
- 対象不動産が相当の期間に市場に公開されていること

②　限定価格

　限定価格とは，市場性を有する不動産について，市場が相対的に限定される場合における不動産の適正な価格です。

　たとえば，隣接不動産の併合のための売買や，借地権者が底地の併合のため

に行う売買において，合理的な市場を前提としない特定の当事者間（たとえば，例題のB氏とA氏の間）においてのみ成立する価格です。

③ 特定価格

　法令等による社会的要請を背景とする評価目的の下で，正常価格の前提となる諸条件を満たさない場合の価格です。企業再生においては，特定価格を利用する場合があります。

　次の場合が例としてあげられます。

- 資産の流動化に関する法律または投資信託及び投資法人に関する法律に基づく鑑定評価目的の下で，投資家に示すための投資採算価値を表す価格を求める場合
- 民事再生法に基づく鑑定評価目的のもとで，早期売却を前提とした価格を求める場合
- 会社更生法または民事再生法に基づく鑑定評価目的のもとで，事業の継続を前提とした価格を求める場合

④ 特殊価格

　文化財等の一般的に市場性を有しない不動産について，その利用状況等を前提とした不動産の価格です。一般的に担保として利用される不動産ではないため，特殊価格を利用することはないでしょう。

　次の場合が例としてあげられます。

- 文化財の指定を受けた建造物
- 宗教建築物
- 現況による管理を継続する公共公益施設の用に供されている不動産

（3）　鑑定評価の方法

　鑑定評価には価格評価と賃料評価があるため，鑑定評価の方式は，価格を求める手法と賃料を求める手法に分類されます。鑑定評価は，大きく「原価方式」，「比較方式」，「収益方式」の3つの手法に分かれます。

①　原価方式

　まず，原価方式とは，不動産の再調達費用に着目して求める方式で，具体的には，「この不動産を建てるのにいくらかけるか？」という点を重視します。株式評価のコスト・アプローチに似ています。

　また，不動産鑑定評価の対象は価格と賃料の2種類なので，それぞれの評価手法を**図表2−63**のように呼びます。

　ここで，再調達原価とは，現時点において同じ不動産を購入したとする場合に必要となる原価（コスト）の総額です。また，基礎価格とは，積算賃料（積算法によって求められる試算賃料）を求めるための基礎となる価格です。

【図表2−63：原価方式の評価手法】

評価手法	対象	内容
原価法	価格	対象不動産の再調達原価から減価修正を行って価格を試算する手法
積算法	賃料	対象不動産の基礎価格から必要諸経費などを加味して賃料を試算する手法

　賃料評価の方法を説明してもしかたないので，原価法の計算方法を簡単に説明します。原価法は**図表2−64**に示した計算式で計算します。

　まず，土地の再調達原価は取引事例比較法で求めます。土地の調達コスト（いくらで造成できるか？）がわからないためです。

　次に，建物の再調達原価（B）は建築コストです。類似不動産の建築コストを利用します。

【図表 2 −64：原価法の計算式】

	項目	内容
A	土地の再調達価格	近隣の土地取引事例
B	建物の再調達原価	建物の建設コスト
C	土地の補正（加算）	角地など
D	土地の補正（減算）	セットバックや広大地補正など
E	建物の減価修正	建物の劣化，老朽化等による減価
差引	不動産の積算価格	A＋B＋C－D－E

この計算方法は，会計上の簿価の計算方法に似ています（株価評価のコスト・アプローチと同じ考え方です）。

② 比較方式

次に，比較方式とは，過去に行われた実際の不動産取引の事例から価格を求める方式です。株式価値評価におけるマーケット・アプローチに似ています。

不動産鑑定評価の対象が価格なのか賃料なのかによって，それぞれ**図表 2 −65**の 2 種類の評価手法があります。

取引事例比較法は，建物およびその敷地を評価する場合は，あまり利用されません。理由は，条件が完全に同一の取引事例は存在しないためです。建物の階数，築年数などが異なる不動産売買事例をもとにして，対象不動産の価格を算定しようとしても，合理的な補正を行うことが困難です。

【図表 2 −65：比較方式の評価手法】

評価手法	対象	内容
取引事例比較法	価格	近隣・類似地域における取引事例を基に価格を試算する手法
賃貸事例比較法	賃料	多数の賃貸事例の中から適切なものを収集し，それに基づいて賃料を算出する手法

　実際に取引事例比較法が採用されるのは，土地や区分所有建物（アパート，マンション）です。

③　収益方式

　収益方式とは，対象不動産の収益から価格を求める方式です。株式評価のインカム・アプローチと似ています。収益方式も評価対象が価格なのか賃料なのかによって，**図表2-66**の2種類の評価方法が存在します。

【図表2-66：収益方式の評価手法】

評価手法	対象	内容
収益還元法	価格	対象不動産が将来生み出すと期待される収益から価格を試算する手法
収益分析法	賃料	対象不動産が将来生み出すと期待される収益から賃料を算出する手法

　なお，収益還元法の計算方法は2種類あります。

- 直接還元法
- DCF法

　収益還元法を採用する場合は2種類を使用して計算しますが，特殊な物件でない限り，直接還元法を理解しておけばよいと思います。DCF法は株式価値評価で説明した計算方法とほぼ同じなので，ここでは直接還元法を説明します。

　まず，直接還元法は，下式で不動産の収益価格を計算します。

$$P = \frac{a}{R}$$

　P：求める不動産の収益価格
　a：1期間の純収益
　R：還元利回り

　直接還元法は，株式評価で継続価値を計算する際に利用した方法と同じです。変数が２つしかないため計算が単純です。不動産業界では，NOI（Net Operating Income：物件純収益）やNCF（Net Cash Flow：物件キャッシュ・フロー）をキャップレート（還元利回り）で割戻して物件価値を算定する直接還元法が伝統的に使われています。不動産業界の人は，DCF法で物件の評価をすることは少ないでしょう。

　たとえば，年間の純収益（計算式のa）が100で，還元利回り（計算式のR）が５％の場合，不動産評価額は，100÷５％＝2,000です。

④　まとめ

　以上で，簡単に，「原価方式」，「比較方式」，「収益方式」を説明しました。評価方法，価格・賃料の別に応じた，鑑定評価の呼び方と算定される価格を分類すると，**図表２−67**のようになります。

　また，不動産評価を株式評価と比較したのが**図表２−68**です。

　評価する対象資産は異なるものの，同じような考え方で評価を実施している

【図表２−67：不動産鑑定方式の分類と算定される価格の種類】

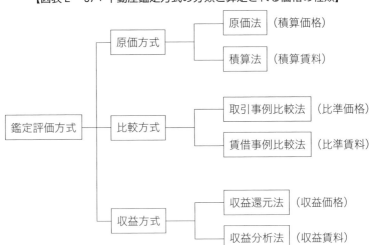

【図表２−68：評価対象に応じた評価方法の違い】

評価方式	不動産評価	株式評価
原価方式 コスト・アプローチ	原価法 積算法	純資産額法
比較方式 マーケット・アプローチ	取引事例比較法 賃貸事例比較法	市場株価法 類似公開企業法
収益方式 インカム・アプローチ	収益還元法 収益分析法	DCF 法

のがわかるのではないでしょうか。

（4）　不動産のタイプに応じた鑑定評価の種類

　不動産の価格評価は，原価法，取引事例比較法，収益還元法の３手法を利用して行います。株価評価において３手法を等しく利用しているわけではないと説明したように，不動産評価も３手法を等しく利用しているわけではありません。

　不動産評価を行う不動産は，収益物件（賃貸ビルなど），自用の物件（自社ビルなど）などいくつかのタイプがあります。

　ここでは例題を使って説明します。

例題２−18

　Ａ社は保有する賃貸ビル（貸家およびその敷地）を売却するために，不動産鑑定評価を依頼しました。不動産鑑定評価の内訳は，原価法による積算価格100，取引事例比較法による比準価格170，収益還元法による収益価格200でした。

　Ａ社が受取った不動産鑑定評価書における賃貸ビルの不動産鑑定評価額はいくらでしょうか？

156

解答

不動産鑑定評価額：200

解説

　賃貸ビルの不動産鑑定評価において，3手法が用いられ，積算価格100，比準価格150，収益価格200と計算されています。

　3手法の評価結果には差が生じており，「どの手法を採用するのか？」または「3手法の平均値を採用するのか？」などが議論になります。

　本例題の対象不動産は賃貸物件なので，実務上は収益価格が重視されます。すなわち，賃貸ビルは物件からいくらの純収益（利益）が発生するか，投資額（取得価額）に対して何パーセントの利回りが発生するかが重要であり，いくらで建設したか（原価法）は投資家にとってあまり重要ではありません。また，賃貸ビルは全く同じグレード，賃料水準，築年数，賃貸可能面積の取引事例があるわけではないので，取引事例比較法の比準価格は参考にはなるものの，収益価格と比べると重要性は劣ります。

　確かに，収益還元法以外の手法（原価法，取引事例比較法）でも不動産評価を実施するものの，収益価格と比較すると重要ではないと考えられていて，評価結果に与えるインパクトは大きくありません。収益物件であれば収益価格しか利用しないというわけではありませんが，最重視されていることは間違いありません。

例題2−19

　B社は買収を検討しているC社の不動産価値を把握するために，C社の自社ビル（自用の建物およびその敷地）の不動産鑑定評価書を依頼しました。

　不動産鑑定評価の内訳は，原価法による積算価格150，取引事例比較法による比準価格250，収益還元法による収益価格200でした。

　B社が受取った不動産鑑定評価書におけるC社の自社ビルの不動産鑑定評価額はいくらでしょうか？

(解答)

不動産鑑定評価額：150〜200（物件の場所によって差が出る）

(解説)

　この例題はC社の自社ビル（自社で使用しているオフィスビル）の場所によって，どの価格を重視するかが異なります。

　たとえば，東京丸の内に自社ビルを持っていて，積算価格150，収益価格200の場合は，賃貸すると誰でも借りてくれるので不動産評価額は200（収益価格）になるでしょう。ただ，この場合は自社でオフィスビルを利用するよりも他社に賃貸したほうが有利なので，現況が最有効使用（不動産の効用が最高度に発揮される可能性に最も富む使用方法）ではないといえるでしょう。

　逆に，借り手が付かない場所に自社ビルを持っていて，積算価格150，収益価格200の場合は，賃貸想定が難しいため不動産評価額は150（積算価格）になるでしょう。

　さらに，取引事例比較法はマーケット状況を把握するための価格なので，通常は比準価格を不動産評価額として採用しません。

　C社の自社ビルは，現況が自社利用ではあるものの，賃貸も可能な物件なので，積算価格と収益価格の間（150〜200）で評価されるのです。

例題 2−20

　D社は土地を有しており，大手スーパーのE社に商業施設の底地として賃貸しています。事業用定期借地契約は残り10年で，現在のところ契約更新の予定はありません。D社は他社に売却を検討しており，不動産鑑定評価を依頼しました。

　不動産鑑定評価の内訳は，原価法による積算価格100，取引事例比較法による比準価格100，収益還元法による収益価格150でした。

　D社が受取った不動産鑑定評価書における底地の不動産鑑定評価額はいくらでしょうか？

158 •

解答

不動産鑑定評価額：150

解説

　D社はE社と事業用定期借地契約を締結しており，契約の残存期間は10年です。契約更新は予定されていないため，契約終了後は更地としてD社に返却されます。すなわち，10年間は賃貸借契約による賃料収入が発生し，10年経過後は賃貸借契約のない土地として不動産評価を行う必要があります。

　具体的には，DCF法によって10年間の純収益（割引現在価値），事業用定期借地契約の終了後の土地の売却価格（割引現在価値）を合算して評価額とします。本例題のように契約期間が決まっている場合は，直接還元法では正しく評価できないため，DCF法のほうが向いています。

　不動産鑑定評価の内訳として，積算価格，比準価格が記載されていますが，事業用定期借地契約が存在していない土地を前提に鑑定評価を行っています。

　このため，事業用定期借地契約による収益価値を反映している収益還元法（DCF法）の価格が鑑定評価額として採用されるのです。

　ここでは，3つ評価方法をどのように採用するかについて，3つの例題を利用して説明しました。ここで説明した状況がすべての案件に当てはまるわけではありませんが，3種類の評価方法がすべて等しく利用されているわけではないことがわかったと思います。総括すると，以下のような特徴があると言えるでしょう。

- 収益物件（貸家およびその敷地）の鑑定評価額は収益価格（収益還元法）を重視して決定される
- 自社利用物件（自用の建物およびその敷地）の鑑定評価額は，積算価格（原価法）と収益価格（収益還元法）を比較して決定される
- 比準価格（取引事例比較法）は評価の参考にするものの，それほど重視されるわけではない

- 定期借地権のような契約期間が決まっている場合には，収益還元法のうち DCF 法が利用される

4.　レバレッジ

❖ ◆ ❖

　西日本紡績の中村さんは，虎ノ門銀行の加藤さんに京橋不動産の件で電話しました。

中村さん：京橋不動産のビジネスモデルと財務内容を検討しているんだけど，西日本紡績ですべての事業を引き受けるというのは正直難しいかな。まず，財務 DD でいくつか問題点がでてきて，京橋不動産の株式を直接保有するのは避けたい。西日本紡績に近い事業だけ事業譲渡か会社分割で取得して，売却代金を既存債務の支払に充当してもらえれば，債権者としては同じことだと思うけど。

加藤さん：やっぱり，そうきましたか。それで，検討できる事業とできない事業はどれですか？

中村さん：製造業と運送業は検討できると思う。不動産業，建設業，金融業は西日本紡績の事業と関係性が薄いから，どこか別のスポンサーに引き受けてもらうか，在庫（販売用不動産）を処分して債務返済に充ててくれれば，と思っているんだけど，ダメかな？

加藤さん：譲渡価額しだいですね。それで，製造業と運送業の事業の価値はどれくらいで考えていますか？

中村さん：在庫と固定資産を引き継ぐ（売掛金は除く）として，EV（事業価値）で10,000〜12,000百万円くらいだと思う。製品在庫と原材料は滞留在庫が多そうだから，価格は簿価の半額くらい。残りは事業用不動産の評価額。

加藤さん：販売用不動産を含めた不動産担保の保全額が，総額（全行の保全額）

で14,000百万円くらいだから……。既存債務27,000百万円の一部を事業譲渡の譲渡代金10,000〜12,000百万円で返済して，残り15,000〜17,000百万円を売上債権4,000百万円，販売用不動産12,000百万円，営業貸付金3,000百万円で回収する，というイメージですか。

中村さん：製造業の買収価格は，西日本紡績より高く出せる先を探すのは難しいと思うよ。回収額は販売用不動産の売却価格によって違ってくるけど。それで，買収資金を全額エクイティで出すのは投資利回りが下がるから，買収資金を融資してほしいんだけど。

加藤さん：どの会社でいくら調達予定ですか？

中村さん：SPC（Special Purpose Company：特別目的会社）で買収したいと思っていて，LTV70％でレバレッジを掛けたいから，7,000〜8,400百万円かな。

加藤さん：LBO（Leveraged Buyout：レバレッジド・バイアウト）ですか。債務者区分も正常先になりそうだから，検討できると思います。後は，京橋不動産の既存債権をどれだけ回収できるか，大阪支店と協議しないと。

＊ ◆ ＊

次にファイナンスの基本的な考え方であるレバレッジについて解説します。

（1） レバレッジとは

企業が活動するためには活動資金が必要で，増資によって資金を確保するか，金融機関から借入して資金を確保します。企業活動におけるレバレッジ（leverage：梃子の原理）とは借入のことです。誰にとってのレバレッジかというと，投資家（株式会社であれば株主）にとってのレバレッジです。

投資家は，「投資した金額に対していくらの儲け（リターン）が発生するか」に着目します。言い方を変えれば，投資家は会社に投資利回り（リターン）が

下がることはしてほしくありません。投資家の利益を最大限に引き上げる方法が，レバレッジ（借入）なのです。

　ここでは，簡単な例題でレバレッジを説明します。

例題2-21

　A社は手許資金100で不動産100を購入しました。不動産の物件利回りが5％（年率），株主資本100の場合，A社のROEを計算しなさい。

　なお，ここでは法人税等は無視します。

 解答

ROE＝5％

 解説

　まず，ROEは「Return On Equity」の略称で，自己資本利益率のことです。本例題においては，ROEは自己資本（株主資本）100に対する利益率です。

　まず，不動産の物件利回りが5％なので，年間利益は5（100×5％）です。

　自己資本（株主資本）は100なので，下記のようにROEを計算します。

ROE＝利益÷自己資本＝5÷100＝5％

例題2-22

　A社は手許資金100，借入100で不動産200を購入しました。不動産の物件利回りが5％（年率），借入金利が1％（年率），株主資本100の場合，A社のROEを計算しなさい。

　なお，ここでは法人税等は無視します。

 解答

ROE＝9％

解説

例題 2 −21と異なる点は，不動産購入資金に借入が含まれる点です。

投資金額に対する借入金の比率を LTV（Loan to Value：物件価格に占める借入金比率）といいます。本例題では，手許資金100と借入100を使用して不動産200を購入しているため，LTV は50%（借入金÷不動産価格＝100÷200）です。

下記のように ROE を計算します。

利益＝物件収益−支払利息＝200× 5 %−100× 1 %＝ 9
自己資本＝100
ROE＝利益÷自己資本＝ 9 ÷100＝ 9 %

例題 2 −21は ROE 5 %でしたが，本例題では借入（レバレッジ）を利用することによって，ROE が 9 %に増加しました。すなわち，投資家（株主）の利益（ROE）を向上するためにレバレッジ（借入）を利用したのです。

このように，レバレッジは，借入を利用することによってエクイティ利回りを向上させる方法といえます。

（2） キャピタルゲインとレバレッジの関係

先ほど，レバレッジは利回りを向上させるための手段と説明しました。この利回りはインカムゲイン（収益）のことです。レバレッジの利用方法はそれだけではありません。ここでは，キャピタルゲインという側面から解説します。

図表 2 −69は，借入金50，エクイティ（株式）50を元手に，不動産100を取得（LTV50%）したものです。投資時点のエクイティの価値は不動産価格の50%なので50（100×50%）です。

その後，不動産価値が保有期間において変化せず，不動産から発生した

【図表2−69：レバレッジの返済によるエクイティ価値の変化】

| 不動産
100 | 借入
50 | | 借入返済 → | 不動産
100 | 株式
100 |
| | 株式
50 | | | | |

キャッシュ・フローで借入金の全額を返済しました。そうすると，不動産価値＝株式価値（LTV100％）になるため，エクイティの価値は不動産価値100（100×100％）です。すなわち，保有期間において借入金を返済したことによって，エクイティの価値は2倍（100÷50）に増加しました。これは，不動産の価値が2倍に増加したわけではなく，借入金を返済したことによってエクイティにキャピタルゲインが発生したのです。

　ファンドでは一般的な考え方ですが，レバレッジ（借入）を返済した分だけ，エクイティ価値が向上します。キャピタルゲインという観点からもレバレッジを利用する価値があります。

　AM（ファンド運営会社）は，不動産投資や企業投資において，投資した資産価値を向上させることを目的としています。一方，エクイティ投資家（ファンドの投資家）は，保有期間のレバレッジによるインカムゲインの確保，レバレッジ返済によるエクイティ価値向上によるキャピタルゲインの確保，という点をメインに考えています。要は，投資家からすればインカムゲインとキャピタルゲインが確保できれば良いため，資産価格の上昇を期待しているわけではないのです。

（3）　信用リスクとレバレッジの関係

　レバレッジは投資家の利回りを向上させるメリットがあります。ただし，レバレッジにはメリットだけではなく，デメリットも当然存在します。レバレッジのデメリットは信用リスクの悪化です。

再生が必要な会社は過剰債務によって，債務返済が困難な状況にあります。すなわち，「借入が多すぎて返せない」ということです。レバレッジを掛け過ぎると（借入をし過ぎると）返済不能になるため，会社の信用リスクは悪化します。

例題を利用して説明します。

例題 2 −23

　A 社は不動産価格100の物件を取得しました。取得資金はエクイティ50，借入金50とします。不動産物件の利回りは 5 ％，借入金金利は 1 ％とした場合，物件取得時の債務償還年数と ROE（自己資本利益率）を計算しなさい。
　なお，ここでは法人税等は無視します。

解答

債務償還年数：11.1年

ROE：9.0％

解説

物件純収益（NOI），支払利息，利益を計算したのが**図表 2 −70**です。

【図表 2 −70：物件の NOI，支払利息，利益】

項目	金額	計算式
NOI	5	A：100× 5 ％
支払利息	0.5	B：50× 1 ％
利益	4.5	C：A−B

この利益を使用して債務償還年数と ROE を計算します。

債務償還年数＝借入金÷利益＝50÷4.5＝11.111……年

ROE＝利益÷自己資本＝4.5÷50＝ 9 ％

本例題では LTV50％として債務償還年数と ROE を計算しました。LTV を

０％～100％に変化させ，債務償還年数と ROE がどのように変化するかを計算したものが**図表２－71**です。LTV が高くなれば，債務償還年数と ROE は高くなることがわかります。

すなわち，LTV が高くなれば投資利回り（ROE）は高くなるものの，債務償還年数が長くなるため信用リスクは増加しているのです。

【図表２－71：LTV に応じた債務償還年数，ROE】

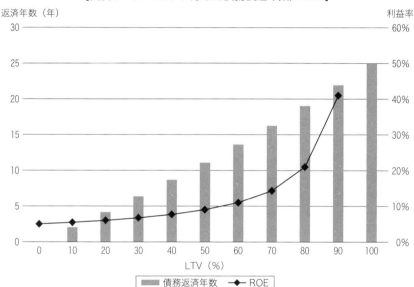

※LTV100％の ROE は無限大になるため，上図には表示していない。

このようにレバレッジを掛けるほど（LTV が大きくなるほど），投資利回りは増加するものの，信用リスクが高くなるため倒産確率も増加するのです。

● ● ● 第 **3** 章 ● ● ●

事業再生の基本的な考え方

● ●

　前章までは事業再編と事業再生に共通する事項を説明してきました。事業再編と事業再生は似ているものの，事業再生では独特の考え方をする場合があります。このため，本章では，事業再生に必要な知識と考え方を説明します。

　なお，事業再生に利用するスキームは時限立法であることが多く，長期間利用が可能なものではありません。このため，ここで説明する事業再生スキームは，特定の根拠法に基づく再生スキームについて言及しているわけではなく，一般的な再生スキームについて言及していると理解してください。

1．再生の方法

（1）　再生できる会社よりもできない会社のほうが多い

◆ ◆ ◆

　西日本紡績の中村さん（取締役）が，経理部長の佐藤部長と京橋不動産の進捗について，話しています。

中村さん：たまに再生や M&A の打診があるけど，真剣に検討できる会社は10件に１件くらい。本当に打率が低いですね。

佐藤部長：京橋不動産の件は，進みそうですか？

中村さん：今回は進められそうな気がします。再生できるかどうかは，やってみないとわからないけど。

佐藤部長：そうですか。具体的な出資額や債権買取額などは，すでに決まってい

　るんでしょうか？　うちの資金繰りに問題ないか，念のために確認し
　ておかないといけませんから。

中村さん：買収金額の70％を虎ノ門銀行から借入する予定だから，手許資金で十
　分対応可能な範囲だと思いますよ。金額は交渉次第だけど，総額（借
　入金＋エクイティ）で10,000〜12,000百万円なので，西日本紡績の出
　資額は3,000〜3,600百万円かな。

佐藤部長：手許資金で対応できますが，予想していたよりも大きいですね。

中村さん：そう？　じゃあ，もう少し金額を下げられないか検討してみる。

＊ ◆ ＊

　西日本紡績の中村さんは，いつも持ち込まれた何かの案件を検討しているよ
うですが，ほとんどは進まないようです。事業再編は，再生，M&A，事業承
継などさまざまな切り口で行われていますが，実際にはその大半が進みません。
たとえば，M&Aにおいて会社を売却したい人がいたとしても，買い手がつく
（買収が成立する）のはそのうちの数％です。潜在的なM&A案件の90％以上
は成約（売り手と買い手が合意）しません。売り手はできるだけ高く売りたい
と思っていて，買い手もできるだけ安く買いたいと思っているので，成約率が
低いのはイメージしやすいと思います。

　再生や事業承継も似ていて，再生や事業承継が成功する可能性は高くありま
せん。再生ができない理由は，たとえば以下のようなものです。

---

① そもそも再生できる可能性が低い
② 再生するための資金負担が大きい
③ 再生に妨げになる何かがある

　念のために説明をすると，①は再生をしようとしても，事業として成立して
いない会社もあります。たとえば，慢性的な赤字，キャッシュ・フローがマイ
ナスで改善できる見込みがない場合，誰もその会社を再生しようと思いません。

　さらに，②仮に改善できたとしても，資金負担（銀行の債務免除額やスポンサーの出資金）が大きいと誰も再生させようと思いません。誰もボランティアで企業再生をするわけではないので，投資採算がとれないと再生できないのです。

　次に，③再生を行うにあたって支障になる事項が存在する場合があります。会社の事業自体は問題なくても会社関係者に問題がある場合，訴訟などの法的リスクが高い場合など会社個別の事情によるものです。

　これらのネガティブな要素を勘案すると，実際には再生できる会社よりもできない会社のほうが多いのです。

（2）　自主再建と他者再建

　ここでの自主再建は自社のみで事業再生を行うことで，他者再建はスポンサーによる財務的，営業的な協力を得て再生を行うことです。事業再生においては，自社で再生（自主再建）が可能か否かを判断する必要があります。

　再生が必要な会社の多くは，銀行から追加借入ができないケースが多く，スポンサーがいれば必要な資金を確保できます。

　他者再建の場合は，スポンサーからさまざまな要求をされます。現経営陣にとっては自主再建のほうが経営の自由度が高い反面，資金繰りや信用力（たとえば，取引先との信頼関係）は他者再建に比べると劣るでしょう。自主再建と他者再建を比較したのが図表3－1です。

【図表3－1：自主再建と他者再建の比較】

	自主再建	他者再建
資金面（追加資金）	なし	あり
信用力	―	スポンサーの信用力を利用できる
経営の自由度	あり	なし
経営責任	あり	あり
社内での説明	―	説明しやすい

　スポンサーが出資する他者再建の場合，多くは既存株主の議決権はなくなり，現経営陣が経営に関与するかどうかは，ケースバイケースです。そういう意味では，身売り（M&A）に近い状態です。

　現経営陣や既存株主にとっては自主再建のほうがよいと思うかもしれませんが，自主再建と他者再建のどちらを選択するか，よく議論する必要があります。

（3）　私的整理と法的整理

　法的整理は民事再生法や会社更生法といった裁判所管轄の手続により再生を行うものです。私的整理は裁判所外の手続により再生を行うものです。

　ここでは再生における私的整理と法的整理について説明します。

　まず，法的整理と私的整理を比較したものが**図表3-2**です。

【図表3-2：法的整理と私的整理の比較】

	法的整理	私的整理
準拠法	民事再生法，会社更生法	原則なし
手続機関	裁判所	原則なし（第三者機関が手続を実施する場合あり）
機密性	公開	原則非公開（支援決定時に公表される場合もある）
対象債権	手続開始前の原因に基づいて生じた財産上の請求権（民事再生法84条，会社更生法2条8項）	原則として金融債権のみ
弁済禁止効・個別執行の禁止	あり（民事再生法85条，会社更生法47条）	原則なし
計画の成立	過半数の合意（民事再生法172条の3，会社更生法196条5項）	原則として対象債権者全員の同意

　法的整理は裁判所が行う強制力がある再生手続で，ほぼすべての債務を対象にします。一方，私的整理は強制力がなく，対象債権が金融債権（借入金など）

に限られるため，一般債権（仕入債務，未払金など）は対象になりません。

　経営者が気にする点は，法的整理を行う場合に社名が公表されることでしょう。取引先に「倒産した会社」と思われるのが恥ずかしいと思う経営者が多いので，私的整理を好む傾向にあります。

　なお，私的整理と比較した法的整理のメリットは，以下のようなものです。

- 裁判所管轄なので，強制力がある
- 債権者全員が合意しやすい
- 個別に支払条件などを交渉する必要がない

　法的整理といった場合，破産などをイメージする経営者が多いのですが，それは間違いです。確かに，法的整理には清算型の破産手続，特別清算手続があり，これらは破産・清算です。一方，法的整理でも再建型の会社更生手続，民事再生手続があり，これらは破産・清算するわけではなく，企業再生を目的としたものです。

2.　債務者区分

✦ ✦ ✦

　西日本紡績の中村さんは，京橋不動産の事業譲渡の価格を下げられる要因はないかをヒアリングするために，虎ノ門銀行の加藤さんに電話をしました。

中村さん：ちょっと聞きたいんだけど，京橋不動産の債務者区分は破綻懸念先？

加藤さん：直球ですね。CA 締結しているから伝えても問題ないでしょう。次回の自己査定で破綻懸念先に落ちるかもしれませんが，今のところ要注意先です。

中村さん：やっぱり。ところで，他行の債務者区分はわかる？

加藤さん：大阪支店の担当者に知っているか聞いてみないとわからないですが，多分，他行も同じ決算書で債務者区分を判断しているので，要注意先

じゃないかと思います。

中村さん：前期の決算書だと，そうなるよね。破綻懸念先だったら交渉しやすいのに。

＊ ◆ ＊

　事業再生は銀行主導で行われる場合が多く，どの会社を再生の対象にするかは，債務者区分で判断します。銀行は不良債権（債務者区分が要管理先〜破綻先）の残高を減らす（または，増やさない）必要があり，会社の財務内容が悪化した場合（または，悪化しそうな場合）は会社の債務者区分が改善するように会社を再生しなければいけません。ここでは，銀行の債務者区分について解説します。

（1） 債務者区分の概要

　銀行では，定期的に貸出先（債務者）の与信状況を調査していて，与信状況の調査を自己査定といいます。自己査定によって判断した債務者の状況（信用度）を債務者区分といいます。

　債務者区分とその内容は，**図表3−3**です。正常先が最も優れた債務者区分で，破綻先が最も悪い債務者区分です。銀行の貸出対象は，基本的に正常先です。要注意先以下は，何らかの問題があると判断している先なので，基本的に新規貸出の対象ではありません。

　ニュース等で「不良債権」という言葉を聞くことがあるでしょう。不良債権に分類される会社は，債務者区分が③要管理先〜⑥破綻先に該当する会社です。

　債務者区分において実質破綻先と破綻先は，ほぼ議論の余地がありません。債務者区分の作業の大半は正常先〜破綻懸念先のどれに該当するのか分類する作業です。正常先〜破綻懸念先を区分する際には，主に次の3点をチェックします。

【図表３－３：債務者区分とその内容】

債務者区分	内　容
①　正常先	業況が良好であり，かつ，財務内容にも特段の問題がないと認められる債務者。
②　要注意先	元本返済もしくは利息支払が事実上延滞しているなど履行状況に問題がある債務者のほか，業況が低調ないしは不安定な債務者または財務内容に問題がある債務者など今後の管理に注意を要する債務者。
③　要管理先	要注意先のうち，金利減免・棚上げを行っているなど貸出条件に問題のある債務者。
④　破綻懸念先	現状，経営破綻の状況にはないが，経営難の状態にあり，経営改善計画等の進捗状況が芳しくなく，今後，経営破綻に陥る可能性が高いと認められる債務者（金融機関等の支援継続中の債務者を含む）。
⑤　実質破綻先	法的・形式的な経営破綻の事実は発生していないものの，深刻な経営難の状態にあり，再建の見通しがない状況にあると認められるなど実質的に経営破綻に陥っている債務者。
⑥　破綻先	法的・形式的な経営破綻の事実が発生している債務者を言い，たとえば，破産，清算，会社整理，会社更生，民事再生，手形交換所の取引停止処分等の事由により経営破綻に陥っている債務者。

---

①　収益の状況
②　自己資本の状況
③　償還能力

---

①　収益の状況

　これは，会社の損益計算書の利益項目が赤字かどうかを検討します。

　具体的には，数年間（過去３期程度）の営業利益・経常利益・当期利益で判断します。各利益項目で１つでも赤字になっていれば，債務者区分が要注意先になる可能性があります。

最終的には他の項目との総合判断とはなりますが，主なポイントは「正常先か，要注意先か」という点です。

【図表 3 － 4 ：収益状況の検討】

	X1年	X2年	X3年
売上高	100	120	70
営業利益	50	60	10
経常利益	30	40	−10
税引後利益	20	25	−10

赤字→「要注意先」かどうかを検討

　赤字の場合でも必ずしも要注意先に区分されるわけではなく，以下のようなケースは正常先に区分されるでしょう。

---

① 創業赤字であり，計画との乖離が大きくない場合
② 赤字は一過性のものであり，短期に解消すると見込まれる場合
③ 経営者の資産等を考慮すると債権の回収可能性について問題がないと認められる場合
④ 自己資本，余剰資金が十分であり，債務の返済能力に問題がない場合

---

② 自己資本の状況

　自己資本の状況は，債務超過になっていないかを調査します。

　債務超過とは，会社の純資産の部（＝資産−負債）がマイナスになっている状態です。債務超過の場合は，資産（≒返済原資）よりも負債（≒返済額）のほうが大きいので，会社は危険な状態と言えます。

　さらに，債務超過かどうかの判断は，保有資産等を時価評価するので，決算書上の純資産がプラスであっても，債務超過ではないとは限りません。金額が大きい資産について，多額の含み損がないかという点を検討する必要がありま

す。

最終的には他の項目との総合判断となりますが,「破綻懸念先か」という点が主に焦点になってきます。

【図表3－5：自己資本に関する検討】

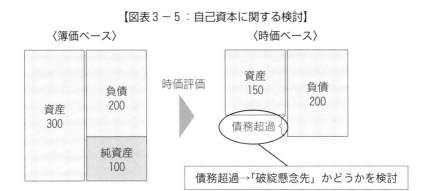

〈簿価ベース〉　　　　　　　　　　　　〈時価ベース〉

時価評価

資産 300 / 負債 200 / 純資産 100 → 資産 150 / 負債 200 / 債務超過

債務超過→「破綻懸念先」かどうかを検討

債務超過の場合,収益の状況のように要注意先かどうかを検討するのではなく,債務者区分が破綻懸念先かどうかを検討します。

仮に債務超過であったとしても,短期で債務超過を解消できる場合には,債務者区分を破綻懸念先にしない場合もあります。

銀行によって多少差はあると思いますが,たとえば債務超過の解消期間によって**図表3－6**のような債務者区分になるでしょう。

【図表3－6：債務超過解消期間に応じた債務者区分】

債務超過解消に必要な年数	債務者区分
1年以内	要注意先（正常先）
2～5年	要注意先
5年超	破綻懸念先

③　償還能力について

償還能力は,債務者区分を行ううえで最も重要な判断項目です。銀行からす

ると，赤字でも貸したお金（貸出金）が返ってくれば最終的には問題ありません。逆に言うと，お金が返ってこない先は，いくら黒字でも自己資本がプラスでも問題があります。

　もちろん，貸出には資金使途があるので，運転資金として借りている資金まで返済するという必要はありません。銀行が返してもらう必要がある資金を，ここでは要償還債務（有利子負債－運転資金－余剰資産）といいます。

　償還能力に関する判定式は，銀行によって異なりますが，たとえば，以下のような算定式で計算します。

債務償還年数（年）
＝要償還債務÷営業キャッシュ・フロー
＝（有利子負債－運転資金－余剰資産）÷（経常利益＋償却費－税金）

　債務償還年数が大きければ，債務を返済するだけのキャッシュ・フローがないので，借入の返済が困難です。

　銀行によって判断基準は違いますが，一般的な業種に利用されている債務償還年数は，**図表3－7**のようになっています。

【図表3－7：債務償還年数と債務者区分】

債務償還年数	債務者区分
10年未満	正常先
10年以上，20年以下	要注意先
20年以上	破綻懸念先以下

　ホテル業や不動産賃貸業などは，借入期間が長期になるため，一般的な債務償還年数ではなく，個別に基準となる債務償還年数を定めているケースがあります。

　最終的には他の項目との総合判断とはなりますが，「要注意先か，破綻懸念先か」という点がポイントです。

（2）　貸倒引当金

　銀行は，債務者区分に応じて，**図表3-8**のように貸倒引当金の計上や直接償却を行います。

【図表3-8：債務者区分と償却・引当の金額】

債務者区分	貸倒償却・貸倒引当の金額
①正常先	債権額×貸倒実績率
②要注意先	債権額×貸倒実績率
③要管理先	債権額×貸倒実績率　または DCF法による割引額と簿価の差額
④破綻懸念先	回収不能額　または DCF法による割引額と簿価の差額
⑤実質破綻先	回収不能額（貸倒償却または貸倒引当金）
⑥破綻先	回収不能額（貸倒償却または貸倒引当金）

　貸倒引当金の計算方法は金融機関によって計算方法が異なります。①正常先〜③要管理先までは貸出金の金額に貸倒実績率を乗じて算定します。貸倒実績率は，①正常先は低く，③要管理先は高くなるでしょう。

　④破綻懸念先〜⑥破綻先については，回収不能額（担保によって回収できる以外の金額など）を貸倒引当金として計上するか，直接償却して費用処理します。

（3）　再生計画と債務者区分

　自己査定において，破綻懸念先か否かを判断するポイントとして，再生計画の実現可能性が高いと認められる場合，要注意先にすることができます。貸倒引当金は債務者区分が要注意先から破綻懸念先になると大幅に増加するため，再生計画によって要注意先に据え置くことができるのであれば，積極的に再生

に関与しようとするでしょう。

　再生計画は，債務者区分が破綻懸念先となるか，要注意先となるかという分かれ目になってくるため，重要なのです。

3. 事業再生における不動産担保

　企業を再生させる際に不動産は重要な役割を果たします。業歴の長い企業は保有する不動産の金額が大きく，金融機関の融資には不動産担保が利用されています。ここでは不動産担保について解説します。

❖ ❖ ❖

　西日本紡績の中村さんと経理部の佐藤部長は，京橋不動産の有利子負債について話をしています。

中村さん：京橋不動産の借入金残高（**図表3－9**）はX2年度から減少してきているけど，事業譲渡の計画を債権者に納得してもらうためにも，もう少し借入金を削減しておきたいところです。

佐藤部長：京橋不動産の運転資金は帳簿価格から計算すると，X5年で21,000百万円です（**図表3－10**）。短期借入金の残高は，概ね運転資金の範囲内なので，あまり違和感はありませんし，償還しないといけない債務（要償還債務）はあまり大きくないように思うのですが（**図表3－11**）。

中村さん：決算数値が正しければそうなんでしょうけど，実際には余裕はないはずです。急激に運転資金の回転率が増加していることは，銀行も気づいていると思います。銀行ごとの残高推移（**図表3－12**）を見ると，虎ノ門銀行と丸の内銀行が突出して残高が多いので，この2行は詳しく調べているでしょうね。

佐藤部長：ここにも，丸の内銀行がいますね。うち（西日本紡績）も対応に苦労しましたね。

中村さん：西日本紡績から債権回収するのに不良債権ファンドを紹介してきたの

は，丸の内銀行の岡本次長じゃなかった？

佐藤部長：そうです。あの時はひどい目に遭いました。

中村さん：ところで，銀行の担保になっている不動産（**図表3－13**）だけど，各行の担保設定状況から交渉できそうかを調べておかないと。登記簿謄本をとるのと物件の所有権・担保権の確認に時間が掛るから，経理部でお願いできますか？

佐藤部長：ちなみに，期限はいつまででしょうか？

中村さん：今日中に……，って言ったら？

【図表3－9：京橋不動産の借入金残高の推移】

(単位：百万円)

科目	X0年度	X1年度	X2年度	X3年度	X4年度	X5年度
短期借入金	5,000	5,000	23,000	22,000	21,000	20,000
長期借入金	2,000	3,000	8,000	7,600	7,300	7,000
合計	7,000	8,000	31,000	29,600	28,300	27,000

【図表3－10：京橋不動産の運転資金の推移】

(単位：百万円)

科目	X0年度	X1年度	X2年度	X3年度	X4年度	X5年度	
受取手形・売掛金	1,000	1,000	2,000	2,500	3,500	4,000	A
販売用不動産	1,000	3,000	15,000	14,000	13,000	12,000	B
商品及び製品	1,000	1,500	2,000	2,500	2,700	3,000	C
原材料及び貯蔵品	1,000	1,000	1,300	1,700	1,900	2,000	D
営業貸付金	1,000	1,000	1,300	1,500	2,500	3,000	E
支払手形・買掛金	1,000	1,000	1,500	2,000	2,500	3,000	F
運転資金	4,000	6,500	20,100	20,200	21,100	21,000	A+B+C+D+E−F

【図表 3 −11：京橋不動産の要償還債務の推移】

(単位：百万円)

項目	X0年度	X1年度	X2年度	X3年度	X4年度	X5年度	
有利子負債	7,000	8,000	31,000	29,600	28,300	27,000	A
運転資金	4,000	6,500	20,100	20,200	21,100	21,000	B
要償還債務	3,000	1,500	10,900	9,400	7,200	6,000	A−B

【図表 3 −12：京橋不動産の借入金の推移】

(単位：百万円)

銀行名	X0年度	X1年度	X2年度	X3年度	X4年度	X5年度
虎ノ門銀行	3,000	3,000	15,000	14,500	13,800	13,000
丸の内銀行	2,000	2,000	13,000	12,100	11,500	11,000
A 銀行	1,000	2,000	2,000	2,000	2,000	2,000
B 銀行	1,000	1,000	1,000	1,000	1,000	1,000
合計	7,000	8,000	31,000	29,600	28,300	27,000

【図表 3 −13：京橋不動産の担保不動産（X5年時点）】

(単位：百万円)

物件	セグメント	土地	建物	合計	備考
天王寺 PJ	不動産業	2,000	4,000	6,000	販売用不動産
京都 PJ	不動産業	1,000	3,000	4,000	販売用不動産
京橋駅前 PJ	建設業	1,000	1,000	2,000	販売用不動産
大阪工場	製造業	2,000	3,000	5,000	
堺倉庫	運送業	1,000	2,000	3,000	
合計		7,000	13,000	20,000	

（1）　第三者対抗要件

　担保を考えるうえで，重要な概念は，「第三者対抗要件」です。

　対抗要件とは，すでに当事者間で成立した法律関係・権利関係（特に権利の変動）を相手方の当事者または第三者に対して対抗（主張）するための法律要件をいいますが，当事者は契約等で担保提供しているわけですから，それほど問題になりません。

　なぜ，「第三者対抗要件」が重要かというと，担保契約の当事者でない者は知らない可能性があるからです。

　たとえば，虎ノ門銀行が京橋不動産の所有する不動産を担保に取っていたとします。その後，京橋不動産は丸の内銀行からの借入の担保として，同じ不動産を担保にしたとすると，二重に担保となっているのですが，虎ノ門銀行も丸の内銀行もお互い自分だけの担保だと思っています。

　丸の内銀行が融資を行う前に，すでに不動産を虎ノ門銀行が担保としていることを知らなかったわけですが，これは知らなかったでは済まされません。

　この場合は，京橋不動産が全面的に悪いのですが，銀行にとってみれば，あってはならないことです。

　さて，この場合の虎ノ門銀行と丸の内銀行が，担保設定に関しては第三者で

【図表3－14：二重担保設定】

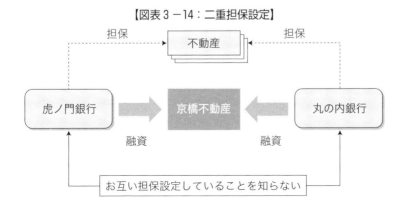

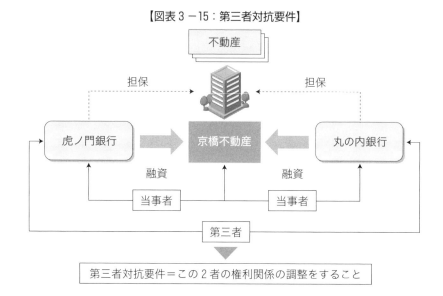

【図表3−15：第三者対抗要件】

第三者対抗要件＝この2者の権利関係の調整をすること

す。第三者対抗要件とは，本件の虎ノ門銀行と丸の内銀行の権利関係をはっき
りさせることです。

逆に言うと，第三者対抗要件が具備されていなければ，別の人に担保に取ら
れてしまっても文句は言えません。

担保設定において最も気を付けないといけない点が，第三者対抗要件です。

（2） 質権，譲渡担保，抵当権

担保権の設定方法には，質権，譲渡担保，抵当権があり，担保設定する資産
に応じて，使い分けます（図表3−16）。

まず，質権は，質権設定契約を締結し，担保対象資産を引き渡すことによっ
て，担保とする方法です。つまり，担保設定において，契約＋現物占有が行わ
れます。

質屋で時計を質入して5万円お金を借りた場合，担保対象資産（時計）は質
屋が保有します。

【図表3－16：対象資産と担保設定方法の例示】

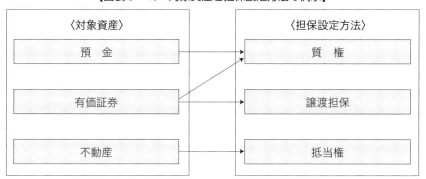

　次に，譲渡担保とは，担保とするために譲渡するというタイプの担保設定方法です。基本的な担保設定方法は，質権とほとんど同じで，契約＋現物占有によって行われます。譲渡という契約方法を採るだけで，質権と実質的にはほとんど違いはありません。

　代表的な譲渡担保は，車の購入時の自動車ローンです。自動車ローンを返済するまで，自動車の所有者は自動車ローンの貸し手になっています。

　仮に，借入した人が，自動車ローンが払えなくなったときは，貸し手は，自動車を売却することによって，自動車ローンの回収を行います。

　抵当権とは，不動産などに特有の担保設定方法です。詳しくは，後ほど説明しますが，不動産に関する権利は登記簿謄本に記載されています。誰が土地（または建物）の所有者か，誰が担保を設定しているか，についてはすべて登記簿謄本を見れば確認できます。

【図表3－17：自動車ローンの譲渡担保】

〈段階〉	〈自動車の所有権〉
自動車をローンで購入	ローン会社
ローンを完済	購入者

　先ほど，担保は第三者対抗要件が重要と説明しましたが，不動産の場合は，登記簿謄本を見れば，誰が所有していて誰が担保設定しているかが一目瞭然です。

　抵当権は，不動産の登記簿謄本に登記することで，担保設定します。

　たとえば，**図表3−18**のように，先に虎ノ門銀行が融資の担保としている不動産がある場合，丸の内銀行は，登記簿謄本を閲覧すれば，対象の不動産がすでに担保設定されているかどうかがわかります。この場合，対象不動産に設定された抵当権の第1順位は虎ノ門銀行です。丸の内銀行は，虎ノ門銀行が担保実行して回収した後に，丸の内銀行の融資金額を回収できるかどうかを判断します。

【図表3−18：不動産の第三者対抗要件】

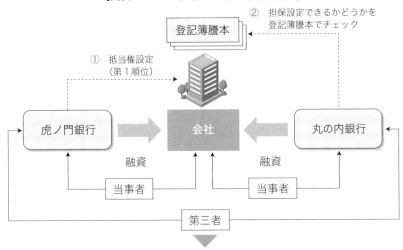

（3）　不動産担保

　不動産は融資の際の担保に用いられる代表的な資産です。再生案件において
は登場する機会も多いでしょうから，不動産担保について説明します。

　不動産担保融資は，土地・建物などの不動産に担保設定して融資を行うもの
で，不動産の売却による処分価値を，会社の信用力の補完として利用します。

　預金担保を除くすべての担保は，評価額の100％を担保価値とすることはあ
りません。不動産担保を設定する場合は，不動産価値を算定し，70％程度の
「掛け目」を掛けた価格を担保価値とします。

　特に大企業が保有する不動産の金額は大きいので「日本の金融＝不動産金
融」と言ってもいいくらい，日本の大企業は不動産を担保にして資金調達して
います。

　ABL（アセット・ベースド・レンディング）として利用される売掛債権や
在庫等の流動資産は，短期間で資金化されてしまいますので，担保債権の資金
回収と返済のタイミング等を細かに設定していかなければいけませんが，不動
産は長期間保有されることが前提ですので，担保設定は一度だけで済みます。
この点からは，担保設定は固定資産ほど楽に行うことができ，担保としては適
していることがわかります。

（4）　不動産登記簿謄本の見方

　登記簿謄本は，不動産の詳細，権利の内容や抵当権の設定状況などの情報が
記載されているので，売買や担保設定を行う前には必ず内容を確認しなければ
いけません。

　不動産登記簿謄本は，土地と建物によって，掲載されている内容が少し違い
ます。土地と建物の登記簿謄本は，それぞれ**図表3－19，3－20**です。

【図表 3 −19：土地の登記簿謄本のサンプル】

○○県○○市○○□丁目□□−□□　　　　　　　　　全部事項証明書　　（土地）

【表題部】（土地の表示）			調製　××年××月××日	地図番号	余白
【不動産番号】	××××××××××××				
【　所　在　】	○○市○○□丁目		余白		
【① 地番】	【②地目】	【　③　地　積　】		【原因及びその日付】	【登記の日付】
××番××	宅地	××××	××	××××番××から分筆	××年××月××日
		××××	××	③錯誤	××年××月××日

【権利部（甲区）】（所有権に関する事項）				
【順位番号】	【登記の目的】	【受付年月日・受付番号】	【原　　因】	【権利者その他の事項】
1	所有者移転	××年××月××日 第××××号	××年××月××日 設定	所有者　○○市○○番地○ ○○○株式会社 順位○番登記を移転

【権利部（乙区）】（所有権以外の権利に関する事項）				
【順位番号】	【登記の目的】	【受付年月日・受付番号】	【原　　因】	【権利者その他の事項】
1	根抵当権設定	××年××月××日 第××××号	××年××月××日 設定	極度額　金○○○○円 債権の範囲　○○○○ 債務者　○○市○○番地○ ○○○株式会社 根抵当権者　○○市○○番地○ ○○○株式会社 共同担保　目録（○）第○○○○号 順位○番の登記を移記

【図表3−20：建物の登記簿謄本のサンプル】

○○県○○市○○□丁目□□−□□　　　　　　　　全部事項証明書　　（建物）

【表題部】（主たる建物の表示）		調製　××年××月××日	所在図番号	余白
【不動産番号】	×××××××××××			
【　所　在　】	○○市○○□丁目○○番地○○	余白		
【家屋番号】	○○○番○○	余白		

【①種類】	【②構造】	【③床面積】㎡		【原因及びその日付】	【登記の日付】
店舗	鉄骨造亜鉛メッキ銅板葺2階建	1階×××	××	××年××月××日新築	余白
		2階×××	××		

【権利部（甲区）】（所有権に関する事項）				
【順位番号】	【登記の目的】	【受付年月日・受付番号】	【原　　因】	【権利者その他の事項】
1	所有権保存	××年××月××日第××××号	余白	所有者　○○市○○番地○○○○株式会社順位○番登記を移転

【権利部（乙区）】（所有権以外の権利に関する事項）				
【順位番号】	【登記の目的】	【受付年月日・受付番号】	【原　　因】	【権利者その他の事項】
1	根抵当権設定	××年××月××日第××××号	××年××月××日設定	極度額　金○○○○円債権の範囲　○○○○債務者　○○市○○番地○○○○株式会社根抵当権者　○○市○○番地○○○○株式会社共同担保　目録（○）第○○○○号順位○番の登記を移記

188

まず，表題部にはその不動産の物理的な状況が記載されます。土地の場合は「所在」,「地番」,「地目」,「地積」が記載されます。また，建物の場合は「所在」,「家屋番号」,「種類」,「構造」,「床面積」が記載されます。

次に甲区には所有権に関する事項が記載されます。甲区の登記には所有権が移転して何名かが所有者として登記されている場合があります。このような場合，以前の所有者は抹消されていなくても一番新しい（最後の記載）所有者が現在の所有者です。

乙区には所有権以外の権利に関する事項が記載されます。代表的な乙区の登記は銀行等の抵当権設定の登記です。その他，所有権以外で登記できるのは，賃借権，地上権，地役権，永小作権等があります。

乙区は表題部や甲区よりも記載が複雑な場合が多いと思います。担保が移転したり，変更したり，順位変更等がなされたりして，現在の権利関係を確認するのが容易ではないケースもあります。

（5）　普通抵当権と根抵当権

抵当権には，「普通抵当権」と「根抵当権」の2種類があります。

「普通抵当権」は，特定の債権の担保として用いられる担保設定方式であり，『XX年X月X日付金銭消費貸借契約に基づく担保』というように，個別債権と紐付いたタイプです。個別の貸付契約（貸付A）に紐付けの担保権なので，その貸付契約以外（貸付B）の担保としては扱われません。

図表3−21は抵当権が設定された登記簿謄本のサンプルです。個別の融資契約の担保であることを示すため債権額や利息などが明記されます。

【図表 3 −21：普通抵当権が設定された登記簿謄本のサンプル】

【権利部（乙区）】（所有権以外の権利に関する事項）				
【順位番号】	【登記の目的】	【受付年月日・受付番号】	【原　　因】	【権利者その他の事項】
1	抵当権設定	××年××月××日第××××号	××年××月××日設定	債権額　金○○○○円 利息　年○．○○○％（年365日日割計算） 損害金　年○○％（年365日日割計算） 債務者　○○市○○番地○○○○株式会社 抵当権者　○○市○○番地○○○○株式会社 共同担保　目録（○）第○○○○号 順位○番の登記を移記

　一方「根抵当権」は，運転資金融資を行っている場合や手形融資を行っている場合など，融資取引が日常的に発生するようなケースを想定した担保設定方法です。『金額 XX までの金銭消費貸借契約に基づく担保』というような個別の貸付契約に紐付けになっていない担保権です。そのため，担保設定時に存在しない貸付金でも金額（極度額）の範囲内であれば担保として有効です。

　図表 3 −22は，根抵当権が設定された場合の登記簿謄本のサンプルです。極度額として担保設定される金額の上限は定めているものの，債権の範囲として記載した取引については，すべて担保として有効です。たとえば，貸付だけではなく，債権の範囲に手形債権と入れておけば，手形取引による保全も可能となります。

190 ●

【図表3－22：根抵当権が設定された登記簿謄本のサンプル】

【権利部（乙区）】（所有権以外の権利に関する事項）				
【順位番号】	【登記の目的】	【受付年月日・受付番号】	【原　　因】	【権利者その他の事項】
1	根抵当権設定	××年××月××日 第××××号	××年××月××日 設定	極度額　金○○○○円 債権の範囲　○○○○ 債務者　○○市○○番地○ ○○○株式会社 根抵当権者　○○市○○番地○ ○○○株式会社 共同担保　目録（○）第○○○○号 順位○番の登記を移記

　このように，「根抵当権」であれば，担保不動産と個別貸付金の関係をいちいち気にしなくてもいいのですが，「普通抵当権」の場合は，個別の貸付金と担保不動産の関係を気にしながら融資を行う必要があります。

（6）　被担保債権額と設定額

　被担保債権額とは，担保の対象となる債権額のことを指します。たとえば，10億円の抵当権が設定されていたとしても，対象となる債権額（貸付金の残高）が5億円の場合，被担保債権額は5億円です。すなわち，被担保債権額は，不動産担保から回収できる最大の金額を指します。

　複数の不動産に抵当権や根抵当権を設定する場合には，共同担保目録が作成されます。貸付の担保に5物件まとめて担保設定したようなケースに利用するもので共同担保目録における番号が同じ場合は，同一の担保権であることを示します。

　たとえば，虎ノ門銀行が1億円の融資の担保として5つの物件に抵当権を設定した場合，5物件の不動産登記簿謄本の乙区には，1億円の抵当権が登記されます。このような場合，虎ノ門銀行が担保不動産から回収できる金額は，1

億円×5物件＝5億円ではなく，担保権としては1つなので，1億円だけです。

　どの担保とどの担保が同じなのかを管理するために共同担保目録が作成され，管理されています。登記簿謄本に共同担保番号が記載されていれば，他の物件にも担保設定しており，それらの担保は同一であることがわかります。

　共同担保目録の様式は，**図表3−23**のようなものです。

【図表3−23：共同担保目録のサンプル】

共同担保目録				
【記号及び番号】	（○）第○○○○号		【　調　　整　】	××年××月××日
番号	担保の目的たる権利の表示	順位番号	予備	
1	○○市○○□丁目△番の土地	3	余白	
2	○○市○○□丁目△番の建物	2	余白	

（7）　担保設定額と不動産保全額

　不動産に抵当権を設定していても，担保不動産に担保余力がなければ，保全されません。また，抵当権・根抵当権の設定順位や共同担保の状況によって，保全額は変動します。ここでは，不動産評価額を利用して，不動産保全額がどのように算定されているかについて，例題を用いて解説します。

例題3−1

　虎ノ門銀行はX社に対して1,600百万円の融資を行っており，丸の内銀行は1,000百万円の融資を行っています。2行はX社の保有物件（下記のA〜C）に担保を設定しており，物件A〜Cの不動産鑑定評価額は以下のとおりです。

　物件A：1,000百万円

　物件B：600百万円

　物件C：500百万円

　虎ノ門銀行と丸の内銀行が物件A〜Cに設定した，抵当権・根抵当権は，**図表3−24**です。この場合，虎ノ門銀行と丸の内銀行の保全額はいくらでしょうか？

【図表3－24：物件評価額と担保設定状況】

（単位：百万円）

物件	評価額	項目	第1順位	第2順位	第3順位	合計
A	1,000	担保権者	虎ノ門銀行	丸の内銀行	虎ノ門銀行	
		抵当権・根抵当権	根抵当権	抵当権	抵当権	
		共同担保番号	1	なし	なし	
		設定額	500	500	300	1,300
物件	評価額	項目	第1順位	第2順位	第3順位	合計
B	600	担保権者	丸の内銀行	虎ノ門銀行	虎ノ門銀行	
		抵当権・根抵当権	根抵当権	根抵当権	抵当権	
		共同担保番号	2	1	なし	
		設定額	500	500	300	1,300
物件	評価額	項目	第1順位	第2順位	第3順位	合計
C	500	担保権者	丸の内銀行	虎ノ門銀行	虎ノ門銀行	
		抵当権・根抵当権	根抵当権	根抵当権	抵当権	
		共同担保番号	2	1	なし	
		設定額	500	500	500	1,500

解答

虎ノ門銀行：1,100百万円

丸の内銀行：1,000百万円

解説

　不動産の担保評価を行う際には，下記の2点に留意して，不動産保全額を計算する必要があります。

- 抵当権・根抵当権の区別
- 共同担保目録の有無

　担保設定の件数が多く，権利内容が複雑になってくると，保全額の計算が難

しくなります。ここでは，物件 A，物件 B，物件 C の順番に不動産保全額の計算を説明します。

①　物件 A の保全額の計算

まず，物件 A の評価額1,000百万円に対して，合計で1,300百万円の抵当権が設定されています。

担保設定順位の１番から優先的に充当するため，物件 A の場合は，

- 第１順位の虎ノ門銀行（500百万円の根抵当権）が500百万円を保全
- 第２順位の丸の内銀行（500百万円の抵当権）が500百万円を保全

この２つの担保で，評価額1,000百万円の全額の保全が行われたため，第3順位の虎ノ門銀行（300百万円の抵当権）の取り分（保全額）はゼロです。担保権の状況と保全額を示したのが図表3－25です。

【図表3－25：物件 A の不動産保全額の計算】

（単位：百万円）

物件	評価額	項目	第１順位	第２順位	第３順位	合計
A	1,000	担保権者	虎ノ門銀行	丸の内銀行	虎ノ門銀行	
		抵当権・根抵当権	根抵当権	抵当権	抵当権	
		共同担保番号	1	なし	なし	
		設定額	500	500	300	1,300
		保全額	500	500	0	1,000

なお，虎ノ門銀行は，第１順位として500万円の根抵当権（共同担保番号１）を設定しており，極度額の全額を保全しました。よって，この根抵当権（共同担保番号１）は，これ以上の回収を行うことはできません。

第２順位の丸の内銀行は，抵当権で共同担保ではありません。すなわち，丸

の内銀行の物件Aの保全額は，他の物件の取り分（保全額）に影響を与えません。

②　物件Bの保全額の計算

　物件Aで説明した方法で，物件Bの保全額を計算してみましょう。物件Bに設定された担保権と保全額を計算したのが図表3－26です。

【図表3－26：物件Bの不動産保全額の計算】

（単位：百万円）

物件	評価額	項目	第1順位	第2順位	第3順位	合計
B	600	担保権者	丸の内銀行	虎ノ門銀行	虎ノ門銀行	
		抵当権・根抵当権	根抵当権	根抵当権	抵当権	
		共同担保番号	2	1	なし	
		設定額	500	500	300	1,300
		保全額	500	0	100	600

　まず，物件Bの評価額は600百万円なので，第1順位の丸の内銀行（500百万円の抵当権）が500百万円を保全します。

　次に，第2順位の虎ノ門銀行（500百万円の根抵当権）に余剰分100百万円が回ります。この根抵当権（共同担保番号1）はすでに物件Aで極度額500百万円全額を保全しているため，第2順位の虎ノ門銀行（500百万円の根抵当権）は保全額がゼロです。

　よって，第3順位の虎ノ門銀行（300百万円の抵当権）が余剰額100百万円を保全します。

　ここで，丸の内銀行が設定している極度額500百万円の根抵当権（共同担保番号2）は極度額500百万円の全額を回収しました。よって，共同担保番号2の根抵当権は，これ以上の回収はできません。

③　物件Cの保全額の計算

次に，物件Cの保全額の計算を行います。物件Cに設定された担保権と保全額を計算した結果は**図表3−27**です。

【図表3−27：物件Cの不動産保全額の計算】

(単位：百万円)

物件	評価額	項目	第1順位	第2順位	第3順位	合計
C	500	担保権者	丸の内銀行	虎ノ門銀行	虎ノ門銀行	
		抵当権・根抵当権	根抵当権	根抵当権	抵当権	
		共同担保番号	2	1	なし	
		設定額	500	500	500	1,500
		保全額	0	0	500	500

物件Cの評価額は，500百万円です。第1順位の丸の内銀行（500百万円の根抵当権，共同担保番号2）は，物件Bで全額を保全しているため，物件Cの保全額はゼロです。

同様に，第2順位の虎ノ門銀行（500百万円の根抵当権，共同担保番号1）についても，物件Aで全額を保全しているため，物件Cの保全額はゼロです。

よって，第3順位の虎ノ門銀行（500百万円の抵当権）のみに回収余力が発生するので，物件Cの保全額は，虎ノ門銀行の担保設定金額である500百万円です。

④　保全額の集計

物件A〜Cに設定した担保権の不動産保全額を担保権者（銀行）ごとに要約したのが**図表3−28**です。

【図表3－28：各担保権から発生する不動産保全額】

(単位：百万円)

担保権者	担保権	共同担保番号	設定額	A	B	C	合計
				保全額			
虎ノ門銀行	根抵当権	1	500	500			500
	抵当権	なし	300				0
	抵当権	なし	300		100		100
	抵当権	なし	500			500	500
		小計	1,600	500	100	500	1,100
丸の内銀行	抵当権	なし	500	500			500
	根抵当権	2	500		500		500
		小計	1,000	500	500	0	1,000
	計		2,600	1,000	600	500	2,100

　各行の保全額は，虎ノ門銀行が1,100百万円，丸の内銀行が1,000百万円と計算できました。

　担保権者ごとの債権額，設定額，保全額と保全率を集計したのが**図表3－29**です。丸の内銀行は債権額の100％を保全できているのに対して，虎ノ門銀行の保全額は債権額の69％です。

【図表3－29：各銀行の不動産保全額の合計】

(単位：百万円)

担保権者	債権額（A）	設定額	保全額（B）	保全率（B/A）
虎ノ門銀行	1,600	1,600	1,100	69％
丸の内銀行	1,000	1,000	1,000	100％
合計	2,600	2,600	2,100	－

※債権額と設定額は同額と仮定している。

　債権額や設定額がいくら大きくても，担保設定順位や担保設定方法によって，保全額に差が生じることがわかると思います。

（8）　別除権

　法的整理（特に破産）において担保や保証は別除権として扱われます。聞き慣れない用語なのでここで説明します。別除権は，破産手続の際に，破産債権者よりも先に債権の返済を受けることができる権利です。

　再生の過程では，弁済が可能な金額を計算して，最終的に債権者に返済すべき金額を確定します。ただし，不動産の担保設定をしている銀行が，その担保不動産からの回収ができないとすると，担保という行為自体が否定されてしまいます。

　会社を清算する際には，残余財産（保有する資産の時価）から優先的な債権（別除権や優先債権）に支払い，その残余を一般債権者に按分して支払います。簡単な例を使って説明します。

　たとえば，破産を行うA社は**図表3－30**の状況です。

【図表3－30：A社の債務の状況】

残余財産	100
B社への債務	150 うち，担保不動産の時価：50
C社への債務	300（担保なし）
税金滞納	10

　A社はB社に対して150の債務があり，債務の担保として不動産（時価50）に抵当権を設定しています。また，C社に対する300の債務には担保の設定は行っていません。その他，税金の滞納が10あります。

　債権には，別除権，優先債権，一般債権という種類があります。別除権が抵当権などの担保設定している債権です。税金や労働債権などは優先債権として扱われます。別除権，優先債権以外が，一般債権です。

　B社は別除権を有していますが，担保不動産の時価が50しかないため，債務

150のうち100は一般債権です。これらを基にして，清算配当を計算したものが，図表3－31です。

【図表3－31：清算配当のイメージ】

項　目	金　額	計算式
保有資産の時価（残余財産）	100	A
別除権（抵当権）	50	B
優先債権（税金）	10	C
一般債権配当可能額	40	D＝A－B－C
一般債権の額	400	E
清算配当率	10%	D/E

　B社は別除権として優先的に50の弁済を受けることができますが，一般債権として扱われる100に関しては，10％の弁済しか受けることができません。

　C社は全額一般債権なので，債権額総額の10％の弁済を受けます。

　国税は，優先債権なので，全額弁済を受けます。

　これらを集計した各債権者への弁済額は，図表3－32です。B社は半分以上の債権をカットされたものの，別除権として弁済を受けることができたので40％の弁済率です。C社は一般債権しか有していないため，10％の弁済率です。

【図表3－32：各債権者への弁済額】

相手先	債権額	別除権	優先債権	一般債権	弁済額合計	弁済率
B社	150	50		10	60	40%
C社	300			30	30	10%
税務署	10		10		10	100%
合計	460	50	10	40	100	22%

　もともとの債権額は，B社よりもC社のほうが多いものの，最終的な弁済額は，B社のほうが上回っています。

　理由は明らかですが，B社は不動産に担保設定していたからです。

　再生の過程では，いかにして優先弁済される権利を確保するかということが重要になります。

4．業種による特性

　企業再生を行うにあたっては，ある程度の前提知識が必要になります。やる気と根性だけでは，再生はできません。

　ここでは，企業再生に必要な業種別の特性について解説します。

（1）　製造業

❖ ❖ ❖

　西日本紡績の中村さんは，京橋不動産の製造業の原価管理について検討しています。京橋不動産の製造業はセメント系材料を製造販売しています。

中村さん：京橋不動産の製造原価報告書を見ているんだけど，期末材料（1,000百万円）が材料仕入（2,000百万円）の50％もあるから，在庫が滞留してそう。期末仕掛品（1,000百万円）も製造原価（3,000百万円）と比較しても大きいけど，ちゃんと原価管理できていないのかな？

佐藤部長：生産管理は社内に専門の人がいないと難しいです。

中村さん：そういえば，京橋不動産の主要材料は西日本紡績で利用している材料と同じものが含まれているようです。このリスト（**図表3－34**）のTC-02とTC-03がそれですけど，うちの仕入単価ってわかりますか？

佐藤部長：西日本紡績の製造部門の資料をみるとTC-02が450円/m^3，TC-03が640円/m^3です。京橋不動産のほうが高いですね。

中村さん：在庫は1～2カ月分（100～200m^3）あれば十分だから，TC-02の場合は仕入単価と仕入数量を調整すれば285百万円の削減ができて（**図表3－35**），TC-03も188百万円の削減ができそう（**図表3－36**）。かな

り原価低減できそうね。

佐藤部長：在庫が滞留しているということは稼働率も高くはなさそうなので，業
務を効率化すれば，さらに原価改善はできそうです。

中村さん：そういう意味では，京橋不動産の製造業は西日本紡績とシナジーがあ
りそうですね。

【図表3－33：京橋不動産の製造原価報告書】

(単位：百万円)

	科目	金額
Ⅰ．材料費	①期首材料棚卸高	500
	②当期材料仕入高	2,000
	③期末材料棚卸高	1,000
	当期材料費（①+②-③）	1,500
Ⅱ．労務費	当期労務費	1,000
Ⅲ．経費	当期経費	1,000
1．当期製造総費用（Ⅰ+Ⅱ+Ⅲ）		3,500
2．期首仕掛品棚卸高		500
3．期末仕掛品棚卸高		1,000
当期製品製造原価（1+2-3）		3,000

【図表3－34：京橋不動産の主要材料】

材料名	平均単価 (円/m³)	仕入数量 (千m³)	仕入価格 (百万円)	期末残量 (千m³)	期末残高 (百万円)
TC-01	600	1,000	600	500	300
TC-02	500	1,200	600	700	350
TC-03	700	1,000	700	400	280
その他			100		70
		計	2,000	計	1,000

【図表 3 −35：京橋不動産の TC-02の削減可能額】

材料名	会社名	平均単価 （円/m³）	仕入数量 （千 m³）	仕入価格 （百万円）	
TC-02	京橋不動産	500	1,200	600	A
TC-02	西日本紡績	450	700	315	B
			差異	285	A−B

【図表 3 −36：京橋不動産の TC-03の削減可能額】

材料名	会社名	平均単価 （円/m³）	仕入数量 （千 m³）	仕入価格 （百万円）	
TC-03	京橋不動産	700	1,000	700	A
TC-03	西日本紡績	640	800	512	B
			差異	188	A−B

＊ ◆ ＊

　ここでは，製造業の特徴をいくつか説明します。まず，原価計算は製造業特有のものでしょう。製造業の事業再生を行う際には理解しておく必要があるので，はじめに説明します。

①　原価計算

　製造業においては，製品原価を計算するために製造原価報告書を作成します。製造原価報告書が正式な決算書として使用されているかどうかはともかく，損益計算書を作成するためには必要な財務書類です。

　まず，損益計算書と製造原価報告書の関係を示したのが**図表 3 −37**です。製造業の損益計算書では，売上原価の内訳の当期製品製造原価が製造原価報告書の計算対象です。企業が作成する決算書の全体からすると，ごくわずかな部分を計算していると思うかもしれません。

【図表3－37：損益計算書と製造原価報告書の関係】

【図表3－38：製造原価報告書と損益計算書のイメージ】

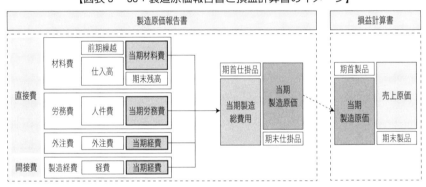

　製造原価報告書は，製造業特有の財務書類なので少し癖があります。会話文中の図表3－33が製造原価報告書で，計算のイメージを可視化したものが**図表3－38**です。製造原価は材料費，労務費（人件費），外注費，経費から構成されます。労務費（人件費），外注費，経費は発生額が当期製造費用となり，材料費は使用した分が当期製造費用に計上されます。

　材料費は，前期からの繰越在庫と当期仕入から期末在庫を控除して計算します。会社は使用量を把握していますが，使用量から製造原価を計算することはしません。理由は，紛失などによって，必ずと言っていいほど，使用した分との差が出るからです。すなわち，当期材料費を直接計算するということはなく，下記の差引計算で当期費用相当額を計算するのが特徴です。

当期材料費＝前期在庫＋当期仕入－期末在庫

当期製造原価は完成品の原価なので，製造中の製品（仕掛品）は含まれません。当期製造原価は下記の差引計算で算定します。

当期製造原価＝前期仕掛品＋当期製造総費用－期末仕掛品

さらに，製造原価報告書で計算された当期製造原価は，損益計算書における売上原価の計算に利用されます。この場合も同様に，売上原価は販売された製品（または商品）なので，売れ残り（在庫）は含まれません。よって，売上原価は下記の差引計算で算定します。

売上原価＝前期製品＋当期製造原価－期末製品

なお，製品の製造に係る費用（製造原価）と製品販売において発生する費用（販売費）はそれぞれ以下のようなものです。人件費のうち，直接製造に関わる人員の人件費は労務費として製造原価に計上されます。製造に関わらない人員の人件費は販売費に計上されます。

〈製造原価〉
① 材料費：製品の原料の仕入金額
② 労務費：製品の製造における人件費
③ 製造経費：製品の製造に掛かる家賃，電気代などの経費
④ 外注費：外部委託先への加工賃などの支払い
〈販売費〉
⑤ 運送費：製造した製品の運搬コスト
⑥ 人件費：製造に関係しない販売の際の人件費

実際に製品を製造，販売するには販売費も含めたコストが発生するので，図表 3 －39が製品販売における総コストといえるでしょう。

【図表3−39：製品販売における総コストの内訳】

製造原価
①材料費
②労務費
③製造経費
④外注費

＋

販売費
⑤運送費
⑥人件費

＝

製品コスト

　原価計算は，製造業にとって生命線とも言えるものです。製造業は，1つひとつの販売単価は小さく，大量の生産と販売によって成立しています。大量生産・大量販売においては，価格設定を少しでも間違うと，致命的な損害が発生します。原価計算をどれだけ正確に実施できるか，有効利用できるかによって，企業の業績は大きく影響を受けます。

②　事業環境

　会社の事業は成長期には売上高が2倍，3倍と増加しますが，成熟期・衰退期においては大幅に増加することは見込めません。会社の競争力を高めるためには，成熟期のキャッシュ・フローを利用して新しい製品を育てていく必要があります。プロダクトサイクルの箇所で説明したとおりです。

　成熟期・衰退期においては競争環境が厳しく，販売価格は徐々に低下していきます。たとえば，技術革新によって新製品が発売されると，既存商品の販売価格は下がります。

　製造業はある時期（成長期）までは販売単価を維持できますが，成熟期以降は同業他社との激しい価格競争・数量競争に突入します。事業再生の対象となる企業は主に衰退期の企業のため，まさに厳しい競争環境で利益を確保していく必要があるのです。

　成熟期・衰退期の製品のみを抱える企業を再生するためには，販売価格が減少する状況で利益を上げるために製造原価を削減する必要があります。

　すなわち，再生対象となる製造業企業の事業環境は，売上の現状維持または

減少を前提とした収益向上策＝原価計算の精緻化と言えるでしょう。

　以上から，製造業の特徴は以下のとおりです。

〈製造業の特徴〉
- 成熟期・衰退期においては価格上昇が見込みにくい
- 企業を成長させるためには新規製品の開発が必要
- 収益向上は原価計算を精緻化できなければ難しい

（2）　サービス業

　サービス業といってもいろんな職種があります。ここでは話を単純化するために，不動産仲介業の会社を例にします。

　不動産仲介業は，ほとんど元手が必要ありません。不動産仲介業を始める場合，許認可などを無視すると，オフィスを借りる敷金，オフィス家具の購入資金しかいりません。サービス業は参入障壁が低いのが特徴です。資産を基本的に保有しないため借入も必要ありません。

　不動産仲介業で必要な費用は「人件費」と「家賃」しかありません。売上から，給与を払って，家賃を支払うだけです。不動産仲介業は，物件の申込みがあって，現地に案内して，契約が成立すれば売上が発生します。

　不動産仲介業の売上高を単純化したのが**図表3−40**です。

【図表3−40：不動産仲介業の売上高】

　不動産仲介（賃貸仲介）のビジネスモデルを理解するために例題で説明します。

206

例題 3 － 2

A 社は下記のような営業状況です。A 社の 1 カ月の売上高を計算しなさい。

● 従業員数：3 名
● 営業日数：20日/月
● 1日・1人当りの平均内覧数：5件/人・日
● 1件当りの平均手数料単価：10万円/件
● 契約の成約率：20%

600万円

A 社の売上高は下記で計算します。

売上高（月額）＝ 3 名×20日/月×5 件/人・日×10万円×20%
　　　　　　　＝600万円

A 社のビジネスモデルは，従業員数などの変数の組合せです。それでは，A 社の売上高を増加するためにはどうすればよいでしょうか？

A 社のビジネスモデルにおける変動要素は**図表 3 －41**の 5 つです。

まず，「1．従業員数」は採用によって増加させることが可能です。「2．営業日数」は労働基準法による法定休日（週 1 日）や所定休日によって，週休 2

【図表 3 －41：A 社の売上増加策】

#	項目	内容
1	従業員数	従業員数を増加する
2	営業日数	1 カ月の営業日数を増やす
3	内覧数	1 日当りの内覧数を増やす
4	手数料（報酬）	高価格物件の取扱い件数を増やす
5	成約率	成約率を高めるために営業スキルを磨く

日を採用している企業が多いため，増加させるのは難しいでしょう。休日を減らすと採用にも大きく影響します。「3．内覧数」は，VR 内覧などを取り入れることにより増加させることができる可能性はあります。「4．手数料（報酬）」については，高級物件の取扱いを増やす，または売買仲介に業務を広げれば高くできる可能性があります。「5．成約率」は新規採用を増やせば下がる可能性もあるため，大幅に増加が見込めるわけではありません。

　このため，A 社が改善できそうな変動要素は「1．従業員数」,「3．内覧数」,「4．手数料（報酬）」の辺りになるでしょう。

　例題 3 − 3

　A 社は新規採用により従業員数が10名に増加しました。他の変動要素は例題 1 と同じ場合，A 社の 1 カ月の売上高を計算しなさい。

解答

2,000万円

解説

従業員数増加後の A 社の売上高は下記で計算します。

　売上高（月額）＝10名×20日/月× 5 件/人・日×10万円×20%
　　　　　　　　＝2,000万円

　A 社は従業員数を 3 名から10名に増加させることにより，売上高（月額）を600万円から2,000万円に増加させることができました。

　次に，システムのメンテナンスをしている B 社を例に説明します。

　例題 3 − 4

　システムのメンテナンスをしている B 社は下記のような営業状況です。B 社の 1 カ月の売上高を計算しなさい。なお，B 社の売上高は図表 3 −42の要素で構成されています。

- 従業員数：5名
- 稼働日数：20日/月
- 1人当りの1日当り報酬額：10万円/人・日

【図表3－42：システム・メンテナンス会社の売上高】

| 売上高 | = | 従業員数 | × | 稼働日数 | × | 報酬単価 |

解答

1,000万円

解説

B社の売上高は下記で計算します。

売上高（月額）＝5名×20日/月×10万円/人・日
　　　　　　　＝1,000万円

B社のビジネスモデルは，A社と似ており従業員数などの変数の組合せです。

サービス業のビジネスモデルは，人数・報酬単価・稼働日数（時間）などの組合せであるため，収益構造を理解することが重要なのです。

なお，サービス業は基本的に有利子負債を有していないため，再生が必要な場合は赤字（キャッシュ・フローがマイナス）の状況です。

いくつかの変動要素を検討することで収益改善できる場合もありますが，収益改善が困難な場合は事業継続をすべきではありません。そういう意味では，収益採算がとれない場合は，諦めが肝心な業種とも言えるでしょう。

以上から，サービス業の特徴は以下のとおりです。

〈サービス業の特徴〉
- 運転資金や設備投資がほとんど不要なため，有利子負債がない。
- 収益構造は人数・報酬単価・稼働日数（時間）などの組合せで構成される。
- 収益採算がとれない場合，再生することは困難。

（3）　建設業

＊　◆　＊

　西日本紡績の中村さんは京橋不動産の建設業の内容を確認するために，野村社長に電話しました。

中村さん：この前いただいたセグメント情報の中で，建設業の会計処理について確認したい点があるのですが。販売用不動産が直近で20億円計上されていますが，これはすでに完成したものですか？

野村社長：それは京橋駅前ビルなので，前期末時点では未完成です。社内では，建設部門は不動産部門の下請けのように扱っているので，不動産部門が完成品を計上していて，建設部門が未完成のものを計上するということにしています。

中村さん：じゃあ，正確には契約資産（一定の期間にわたり充足される履行義務の進捗により収益計上された金額）ということですね。ちなみに，この工事はすでに完了しましたか？

野村社長：その物件は先月完成したので今月から販売を開始しました。土地の仕入から完成までに6カ月かかったので，前期決算では建設中の在庫として計上されていました。

中村さん：建設業は工場の期間が長いから，それなりに運転資金がかかりますね。

＊　◆　＊

　建設業は製造業とほとんど同じコスト構造です。戸建，ビル，道路工事などの建設業務を受注して，建設を行うため下記の費用が発生します。

- 材料費
- 人件費
- 製造経費

　一般的な製造業と異なる点は，完成までの期間が長い点です。

　製造業の場合は，材料の仕入から売掛金の回収までの運転資金が必要ですが，建設業の場合は工事の完成までの期間が長いので製造業よりも長期間の運転資金が必要になるのです。

　単純な比較ですが，業種ごとの運転資金を比較したものが**図表3－43**です。

【図表3－43：業種ごとの運転資金の比較】

業　種	運転資金	
サービス業 ホテル・旅館業	必要なし（現金商売の場合）	短い
製造業	2～3カ月程度	↕
建設業	6カ月程度	長い

　建設業の場合，建設する規模や発注者によって大きな差が生じます。たとえば，官公庁向けの売上がメインの建設業者は，予算の関係で3月前後に納期と決済が集中するため長期の運転資金が必要です。

　仮に，年1回しか決済されないとすると，1年間分の運転資金が必要です。たとえば，年間の材料費5億円，人件費5億円の場合，そのコストが1年間回収できないので10億円の運転資金が必要です。

　売上が増加すればするほど，追加の運転資金が必要となるので，突発的な受注には注意が必要です。

　加えて，建設業は，地方自治体の年度予算によって，大きく受注額が増減するため，自社で売上高をコントロールすることが難しいのも特徴です。

〈建設業の特徴〉
- 他の業種と比較すると運転資金の負担が大きい
- 急激な受注で売上が増えると，資金ショートする可能性がある
- 地方自治体からの受注が主な場合，自社で売上高をコントロールすることが難しい

（4）　ホテル・旅館業

　ホテルや旅館の再生が必要な場合は，ほぼ間違いなく有利子負債が多過ぎて借入過多になっているケースです。新館を増築したときの借入や，建設時の借入が大きすぎて事業から発生するキャッシュ・フローで借入返済が不能になっています。ホテルや旅館は，建設時の事業計画を間違えると，取り返しがつきません。

　たとえば，客室が30室，宿泊料金が1室1万円の場合，1日の宿泊売上は最大30万円です。1カ月30日間満室だったとしても売上高は最大で900万円，年間10,800万円です。

　ホテルや旅館は，利益率がそれほど高くありません。仮に償却前利益率が20％の場合は償却前税引前利益が2,160万円です。

【図表3−44：旅館・ホテルの収益構造】

　5億円の借入でホテルを建設した場合，返済までに5億円÷2,160万円＝23年かかります（減価償却費の計上によって法人税等がゼロの場合）。

　これは，ホテルが100％満室稼働した場合の話で，普通はそこまで順調に稼働するわけがありません。仮に80％の稼働の場合は返済までに29年かかります。

　5億円の建設資金を約30年かかって返済しても，築30年となったホテルは，大掛かりな補修（大規模修繕）が必要なので，追加の借入が必要です。

　仮に，収益が上ブレする可能性があるとすると，宴会などの飲食部分だけです。ホテルや旅館の再生が難しいのは，収益の上限があるなかで，その収益が下落するリスクを吸収していく必要がある点です。

　また，ホテルや旅館は，不動産である点もリスク要因です。たとえば，観光地にあるホテルは，その観光地自体の人気が落ちると集客能力も落ちてしまい

ます。そのホテルがいくら良い接客，良い料理を提供したとしても，集客への影響は観光地の人気という外的な要因のほうが大きいのです。

　以上からホテル・旅館業の特徴は以下のとおりです。

〈ホテル・旅館業の特性〉

- 過度な借入によって借入金返済が困難になるケースが多い
- 不動産であるため，別の場所で事業ができない
- 部屋数が限られるため，売上の増加には限界がある
- 売上を増加するためには，宴会などの部屋数に依存しない部分が必要

（5）　不動産賃貸業

　不動産賃貸業は不動産を取得して他人（他社）に賃貸します。ここでは不動産賃貸業の特徴を説明します。

①　不動産賃貸業の保有する資産タイプ

　不動産賃貸業は，オフィスビル，レジデンスなど，さまざまなタイプの不動産を投資対象にします。ここでは，そのタイプごとの特徴について説明します。なお，不動産評価において，種類というと，「種別」と「類型」のことを指すので，ここではタイプという表現を使用します。

　不動産投資家の投資対象は，従来は，オフィスビル，レジデンスがほとんどでした。近年は，ホテル，商業施設，物流施設，ヘルスケア施設，データセンター，太陽光発電所など（ここでは便宜上，「代替不動産」と記載します）に投資対象が拡大しています。

　代替不動産は，以前は自社利用する会社が事業用不動産（オペレーショナル・アセット）として保有するか，一部のプロ投資家が保有するケースに限られており，一般投資家の投資対象ではありませんでした。

　その後，投資家のニーズが多様化し，オペレータの資金調達ニーズが高まっ

たことから，現在では代替不動産を投資対象とする私募ファンドやJ-REITも多数存在しています。代替不動産を投資対象とする私募ファンドやJ-REITが増加したことから，不動産賃貸業，金融機関，一般投資家にも代替不動産が投資対象になってきたように感じます。

　ただし，代替不動産は，伝統的な不動産投資とは性質が異なる場合があり，その特徴を正しく理解しておくことが必要です。ここでは，伝統的な不動産と代替不動産を比較しながら説明します。

　まず，各不動産タイプの特徴を比較したのが，**図表3－45**です。ここでは説明の都合上，運営者（オペレータ）ではなく物件所有者を前提に特徴を記載しています。

　まず，エリアに関しては，大型オフィスビルが，最も狭い範囲に存在します。小型のオフィスビルは全国にありますが，プロ投資家の投資対象は三大都市圏（東京，大阪，名古屋）の中心部にしかありません。レジデンスやヘルスケア施設は，全国どこでも人が住む地域であれば投資対象となりますが，オフィスビル，ホテル，物流施設などは条件のあう場所でなければ投資対象となりません。

　事業用物件（商業施設，ホテル，ヘルスケア施設，データセンター，太陽光発電施設）は，運営会社でない限り，運営者（オペレータ）に賃貸するため，テナント（借り手）は，概ね1社のみです。このため，物件の賃料収入の安定性はオペレータに依存し，物件保有者はオペレータの事業運営リスクを抱えることになります。

　賃料体系は，事業用物件のうちテナント売上の変動（季節変動など）があるホテル，商業施設，太陽光発電施設については，固定賃料に加えて変動賃料が設定されるケースがあります。これは，テナントは，売上が多い時期は多く賃料を払うことができるものの，売上が少ない時期は賃料負担がきつくなるためです。テナント側からすると収益連動で賃料を支払うことができるため，変動賃料を採用するメリットがあります。変動賃料を採用している物件保有者が注

【図表３−45：不動産のタイプごとの特徴】

タイプ	エリア	規模	物件数	テナント数	賃料体系
オフィスビル（大型）	大都市圏	大きい	少ない	少ない	固定
レジデンス	全国どこでも	物件による（小～大）	多い	多い	固定
ホテル	主要駅の駅前	大きい	少ない	オペレータ１社のみ	固定＋変動
商業施設	全国どこでも	大きい	少ない	オペレータ１社のみ	固定＋変動
物流施設	大都市圏周辺にアクセス可能な場所	大きい	少ない	少ない	固定
データセンター	全国どこでも	大きい	少ない	１社のみ	固定
ヘルスケア施設	全国どこでも	物件による（小～大）	少ない	オペレータ１社のみ	固定
太陽光発電所	郊外	大きい	少ない	オペレータ１社のみ	固定＋変動

意しないといけないのは，テナントの変動賃料が発生しなくなる時期（不況時など）には，賃料収入が急激に減少する点です。このような時期（不況時など）には，投資家の期待物件利回りが上昇するため，物件価値（純収益÷還元利回り）が急激に下落します。

　変動賃料を採用する場合，景気変動による物件価値の変動が，他の不動産よりも大きくなることに留意しておく必要があります。

　不動産にはさまざまな物件タイプがあり，どの不動産を保有しているかによって不動産賃貸業の事業リスクが異なります。不動産賃貸業を理解するためには，不動産のタイプとその特徴を理解しておくことが必要です。

②　不動産賃貸業の実質純資産

　不動産にはさまざまなタイプがあり，不動産のタイプによって投資家の期待利回りが異なります。また，不動産の所在地によっても投資家の期待利回りが異なります。

　投資利回りは，経済環境，物件のグレードや状態によって変動します。オフィスビルの所在地による利回りの差を例示したのが**図表3−46**です。

【図表3−46：不動産の所在地による利回りの差】

所在地	物件利回り
都心	3〜5％
大都市圏	4〜6％
地方都市	5〜10％

※筆者の主観で作成しているため，必ずしも上記の範囲内に収まるわけではありません。

　不動産賃貸業が保有するのは収益物件（賃貸によって賃料を得る不動産物件）なので，収益還元法（下式）で価格を計算します。

　不動産価格＝純収益÷還元利回り

　ここで，不動産評価に利用する純収益は，運営純収益（NOI：Net Operation Income）と純収益（NCF：Net Cash Flow）の2種類があります。不動産鑑定評価で使用するのは純収益（NCF）ですが，実務では運営純収益（NOI）を使用するケースが多いです。

　また，還元利回りは，一般的にキャップレート（CR：Cap Rate）といいます。純収益が2種類（NOIとNCF）あるので，CRも2種類（NOIベースのCRとNCFベースのCR）あります。

　不動産賃貸業の保有資産は不動産なので，不動産価格が変動すると影響を受けます。例題を通じて説明します。

例題 3 - 5

　A社はオフィスビルの取得を検討しています。物件の NOI は100百万円で，投資家が期待する還元利回りは 4 ％です。A社はいくらで購入できるでしょうか？

解答

　2,500百万円（＝100百万円÷ 4 ％）

　簡単な割り算で価格が計算できました。不動産の実務は，この単純な計算方法で回っています。

　さて，A社がオフィスビルを購入した時の金利（ここでは，10年国債金利）は0.5％でしたが，購入から 5 年後に金利が 2 ％に上昇しました。金利変動を前提に，次の例題に移ります。

例題 3 - 6

　A社は 5 年前に2,500百万円で取得したオフィスビルの売却を検討しています。物件の NOI は100百万円で，投資家が期待する還元利回りは 5 ％です。A社はいくらで売却できるでしょうか？

解答

　2,000百万円（＝100百万円÷ 5 ％）

解説

　計算方法は例題 3 - 5 と同じです。例題 3 - 5 と例題 3 - 6 は，NOI は同額ですが，還元利回りが 4 ％から 5 ％に上昇しています。還元利回りの上昇によって評価額は500万円（2,000百万円－2,500百万円）減少しました。

　不動産の収益状況は特に変化していませんが，金利水準が変わったために不動産価格が20％下落（（2,000－2,500）÷2,500）したのです。不動産賃貸業の場合は保有期間が長いので，こういう状況も起こりえます。

　金利水準が上昇するとキャップレートも上昇しますが，上昇した金利幅と同

じだけキャップレートも上昇するわけではありません。金利変動はキャップ
レートに影響するものの，キャップレートの変動幅のほうが金利変動幅よりも
小さいのが特徴です。

次の例題に移ります。

例題3－7

A社の会計上の純資産額は100百万円で，保有するオフィスビルの帳簿価額は
2,500百万円です。物件のNOIは100百万円で，投資家が期待する還元利回りは5％
とします。

虎ノ門銀行は自己査定で実質純資産額（時価評価ベースの純資産額）を算定す
る必要があります。A社の実質純資産額はいくらでしょうか？

 解答

－400百万円（＝100百万円－500百万円（2,000百万円－2,500百万円））

解説

A社がオフィスビルをいつ購入したかは定かではありませんが，NOI100百
万円，キャップレート5％で評価を行うと－500百万円の評価損が発生します。
会計上の純資産が100百万円なので，－400百万円の実質債務超過（純資産がマ
イナスの状態）になりました。

このように，保有する不動産の金額が大きい不動産賃貸業は，金利変動や景
気変動によってキャップレートが変動し，実質純資産額に大きな影響を与える
のです。

③　不動産賃貸業の債務返済年数

収益物件の利回りは，図表3－46に示したように都市部のオフィスビルであ
れば概ね3％～6％の水準です。すなわち，CR3％の物件の投資金額を回収
するためには約33年必要で，CR6％の物件でも約17年必要です。

CR 3 ％の投資回収年数＝ 1 ÷ 3 ％＝33.333……年

CR 6 ％の投資回収年数＝ 1 ÷ 6 ％＝16.666……年

　ただし，この年数を計算する NOI には，支払利息（借入金利息）や法人税
等の支払額は含まれていません。不動産賃貸業がフル・エクイティ（投資金額
の100％を手許資金で賄う場合）で物件を購入するのは想定しづらいので，
LTV（Loan to Value：物件価格に占める借入金比率）ごとに，借入金利息と
CR によって借入金の返済年数がどのように推移するかを試算します。

　ここでは，CR を 3 ％・ 5 ％・ 7 ％・10％とし，借入金金利を 1 ％・ 2 ％・
3 ％・ 4 ％・ 5 ％，LTV を50％・70％・100％とした場合の債務返済年数を計
算します。

　まず，LTV100％（投資金額のすべてを借入で賄ったケース）を計算したのが，
図表 3 −47です。たとえば，購入代金の全額を借入（LTV100％）で CR 3 ％
の物件を購入した場合，借入金金利が 1 ％の場合は債務返済年数が41年，借入
金金利が 2 ％の場合は56年です。CR 3 ％の物件の債務返済年数は40年超とな
り，購入後の大規模修繕などの CAPEX（資本的支出）を考慮すると，収益償
還（物件から発生するキャッシュ・フローで借入金を完済すること）するのは
現実的ではありません。

【図表 3 −47：LTV100％の債務返済年数】

（単位：年）

金利	CR			
	3 %	5 %	7 %	10%
1 %	41	23	16	11
2 %	56	26	17	12
3 %	—	31	19	13
4 %	—	42	22	14
5 %	—	—	26	15

※債務返済年数は 1 年未満を切り上げして表示（たとえば，
　12.3年の場合は13年として表示。以下，同様）。

　実際には，満期までの間に物件売却して借入金の返済，投資資金の回収を行うというEXIT（出口戦略）を採用するしかないでしょう。CR5％であれば借入金利1％で23年なので，まだ収益償還できる可能性はあります。

　次に，LTV70％（投資金額の70％を借入で賄ったケース）を計算したのが，**図表3-48**です。たとえば，CR3％の物件を購入し，借入金金利が1％の場合は債務返済年数が27年，借入金金利が2％の場合は32年です。LTV100％のケース（図表3-47）と比較すると，債務返済年数が現実的な年数になっています。

　さらに，LTV50％（投資金額の50％を借入で賄ったケース）を計算したのが，**図表3-49**です。たとえば，CR3％の物件を購入し，借入金金利が1％の場

【図表3-48：LTV70％の債務返済年数】

（単位：年）

金利	CR			
	3％	5％	7％	10％
1％	27	16	11	8
2％	32	17	12	8
3％	41	19	13	8
4％	―	21	14	9
5％	―	25	15	9

【図表3-49：LTV50％の債務返済年数】

（単位：年）

金利	CR			
	3％	5％	7％	10％
1％	19	11	8	6
2％	21	12	8	6
3％	24	13	9	6
4％	―	14	9	6
5％	―	15	10	6

合は債務返済年数が19年，借入金金利が２％の場合は21年です。LTV100％の
ケース（図表３−47）やLTV70％（図表３−48）と比較すると，債務返済の
難易度がかなり改善されます。

　LTV を50％～100％の３つのパターンで債務返済年数を説明しました。
LTV100％（全額借入）の場合，物件利回り（CR）が低いと債務返済年数がか
なり長期化するため，CR が高い物件でなければ収益償還は困難でしょう。こ
のため，収益償還を前提とする場合は，LTV70％以下にしておいたほうが安
全です。
　さらに，「第３章２．債務者区分」で説明したように，不動産賃貸業は債務
返済年数が他の業種と比べて長期になるため，同じ債務償還年数で自己査定を
実施しないのも特徴です。
　自己査定における不動産賃貸業の正常先の債務償還年数が20年の場合，
LTV100％で投資対象となるのは少なくとも CR ７％以上必要です（図表３−
47参照）。LTV70％の場合は少なくとも CR ５％以上必要です（図表３−48参
照）。LTV50％の場合は少なくとも CR ３％以上必要です（図表３−49参照）。

　すなわち，不動産賃貸業が銀行借入を前提に物件取得をする場合，債務返済
年数が正常先に収まるように取得する物件利回り（CR）の選定や LTV を調整
する必要があるのです。
　以上から，不動産賃貸業の特徴は以下のとおりです。

- 取得する不動産にはさまざまなタイプがあり，特徴を理解しておく必要があ
  る。
- 保有する物件の評価額は会社の実績とは関係なく変動する。
- 債務返済年数が債務者区分に影響を与えないように，CR と借入金利から LTV
  を調整する必要がある。

5．再生計画のポイント

＊ ◆ ＊

　京橋不動産の事業すべてを再生させることは難しいと考えた西日本紡績の中村さんは，製造業と運送業にターゲットを絞って，買収しようとしています。

中村さん：とりあえず，京橋不動産が債権者に説明できるように，製造業と運送業の譲渡を含めた事業計画を作成しておかないと。

佐藤部長：西日本紡績が引受けない事業で債務返済ができないと，事業譲渡も進まないということですね。

中村さん：まず，京橋不動産の株主は野村社長100％，債権者は4行（**図表3－50**）。大口債権者の虎ノ門銀行と丸の内銀行が納得すれば，話は進みやすいと思う。

中村さん：それで，西日本紡績は京橋不動産から，製造業と運送業の事業と保有資産を10,000百万円で取得。買収はSPC（特別目的会社）を利用して，資金は西日本紡績が3,000百万円出資して，虎ノ門銀行の7,000百万円

【図表3－50：京橋不動産の現状】

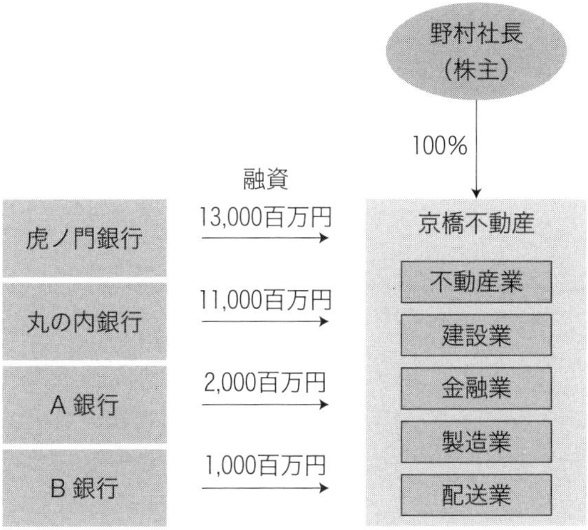

【図表 3 −51：事業譲渡による製造業，運送業の売買】

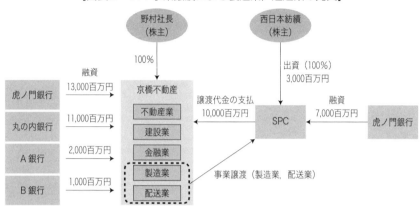

の融資で賄う予定（**図表 3 −51**）。

佐藤部長：不動産を取得すると不動産流通税（登録免許税＋不動産取得税）がか
かりますけど，会社売買にしたほうが良くないですか？

中村さん：簿外債務も出てきそうだから京橋不動産の株式を取得するのは避けた
いよね。会社分割しても，すぐに株主変更が発生すると適格分割には
できないから，不動産流通税も削減できないんじゃないかな。信託設
定して売買すると不動産流通税がほぼゼロになるけど，京橋不動産が
そこまで対応してくれるとも思えない。そういうことで，現実的には
事業譲渡で不動産売買することになるかな。

佐藤部長：実際には事業譲渡になるかもしれませんが，今回のスキームの提案時
に，京橋不動産の野村社長に信託受益権での売買も可能か，念のため
に確認してはどうですか？

中村さん：じゃあ，ダメ元で聞いてみましょう。京橋不動産が事業譲渡の代金
10,000百万円で既存債務をプロラタ（残高按分）返済したとすると，
返済後残高は17,000百万円（**図表 3 −52**，**図表 3 −53**）。実際には不
動産に担保設定しているから，返済額はプロラタ返済にならないけど。

中村さん：事業譲渡後の運転資金は，決算書ベースで計算すると16,000百万円だ

【図表 3 −52：事業譲渡代金による既存債務の返済】

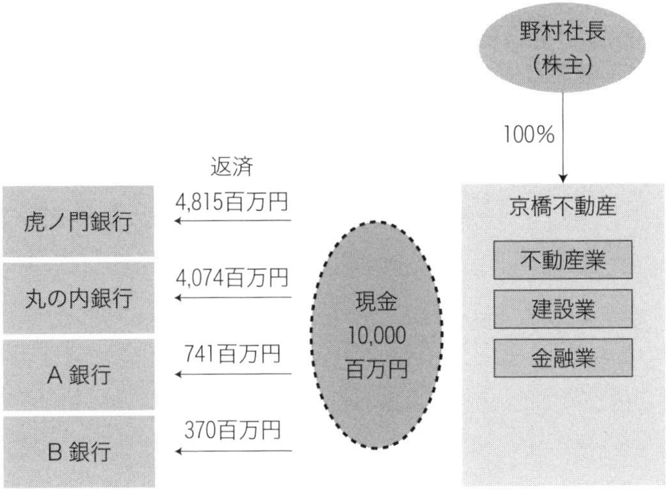

【図表 3 −53：事業譲渡代金による既存債務の返済額（単位：百万円）】

銀行名	残高	プロラタ返済	返済後残高
虎ノ門銀行	13,000	4,815	8,185
丸の内銀行	11,000	4,074	6,926
A 銀行	2,000	741	1,259
B 銀行	1,000	370	630
合計	27,000	10,000	17,000

から，返済後残高17,000百万円のほとんどをカバーできるはず。これくらい有利子負債が圧縮できると，法的整理は必要ないんじゃないかな（**図表 3 −54**）。

【図表3 −54：事業譲渡後の運転資金】

科目	金額（百万円）	
受取手形・売掛金	4,000	A
販売用不動産	12,000	B
商品及び製品	0	C：譲渡によりゼロ
原材料及び貯蔵品	0	D：譲渡によりゼロ
営業貸付金	3,000	E
支払手形・買掛金	3,000	F
運転資金	16,000	A+B+C+D+E−F

❖ ◆ ❖

（1）　清算価値と継続価値

　すべての再生過程において言えることですが，再生を行う会社を支援しよう
とすると，現時点で清算して，清算配当として債権者が受け取る金額よりも事
業を継続して回収できる金額が上回っている必要があります。

【図表3 −55：再生支援のための大前提】

事業計画の遂行による返済可能額	＞	清算配当額

　再生支援に応じにくいのは，不動産評価額が高く，事業計画の遂行による
キャッシュ・フローよりも，不動産評価額のほうが高くなる債務者です。
　実際には，不動産評価額では処分できないため，不動産評価を積算価格以外
も柔軟に採用できる対応が必要です。

　不動産鑑定評価における評価額は，①積算価格，②収益価格，③比準価格の
3種類です。このうち①積算価格は再調達原価から減価修正して算定するため，
豪華な造りの建築物は価格が高くなります。

　たとえば，あるホテル運営会社の不動産評価額が5億円，再生計画による返
済可能額が3億円という場合，清算価値（不動産評価額）が返済可能額を上回
るため，清算したほうが良いという結論が導かれます。

【図表3－56：ホテル運営会社の清算価値と返済可能額】

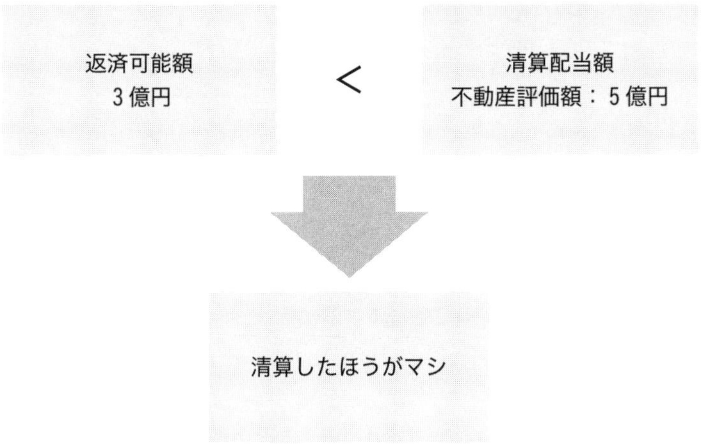

このホテルを購入する会社は，②収益価格で判断します。物件から発生する
キャッシュ・フローをもとにした収益価格が市場価格なので，返済可能額が3
億円だとすると，3億円にも満たない価格（たとえば2億円）が，そのホテル
の市場価格です。

　これに対して，収益性の低い物件の鑑定評価額は①積算価格が考慮されてし
まい実際には5億円で売却できないにもかかわらず，評価額は5億円と計算さ
れます。

　このようなケースに陥りやすいのは，ホテル・旅館などの事業用不動産の場
合が多いでしょう。清算価値と継続価値を比較し，事業を継続したほうが債権
者等にとってメリットがあるということを説明することが必要です。

（2）　経営責任と再生計画の実行可能性

　企業が窮地に陥った際に，債権者から経営者としての責任を問われる場合が多くみられます。債権者にとってみれば，窮地に陥った状況を作った責任は，経営者にあるので，当然といえば当然です。

　経営者責任をとったほうがよいかどうかという点は，議論が分かれる部分ですが，再生手続を遂行するのと辞任するのでは，辞任するほうが楽なのは間違いありません。

　経営者という立場を辞任してしまえば，その後の再生に自分が関わる必要はありません。特に，雇われ社長の場合は，無理して嫌われ者になりながら会社の再生をしていくことに，何のメリットがあるでしょうか。

　会社に経営を任せられる人物が自分以外にいない場合，経営者として責任を感じながらも会社の再生を主導していかなければなりません。

　再生計画を作成し実行する過定では，当初は予想していないような事態が発生します。再生計画は，実現可能なものでなければなりませんが，その計画を実行していくことは，非常に困難な場合が多いのです。

　再生計画を作成する場合には，いろんな利害関係者（債権者など）の利害調整をしながら最大限の債務を返済できるように計画します。

　個人的な感覚としては，少し無理をして再生計画を作成している場合も多いため，何らかの予想していないマイナス要因が発生すると，再生計画の実行可能性が大幅に狂います。

　経営者として責任を感じながら必死に頑張っても，再生計画を達成できないと無能というレッテルを貼られます。

　先ほど，銀行の自己査定についての説明を行いましたが，自己査定において再生計画の達成度は70％以上必要です。アグレッシブな再生計画を作成するのはいいのですが，その計画が70％以上達成可能でないといけません。

（3）　再生スポンサーは何のために出資するのか

　事業再生において他社再建を選択する場合，再生スポンサーが主導して企業を再生させます。再生スポンサーは，別にボランティアで会社を助けようとして出資するわけではなく，投資利回りを目的に出資します。

　他者再建の再生はM&Aと同じです。再生スポンサーは，企業を買収（M&A）して，再生後の投資利回りを確保します。

　過剰債務を抱えた企業が再生するためには，有利子負債を適正水準にする必要があります。再生スポンサーが利益を確保するためには「第2章4（2）キャピタルゲインとレバレッジの関係」で説明したように，借入金返済によるキャピタルゲインを発生させる必要があります。

　具体的にどのような状況なのかを例題を使用して説明します。

> **例題 3 － 8**
>
> 　A 社は再生のために B 社に再生スポンサーを依頼しました。A 社の事業価値（EV）は100で，B 社は A 社に20出資しました。B 社が出資後の A 社の有利子負債は80，株主資本は20（非事業性資産・支払債務等はゼロとします）です。
>
> 　その後，A 社は数年間の間に借入金を返済し，有利子負債は50になりました。
>
> 　A 社の事業価値が B 社の出資時と同じ（100）である場合，B 社の出資する A 社の株式価値はいくらですか？

50

　B 社が A 社に出資した時点では，A 社の事業価値（EV）が100，有利子負債が80なので，株式価値は20（100－80）です（**図表 3 －57**の左側）。

　その後，A 社は借入金を返済し，有利子負債が50となったため，株式価値

は50（100－50）に増加しました（**図表３－57**の右側）。

　B社の投資価値は20から数年間で50に増加しましたが，その間，A社の事業価値（EV）は変化していません。すなわち，株式価値を増加するためには，A社の業績が改善する必要はなく，A社は借入金を返済できるだけのキャッシュ・フローを有していればよいことがわかります。

【図表３－57：A社の株式価値の変化】

| 事業価値100 | 有利子負債80 |
| | 株式価値20 |

借入返済

| 事業価値100 | 有利子負債50 |
| | 株式価値50 |

　再生スポンサーは，会社の業績を劇的に改善させる事業計画を作成しようとするかもしれません。ただ，実際に再生スポンサーが投資利益を出すためには，会社の業績を劇的に改善させる必要はなく，債務返済が可能な水準の業績を継続させることが重要です。

（4）　プレパッケージ型再生

　あらかじめスポンサーを決めて民事再生手続などの法的手続を申し立てる場合を「プレパッケージ型」再生といいます。

　メリットとしては，スポンサーの支援表明やDIPファイナンスにより，再生債務者の信用を補完し，事業価値の劣化を防止する効果が期待できます。

　たとえば，民事再生法の申立てを行う際に，再生の過程でスポンサーに出資を依頼したとしても，必ずしもスポンサーが現れるとは限りません。スポンサー候補がなければ，裁判所に民事再生の申立てを受理してもらえないケース

もあります。

　通常は，入札によりスポンサー選定を行いますが，スポンサー選定までに時間を要するため，迅速に再生手続を行う必要がある場合には不向きです。

　このような場合，プレパッケージ型で再生手続を行ったほうが，スポンサー選定を行う時間を省略でき，さらにスポンサーが現れないリスクを回避できるメリットがあります。

（5）　出口（EXIT）

　再生スポンサーは，いつまでも出資者（株主）として会社の経営を支援するわけではありません。スポンサーは最終的な出口（Exit）を決めて支援します。

　スポンサーは一定期間株式を保有するものの，その後は売却して，投下資金を回収します。

　再生の支援をスポンサーに求めたとしても，スポンサーは最終的に売却するものだと思って，資金を受け入れる必要があります。

（6）　DIP ファイナンス

　DIP（Debtor in Possession）ファイナンスは，法的整理（民事再生法，会社更生法）の手続申立後から手続終結までの間に行う融資です。企業が法的整理によって再生を行う場合（再生型法的整理），再生計画が認可されて債務整理が行われるまでの間も会社は事業を継続しなければなりません。法的手続の申請前の債務については支払がストップしますが，会社が事業を継続するためには手許資金（運転資金）が必要です。運転資金が枯渇してしまうと再生計画が認可されるまでの間に企業活動がストップしてしまう（本当に倒産してしまう）ことが想定されるため，事業継続に必要なつなぎ資金を融資する役割が必要となります。

　すなわち，再生型法的整理において再生手続の実行可能性を高めるために，

運転資金を供給することがDIPファイナンスです。DIPファイナンスは法的
手続（民事再生法，会社更生法）の申請後に発生する融資であるため，その債
権者（DIPファイナンスを融資する銀行）は申請前の債権者とは同列（たとえ
ば，一般債権者）にはならず，保護されます。

　いつ融資するかによって，法的整理手続申請後すぐに実施される「アーリー
DIP」，法的整理プロセスを終了させるための融資（EXITファイナンス）と
しての「レイターDIP」の2つに分けることができます。通常はアーリーDIP
（つなぎ資金）をDIPファイナンスと呼ぶことが多いでしょう。

6. 債権譲渡

✦ ✦ ✦

　丸の内銀行の本店融資部の岡本次長は，最近急激に業績が悪化してきた京橋不動
産への貸付金について，今後の対応を検討するために大阪支店の木村課長を訪問し
ました。売上債権と在庫の回転期間が長期化してきたことから，決算書ベースの業
績よりも悪化していると岡本次長は考えています。

木村課長：電話でお話した各行の担保設定状況はこれ（**図表3−58**）です。

岡本次長：虎ノ門銀行が販売用不動産（天王寺PJ）と大阪工場に第1順位の抵
　　　　　当権を設定していて，丸の内銀行が販売用不動産（京都PJ，京橋駅
　　　　　前PJ）と堺倉庫（物流施設）に第1順位の抵当権を設定しているのか。
　　　　　保全額は簿価ベースで計算すると，虎ノ門銀行が11,000百万円，丸の
　　　　　内銀行が9,000百万円，A銀行とB銀行は後順位なので，保全額はゼロ。
　　　　　丸の内銀行の債権額が11,000百万円だから，販売用不動産が簿価で売却
　　　　　できれば，8割以上は回収できそうだ。ただ，債務者区分が破綻懸念先
　　　　　になったら行内基準の保全額が不動産時価の70％だから，貸倒引当金を
　　　　　4,700百万円（11,000百万円−9,000百万円×70％）計上しないといけなく
　　　　　なる。早めに債権譲渡したほうがいいかと思っていたけど，販売用不動
　　　　　産の早期売却で回収できれば残高が圧縮できるから，判断が難しいな。

【図表3－58：各行の担保設定状況】

(単位：百万円)

銀行名	区分	内容	順位	簿価	与信額	保全額 (簿価ベース)
虎ノ門銀行	販売用不動産	天王寺PJ	1	6,000	13,000	6,000
	建物	大阪工場	1	3,000		3,000
	土地	大阪工場	1	2,000		2,000
	小計			11,000	13,000	11,000
丸の内銀行	販売用不動産	京都PJ，京橋駅前PJ	1	6,000	11,000	6,000
	建物	堺倉庫	1	2,000		2,000
	土地	堺倉庫	1	1,000		1,000
	小計			9,000	11,000	9,000
A銀行	建物	大阪工場，堺倉庫	2	5,000	2,000	0
	土地	大阪工場，堺倉庫	2	3,000		0
	小計			8,000	2,000	0
B銀行	建物	大阪工場，堺倉庫	3	5,000	1,000	0
	土地	大阪工場，堺倉庫	3	3,000		0
	小計			8,000	1,000	0
			合計	27,000		20,000

木村課長：それと，京橋不動産の野村社長の話では，スポンサーとして西日本紡績が検討しているようなので，強引に回収するよりも，再生計画を見てから判断してもいいと思います。

岡本次長：今回は積極的に動かないほうが，回収額が増えるかもしれないか……。債務者区分の引下げに備えて債権譲渡するか，回収額を優先してしばらく待つか，悩ましい……。

❖ ❖ ❖

（1）　なぜ債権譲渡をするのか

　法人が有する金銭債権について，税務上の貸倒処理（損金算入）ができるのは以下の3パターンしかありません。

> ①　金銭債権が切り捨てられた場合
> ②　金銭債権の全額が回収不能となった場合
> ③　一定期間取引停止後弁済がない場合等

　まず，それぞれの貸倒要件について説明します。

①　金銭債権が切り捨てられた場合

　税務上で金銭債権が切り捨てられたと認められるのは，以下のようなケースです。

> A．会社更生法，金融機関等の更生手続の特例等に関する法律，会社法，民事再生法の規定により切り捨てられた場合
> B．債権者集会の協議，行政機関や金融機関などのあっせんによる協議での決定により，合理的な基準によって債権の全部または一部が切り捨てられた場合
> C．債務者の債務超過の状態が相当期間継続し，その金銭債権の弁済を受けることができない場合に，その債務者に対して書面で債務免除を行った場合

　このうち，AとBは法的整理や公的な機関での決定なので理解しやすいと思います。貸倒の事実が外見上判断しやすく，特に議論にはなりません。Cは，債務超過であっても金銭弁済ができないかどうかの判断が，少し難しいかもしれません。

　金融機関が貸付金を貸倒処理する場合は，ほとんどがこの貸倒要件（上記のAとB）によるものです。

②　金銭債権の全額が回収不能となった場合

　債務者の資産状況，支払能力等からその全額が回収できないことが明らかになった場合は，貸倒れとして損金算入することができます。ただし，貸付の担保があるときは，その担保処分後でなければ損金算入できません。

　損金算入の要件が「全額の回収ができないことが明らか」という曖昧な表現のため，実務的にこの要件で貸付金を貸倒処理するのは難しいと思います。

③　一定期間取引停止後弁済がない場合等

　これは売掛債権の損金算入要件なので，貸付金は含まれません。すなわち，この要件で貸付金を貸倒処理することはできません。

　税務上の貸倒処理（損金算入）は3つ存在しているものの，実務上利用できそうな要件は法的整理や公的な機関での債権放棄の決定が必要です。すなわち，会計上で貸倒損失を計上しても，法的整理や公的な機関での債権放棄の決定がない債権については，貸倒損失が税務上認められない場合があります。

　銀行では自己査定を実施して，会計上は債務者区分に基づいて貸倒引当金と貸倒償却を計上します。一方，税務上は損金算入要件が満たされない場合は，損金算入できません。

　どのような状況が発生するかを例題で説明します。

例題3－9

　虎ノ門銀行の自己査定において，A社の債務者区分は実質破綻先と判定されました。A社に対する債権額は10億円で，担保・保証などの保全額はゼロです。なお，A社は債務超過のまま事業を継続しており，法的手続などは行っていません。

　この場合，虎ノ門銀行における，A社債権の会計上の処理と税務上の処理を説明しなさい。

234

【解答】

　会計上の処理：貸倒償却（または貸倒引当金）10億円の計上

　税務上の処理：なし（損金不算入）

【解説】

　虎ノ門銀行の決算において，会計上は損失10億円が計上されるにもかかわら
ず，税務上は損金算入できません。税務上で損金算入できれば他の課税所得を
相殺することができるのに，それもできません（このような会計上のみコスト
となる処理を「有税処理」といいます）。

　さらに，実質破綻先の債権を保有していても貸付金の回収ができないので，
管理コストも無駄になります。

　一方，実質破綻先の債権を第三者に債権譲渡すると，売却損が発生するので
税務上も損金算入できます。さらに，実質破綻先の債権を管理する必要もあり
ません。

　このように，債務者区分が下がった債権（たとえば，破綻懸念先以下の不良
債権）は，税務上の貸倒損失を満たさなければ銀行が保有し続ける意味はなく，
第三者に譲渡（売却）してしまったほうがよいのです。

　以上から，金融機関（銀行）が債権譲渡するのは，以下の理由です。

● 税務上の損金算入
● 管理コストの削減

（2）　バルクセール

　銀行などの金融機関が大量の不良債権を抱えている場合，1先ずつ債権譲渡
を行うのは，手間がかかりすぎて非効率です。このような場合は，一括してバ
ルク（雑多な）債権を売却します。

　不特定多数に対して売却を打診し，相手に入札してもらうプロセスがとられ，最も高い金額を提示した入札者が落札します。入札の主な参加者は，サービサー（債権回収会社）という「債権管理回収業に関する特別措置法」に基づいて設立された会社です。

　サービサーは債権譲渡を受けた後，債権回収を行います。どの債権がどれだけ回収できるかをもとにして，債権の評価額を決定するのですが，債権を購入する際には，個別にいくらで購入したか（セラーサイドからするといくらで売却したか）というものを確定しなければなりません。

（3）　債権評価

　サービサーは，どの債権がどれだけ回収できるかをもとにして，債権の評価額を決定します。譲渡債権は不良債権なので，約定通りのキャッシュ・フローは前提とはしません。

　不良債権の評価は優良な債権（正常債権や社債）の評価と異なります。

　担保付債権の場合は，担保処分による回収額が譲渡価格の最低ラインです。無担保債権の場合は，回収可能なキャッシュ・フローの現在価値が譲渡価格です。

　不良債権も正常債権も債権評価の方法としては，DCF法を利用します。

　本書では債権評価の方法について詳細な説明は行いませんが，簡単に触れておきましょう。

　債権評価は，債権から発生するキャッシュ・フローを割引率を用いて，現在価値を計算して評価額とします。

　債権評価に使用する割引率とディスカウント・ファクター（DF）は以下のような関係にあります。

$$DF = \frac{1}{(1+r)^t}$$

　DF：ディスカウント・ファクター　　r：割引率　　t：経過年数

たとえば，割引率5％の場合，2年後の DF は，以下のように計算します。

$$DF = \frac{1}{(1+5\%)^2} = 0.9070$$

例題を使って債権評価の方法を説明します。

例題 3 −10

　虎ノ門サービサーは，成田不動産向けの貸付金（無担保・無保証，元本：1億円，金利：3％，残存期間5年の満期一括返済）の購入を検討しています。成田不動産の信用力は低く，虎ノ門サービサーは当社の割引率を10％と判断しました，この場合，虎ノ門サービサーの成田不動産向け貸付金の入札額を計算しなさい。

解説

ここでは2つのケースで説明します。

①　正常債権と同じ前提で計算する場合

　正常債権のように，約定通りに返済が行われるという前提で計算したのが図表 3 −59です。

　割引率10％を用いて貸付金の約定利息，元金返済の現在価値を算定します。この結果，入金額の合計は115,000千円で，割引現在価値は73,464千円（元本の73％）です。

【図表3－59：約定ベースの現在価値】

元本：A	100,000千円
金利：B	3％
割引率：R	10％

(単位：千円)

年数 T	DF $DF = \dfrac{1}{(1+R)^T}$	キャッシュ・フロー			現在価値 CF×DF
		受取利息 C＝A×B	元本返済 D	合計 CF＝C＋D	
1	0.9091	3,000		3,000	2,727
2	0.8264	3,000		3,000	2,479
3	0.7513	3,000		3,000	2,254
4	0.6830	3,000		3,000	2,049
5	0.6209	3,000	100,000	103,000	63,955
合計		15,000	100,000	115,000	73,464

②　不良債権として3年間のキャッシュ・フローのみで計算する場合

　不良債権の場合，すべての約定返済が行われるわけではありません。

　成田不動産の財務内容から判断して3年間しか返済できない（無担保・無保証のため担保処分による回収はゼロ）と考える場合，図表3－60のように評価します。元本100,000千円に対して，評価額は7,460千円（元本の7％）です。

【図表3－60：3年間のキャッシュ・フローで評価したケース】

元本：A	100,000千円
金利：B	3％
割引率：R	10%

(単位：千円)

年数 T	DF $DF=\dfrac{1}{(1+R)^T}$	キャッシュ・フロー			現在価値 CF×DF
		受取利息 C＝A×B	元本返済 D	合計 CF＝C＋D	
1	0.9091	3,000		3,000	2,727
2	0.8264	3,000		3,000	2,479
3	0.7513	3,000		3,000	2,254
4	0.6830	0		0	0
5	0.6209	0	0	0	0
合計		9,000	0	9,000	7,460

　不良債権を前提とする場合，回収可能額は，約定による返済額の全額ではないと考えるのが一般的です。「1年くらいだったら払えるだろう」とか「3年くらいだったら払えるだろう」と債務者の返済能力を個別に判断します。

　不良債権の評価は，正常債権のように約定通りに評価するわけではなく，1先ずつ債務者の状況を精査しながら評価する必要があります。

（4）　譲渡手続

　債権譲渡は，売主と買主が債権譲渡契約を締結することによって成立します。

　ただし，当事者間では契約締結しただけで有効なのですが，第三者に対抗するためには（第三者対抗要件），譲渡通知によって譲渡が行われた旨を債務者

に通知する必要があります。通常，内容証明郵便で譲渡通知を発送します。

　不動産に担保設定している場合は，抵当権をどうするかという論点もあるかもしれませんが，ここでは省略します。

　債権譲渡契約を締結し，代金決済後に債務者に通知する，というのが一般的な債権譲渡の方法です。

　債権譲渡は**図表３−61**のような手順で実施されます。

【図表３−61：債権譲渡手続の流れ】

資料受領

デューデリジェンス

入　札

譲渡先の決定

譲渡契約の締結

代金決済，債権書類の引渡し（譲渡完了）

譲渡通知の発送（第三者対抗要件）

　なお，債権譲渡を行う際には，第三者対抗要件を具備しない方法がとられるケースもあります。この方法は，「ローン・パーティシペーション」と言われ，債務者には内緒（サイレント）で債権者が債権を売却する手続です。

　債務者に対して譲渡通知の発送を行わないため，第三者対抗要件は具備しませんが，当事者間（売主と買主）では債権譲渡は有効に成立します。

ローン・パーティシペーションで債権譲渡するのは，下記のような場合です。

> - 原債権者（売主）が銀行などで信用力がある
> - 債務者に売却したことを知られたくない
> - 回収行為は原債権者（売主）が継続して行う

　原債権者（売主）は，債務者に内緒で売却しているため債務者に売却したという事実は知られません。回収行為も原債権者（売主）が行います。管理回収を原債権者（売主）が行うため，管理コストも原債権者（売主）に発生します。
　ローン・パーティシペーションは，不良債権の管理コストを削減するための売却ではなく，税務上の損金算入が主な目的です。

7. 再生スキーム

❖ ◆ ❖

　西日本紡績の中村さんは京橋不動産の野村社長と再生計画についての打合せをしています。

中村さん：今回，虎ノ門銀行からスポンサーとしての支援を打診されていましたが，社内で検討した結果，御社のスポンサーになるのは難しいという結論になりました。ただ，当社としては御社の製造業と運送業はシナジーがあるため，可能であれば会社分割か事業譲渡で譲渡していただけないかと思っています。

野村社長：そうですか。スポンサーとして参画していただくほうが望ましいのですが，当社としてもノンコア事業を整理して本業（不動産業）に集中する意味では検討する価値はあるかもしれません。ちなみに，製造業と運送業を譲渡する場合は，事業の対象範囲と譲渡代金はいくらを想定していますか？

中村さん：譲受対象として考えているのは，製造業と運送業に所属する人員の転

籍，事業遂行に必要な固定資産（土地，建物，機械及び装置）と在庫（商品及び製品，原材料及び貯蔵品）です。譲渡基準日前に発生している売上債権は対象外です。譲渡対象代金は10,000百万円を考えています。

野村社長：そんなに低いんですか？　固定資産と在庫の簿価は15,000百万円ですよ。

中村さん：どちらかというと，金額は高いほうだと思います。まず，滞留在庫が多いので棚卸資産の評価額は高くありません。固定資産に関しては，堺倉庫の時価は簿価よりも高くて，大阪工場の時価は処分価格が簿価よりも低いです。他の会社に打診してもらっても構いませんが，当社よりも高い価格を提示できる会社があるかはわかりません。

野村社長：ただ，その金額だと銀行が納得するでしょうか？

中村さん：当社からの譲渡代金で借入金の一部を返済して，その後，販売用不動産の売却と営業貸付金の回収で残りの借入金を返済すれば，既存の借入金はほぼ返済できます。有利子負債の大部分は圧縮できるはずなので，金融機関には債務免除を依頼する必要はないと思います。ただし，一連の借入金の返済が終わるまでの間，銀行にリスケ（リスケジュール）を要請しておいたほうがいいでしょう。

野村社長：とりあえず，金額も含めて少し社内で検討させてください。

＊ ◆ ＊

　事業再生において利用するスキームはいくつかの種類があります。ここでは，代表的な再生スキームの概要を説明します。なお，再生スキームの詳細を説明するときりがないため，ここでは全体のイメージをつかむことを優先して説明を行います。

（1） リスケジュール

　条件変更（リスケジュール。略称で「リスケ」と呼ばれる）は再生スキームの代表的な手法です。代表的な再生支援機関である中小企業再生支援協議会の公表資料では，完了案件の約80％がリスケジュールのようです。日本語で条件変更という場合，「条件を厳しくする場合」と「条件を緩和する場合」がありますが，再生では条件を緩和（条件緩和）する変更が行われます。

　条件変更（条件緩和）は，主に**図表3-62**の2種類の方法（期限延長，金利減免）があり，再生スキームで利用されるのは返済金額の引下げによる期限延長です。理由は，金利減免だけでは会社の資金繰りが大幅に改善するわけではないため，あまり意味がないからです。

【図表3-62：貸出条件変更】

項目	内容
期限延長	当初の約定返済スケジュールよりも，毎回の返済金額を減少させ，結果として返済期限を延長させること
金利減免	当初の約定金利よりも引下げて（たとえば，支払金利を2％から1％に引下げる），毎回の返済金額を減少させること

　500百万円借入れて5年間で完済しようとすると，年間100百万の元本返済が必要です。もし，業績が悪化して返済できる金額が年間50百万円になった場合，条件変更（リスケジュール）を依頼して年間返済額を50百万円（10年間で返済）に変更します（**図表3-63**）。

【図表3-63：リスケジュールの内容】

借入金額	500百万円
元本年間返済額	100百万円
返済期間	5年

条件変更

借入金額	500百万円
元本年間返済額	50百万円
返済期間	10年

　債務者（会社）は資金繰りが厳しくなったため，毎回の返済額を引下げてほしくて，リスケジュールを債権者（銀行）に依頼します。債権者（銀行）は当初の貸出条件からは緩和（条件緩和）するものの，債務者（会社）が倒産しない程度に返済してもらったほうがよいため，この要求を受入れます。

　後で説明する債務免除（債権者からは債権放棄）は元本をカットするので，債権者（銀行内）に損失が発生します。返済期間を延ばすだけであれば，（債務者区分が変更しなければ）特に債権者（銀行）に損失が発生するわけではなく，受入れやすいのも特徴です。

　リスケジュールは，債権者が合意しやすい条件変更なので，再生の大半を占めるスキームとなっています。

　法的整理であれば債務免除も可能ですが，私的整理で再生を行う場合には，リスケジュールを前提に金融機関と交渉を行う必要があるでしょう。

（2）　債務免除

　債務免除（債権者からすると債権放棄）を行うケースはリスケジュールに比べると，実施される件数は少ないといえます。

　中小企業再生支援協議会の実績においても10％くらいなので，実務的に再生

に利用するケースは多くありません。

そのようななかでも，民事再生法や会社更生法といった法的整理の場合，ごく限られた私的整理の場合に債務免除が行われます。

債務免除の代表的な手法は第二会社方式です。第二会社方式では，会社の良い部分（Good）と悪い部分（Bad）を分けて，Good を会社分割により別会社とします（Bad を別会社にする方法もあります）。会社分割によって新設された会社（第二会社）で今後の事業を行っていくことから，第二会社方式といわれています。

債務免除の対象となる会社は，借入金の金額が大きすぎて，どう頑張っても借入金の返済が行えない会社です。どうしても返せない金額を債務者が債権放棄します。

ただし，債務免除は原則として，債務免除した会社（債権者）では税務上は寄付金（個人の場合は贈与）扱いとなり，債務免除しても全額を損金算入することができません。

債務免除してもらう会社（債務者）では原則として，債務免除を受けると債務免除益が発生して，課税所得が発生します。

たとえば，１億円の債務免除を受けると１億円の課税所得が発生します。

資金繰りが苦しくて債務免除を交渉している会社に，課税所得１億円に係る税金（たとえば，実効税率を35％とすると35百万円）を支払う余力はありません。

債権者にとっても同じです。寄付金は全額損金算入できないため，債務免除しても節税効果はありません。

バルクで売却すると１億円の損失（課税所得のマイナス）が税務上認められるのに，債務免除が寄附金に認定されると１億円の全部または一部が損金算入できません。

債権者が「債務免除」を嫌がる理由は，税務上の取扱いにあります。

債務免除するくらいなら，サービサーに売却してしまったほうが，税務上はメリットがあるわけです。

【図表3−64：第二会社方式】

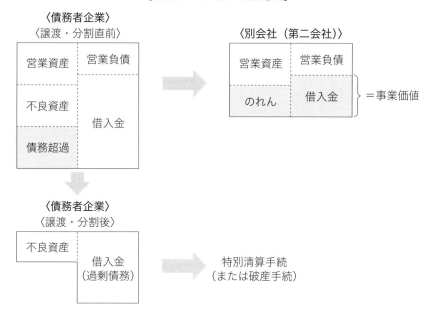

第二会社方式の場合，Good を別会社にして，適正な（支払えるだけの）債務を新会社（第二会社）に移した後は，旧会社は清算します（**図表3−64**）。

破産や清算をした場合は，税務上，貸倒損失が損金算入できるため債権者にとっても，税務上のデメリットはありません。

直接免除をすると税務上の不利益を被るため，第二会社方式などのスキームが採用されるのです。

（3）　DES（デット・エクイティ・スワップ）

再生スキームの1つに，DES（デット・エクイティ・スワップ）という手法があります。実務であまり利用される再生スキームではありませんが，念のためにここで説明します。

まず，スワップとは，「何かと何かを交換する取引」です。デット・エクイ

ティ・スワップは，デット（借入金）とエクイティ（株式）を交換します。すなわち，借入金を株式への出資に振り替えるのです。

　デット・エクイティ・スワップという言葉は長いので，一般的には略称で「デス（DES）」と言われています。

【図表3−65：DESのイメージ】

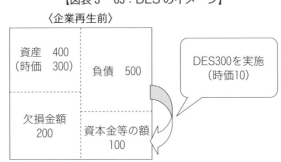

　DESは，**図表3−65**のように借入金（負債）を純資産に振り替える再生スキームです。あまり実務で利用されないのは，先ほどの債務免除と同じく，税務上のデメリットがあるからです。

　債権放棄を実施する場合は，債務放棄によって消滅した借入金が債務免除益として，債務者の課税所得とされます。十分な欠損金がない場合には，課税が生じます。同様にDESを実施する場合にも，借入金の時価のみが払込資本とされることから，債務消滅益が生じます。

　たとえば，**図表3−66**のように債務超過が200百万円の企業に対してDES300百万円を実施する場合，時価10百万円で資本払込が実施されたとされることから290百万円の債務消滅益が発生します。

　欠損金が290百万円以上あれば，課税所得は発生しませんが，図表3−66のように欠損金が100百万円の場合は，190百万円の課税所得が発生し，実効税率35％とすると66.5百万円の課税が発生します。仮に欠損金がゼロの場合は，101.5百万円（290百万円×35％）の課税が発生し，債務者にとって大きな納税負担となります。

【図表 3 −66：DES の実施による納税額の影響】

実際に DES を利用できる会社は，以下のような会社です。

- 繰越欠損金が多額にある会社
- 資産譲渡等によって多額の損金（損失）を計上することができる会社

　債務消滅益を相殺することができるくらいの欠損金（図表 3 −66の場合は290百万円以上の欠損金）を有している場合は，課税所得は発生しません。繰越欠損金が290百万円未満の場合は，課税所得が発生するため税金の納付が発生します。

　また，DES と同時に資産売却等によって損金を作ることができる場合も，DES を利用することが可能です。

　このように DES の利用が進まないのは税務上の取扱いに原因があります。

（4）　DDS（デット・デット・スワップ）

　DDS もスワップという言葉が使われている通り，何かと何かを交換します。デット・デット・スワップなので，デット（借入金）とデット（借入金）を交換します。

　DDS は現状の借入金を返済条件の緩い劣後借入金に変更することです。

　条件緩和（リスケジュール）は，債権者の全員が同じ条件に変更します。一

方，DDSの場合は債権者の全員ではなく，一部の債権者の借入金だけを劣後化します。再生スキームの実績としてはDESよりも利用件数は多いものの，全体の数パーセント程度です。

　まず，DDSを概念的に理解するために，劣後化の定義から説明します。

● 優先劣後構造

　貸付金を優先劣後構造にするためには，下記の2つの要素を取り入れます。

> ①　期間劣後：返済年数が他の借入金よりも長い
> ②　返済劣後：返済が他の借入金よりも劣後する

　まず，①の期間劣後については，他の貸付金の返済期間よりも返済期間が長い貸付金を劣後ローンとして考えます。すなわち，他の貸付金の返済期間が3年の元金均等返済の場合に，5年の満期一括返済の貸付金は期間劣後していると考えます。次に，②の返済劣後ですが，他の貸付金が返済されない限り，返済を受けられないように契約で定める場合が返済劣後です。

　DDSを実施する際には①期間劣後で対応することが多いと思います。わざわざ②返済劣後の契約にしなくても，①期間劣後が有効に機能していれば劣後性に問題がないためです。

● DDS実施における資本性

　金融機関で実施する自己査定において，劣後ローンは，債務者の自己資本とみなせることから，実質債務超過の企業への支援において利用されます。

　たとえば，100百万円の債務超過の企業（**図表3－67の左側**）に対して既存借入金のうち200百万円を劣後ローンに条件変更します。その結果，債務者の自己資本は200百万円増加し，自己資本は100百万円に改善します（**図表3－67の右側**）。

　本来であれば，債務超過なので債務者区分が破綻懸念先と推測される債務者

です。DDS を実施すると資産超過になるため債務者区分が改善する可能性が
あります。

【図表3−67：DDS の実施による貸借対照表の影響】

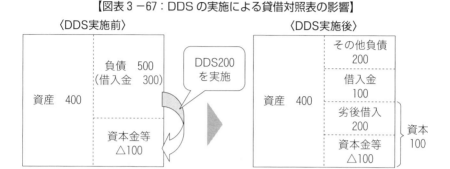

　たとえば，A 銀行と B 銀行がそれぞれシニアローン（普通の貸付金）100百
万円，200百万円を融資している場合（図表3−68の DDS の実施前），債務者
区分は2行とも破綻懸念先です。この状態で，B 銀行が200百万円の貸付金を
劣後ローンに振り替えます（条件変更）。

　そうすると，B 銀行の自己査定では債務超過の会社への貸付なので，債務者
区分は破綻懸念先のままです。一方，A 銀行の自己査定では，純資産（△100
百万円）と劣後ローン（200百万円）が会社の自己資本とみなせるため，100百
万円（△100百万円＋200百万円）の資産超過の会社への貸付として債務者区分
を判定します。A 銀行の自己査定では，債務者区分が改善する（たとえば，要
注意先になる）可能性があります（図表3−68の DDS の実施後）。

【図表3−68：DDS の実施による債務者区分への影響】
● DDS の実施前

区分	債権者（銀行）	金額	債務者区分
シニアローン	A 銀行	100百万円	破綻懸念先
シニアローン	B 銀行	200百万円	破綻懸念先

● DDS の実施後

区分	債権者（銀行）	金額	債務者区分
シニアローン	A 銀行	100百万円	要注意先
劣後ローン	B 銀行	200百万円	破綻懸念先

● 税務上の取扱い

　先ほど解説したように，債権放棄を実施する場合は，消滅した借入金が債務免除益として債務者の課税所得とされてしまい，十分な欠損金がない場合には課税が生じます。同様に DES を実施する場合にも，借入金の時価のみが払込資本とされることから，債務消滅益が生じます。

　一方，DDS は，単に借入条件の変更であるため，課税関係は発生せず，債務者の納税負担は生じません。

　上記のような理由から，条件変更（リスケ）だけでは対応できないような再生事例においては，債務免除，DES を利用せずに DDS を利用するケースがあります。

（5）　債権譲渡

　債権譲渡を再生スキームとして利用するケースがあります。

　債権譲渡のメリットは，債権者が債権放棄を行わず，譲渡損として損金算入できる点でした。債権譲渡を再生に利用するのはたとえば**図表3−69**のようなケースです。

　まず，金融機関 A は，サービサーに帳簿価格100の債権を30で売却します。これによって，金融機関 A は，70の債権譲渡損を損金算入できます。債権を取得したサービサーは，債務者に40を返済してもらう代わりに，60の債権放棄を行います。

サービサーの利益は＋10（回収額－取得価格＝40－30）です。

債務者は，サービサーへの返済資金40を金融機関Bから調達すれば，手許資金は必要ありません。

また，100の債権のうち60を債権放棄してもらうので，債務者の返済額は少なくて済みます。

【図表 3 －69：債権譲渡による再生】

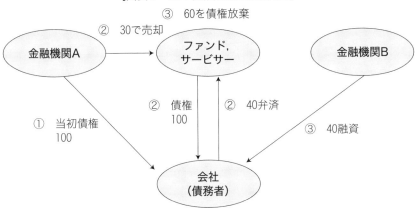

各当事者の損益を比較すると，図表 3 －70のようになります。

【図表 3 －70：各当事者の損益】

当事者	損　益
金融機関 A	30－100＝－70
サービサー	40－30＝＋10
会社	100－40＝＋60
金融機関 B	0（何もなし）

このようなスキームを採用するのは，借入金100の全額返済はできないが，一部（40）の返済はできる債務者です。過剰債務である60について，金融機関は債務免除をしたくありません。金融機関がサービサーに売却すると売却損70

を損金算入できます。その後，貸付金を買取ったサービサーが債権放棄すれば，経済効果としては金融機関が債権放棄するのと同じです。

　このスキームで唯一課税所得が発生するのは，債務免除益が発生する債務者です。ただし，債務者が債務免除益を上回る欠損金を有している場合は検討に値するでしょう。

　また，債務者が欠損金を有していない場合でも，関係会社がサービサーから40で債権を買い取ることができれば，債務免除益が発生しないため，課税所得は発生しません。会社（債務者）がサービサーから直接債権を買い取ると混同（債権と債務が同一人に帰属すること）が生じるため，避けたほうがよいでしょう。

第4章

事業計画の作成

● ●

　事業再編を行う際には，具体的にどのような組織再編を行い，事業を行って
いくかを計画する必要があります。事業再生の場合も，具体的にどのように再
生を行うかを計画する必要があります。事業計画はどちらの場合にも必要にな
るもので，作成方法は基本的には同じです。ただ，事業計画を利用する利害関
係者（社内，資本提携先，債権者）によって注目するポイントが異なるため，
ポイントを押さえて作成する必要があります。

　ここでは，事業再編，事業再生のそれぞれのケースにおいて必要となる事業
計画の作成方法について解説します。

1. 事業再生における事業計画

✦ ✦ ✦

　西日本紡績の作成した再生計画は，事業譲渡の金額を10,000百万円から11,000百
万円に引き上げることで京橋不動産に了承されたようです。

　西日本紡績の中村さんは，京橋不動産の開催するバンクミーティング（債権者集
会）に参加しています。参加者は金融債権者（銀行）のみで，虎ノ門銀行，丸の内
銀行，A銀行，B銀行の4行です。

　京橋不動産は，バンクミーティングで再生計画を債権者（銀行）に説明し，リス
ケ（返済期限の延長）を依頼する予定です。

野村社長：現在当社は，不動産業，建設業，製造業，運送業，金融業の5つの事
　　　　　業を行っています。このうち，当社の戦略上，不動産業と建設業が当

254

社のコア事業であり，製造業や運送業はノンコア事業との位置付けです。今回，西日本紡績から製造業や運送業について，11,000百万円で買収の意向がありました。譲渡対象は2つの事業の従業員の引受け，固定資産（大阪工場，堺倉庫）と在庫です。売上債権が前期末時点で3,200百万円ありますが，譲渡対象ではありません。

A銀行担当者：簿価よりも低い金額での譲渡のようですが，他にもっと高い買い手はいないのでしょうか？

野村社長：他社にもヒアリングしましたが，西日本紡績よりも高い買い手はありませんでした。株式価値評価書も第三者から取得しましたが，評価額は西日本紡績の提示金額よりも低い金額でした。

B銀行担当者：譲渡代金の返済は各行にどのように配分される予定ですか？

野村社長：現在の各行の与信額と担保設定金額は**図表4－1**です。事業譲渡の対象となる担保提供資産は大阪工場（製造業），堺倉庫（運送業）です。大阪工場は虎ノ門銀行が第1順位の根抵当権5,000百万円を設定していて，堺倉庫は丸の内銀行が第1順位の根抵当権4,000百万円を設定しています。A銀行は第2位の抵当権，B銀行は第3位の抵当権を設定しています。

B銀行の根抵当権は極度額2,000百万円ですが，被担保債権額（与信額）が1,000百万円なので，有効なのは1,000百万円です。

今回の事業譲渡による入金額は，設定している抵当権の順位通りに返済をしたいと思っています。すなわち，**図表4－2**のように，抵当権の順位1位の虎ノ門銀行と丸の内銀行には設定額の全額，5,000百万円と4,000百万円を支払い，残余の2,000百万円を第2順位のA銀行の返済に充当します。

返済後の残高は虎ノ門銀行8,000百万円，丸の内銀行7,000百万円，B銀行1,000百万円で，A銀行はゼロです。

B銀行担当者：事業譲渡代金のすべてが不動産に対して支払われたものとは限らないので，当行だけ返済されないというのは納得いきません。

【図表 4 － 1 ：各行の与信額と担保設定金額】

（単位：百万円）

銀行名	区分	内容	順位	設定額	与信額
虎ノ門銀行	販売用不動産	天王寺 PJ	1	6,000	13,000
	建物	大阪工場	1	5,000	
	土地	大阪工場	1		
	小計			11,000	13,000
丸の内銀行	販売用不動産	京都 PJ，京橋駅前 PJ	1	6,000	11,000
	建物	堺倉庫	1	4,000	
	土地	堺倉庫	1		
	小計			10,000	11,000
A 銀行	建物	大阪工場＋堺倉庫	2	2,000	2,000
	土地	大阪工場＋堺倉庫	2		
	小計			2,000	2,000
B 銀行	建物	大阪工場＋堺倉庫	3	2,000	1,000
	土地	大阪工場＋堺倉庫	3		
	小計			2,000	1,000
			合計	25,000	27,000

【図表 4 － 2 ：各行の担保設定金額と充当額】

（単位：百万円）

銀行名	担保設定資産	順位	設定額	充当額 (A)	返済前残高 (B)	返済後残高 (B－A)
虎ノ門銀行	大阪工場	1	5,000	5,000	13,000	8,000
丸の内銀行	堺倉庫	1	4,000	4,000	11,000	7,000
A 銀行	大阪工場＋堺倉庫	2	2,000	2,000	2,000	0
B 銀行	大阪工場＋堺倉庫	3	1,000	0	1,000	1,000
		合計	12,000	11,000	27,000	16,000

【図表4－3：各行の担保設定金額と充当額】

(単位：百万円)

銀行名	事業譲渡後残高 (A)	売掛金・営業貸付金からの返済 (B)	返済後残高 (C=A−B)	抵当権設定額	販売用不動産からの返済 (D)	販売用不動産売却後残高 (C−D)
虎ノ門銀行	8,000	1,000	7,000	6,000	6,000	1,000
丸の内銀行	7,000	1,000	6,000	6,000	6,000	0
B銀行	1,000	1,000	0			0
合計	16,000	3,000	13,000	12,000	12,000	0

野村社長：それに関しては，こちらの資料（**図表4－3**）をご覧ください。売上債権と営業貸付金の残高が前期末時点で7,000百万円ありますが，現時点でも3,000百万円は回収可能です。本業の不動産業に回帰する意味でも，回収額を3行に均等額1,000百万円ずつ返済し，B銀行からの借入金を完済したいと思います。虎ノ門銀行と丸の内銀行がそれぞれ6,000百万円ずつ担保設定している販売用不動産は簿価が12,000百万円なので，簿価で売却したとしても虎ノ門銀行の残高は1,000百万円，丸の内銀行の残高はゼロです。急いで売却しなければ少なくとも14,000百万円で売却できるはずなので，すべての有利子負債の返済は可能と考えています。

長井さん（虎ノ門銀行）：そういうことであれば，売上債権の回収分はプロラタ（残高比例配分）ではなくて，B銀行に先に返済してもらってもかまいません。

野村社長：販売用不動産の売却代金をすべて借入金の返済に充当すると当社の事業が継続できないため，債権者の皆さまには，販売用不動産の売却が完了するまでの1年間の期限延長と新規の借入枠の設定をお願いしたいと思っています。

長井さん（虎ノ門銀行）：当行としてはリスケに関しては問題ありません。新規の枠設定は再生計画がある程度進んでから検討させてください。

木村課長（丸の内銀行）：返済の目途がたちそうなので，当行もリスケに応じます。

野村社長：ありがとうございます。それでは，本日ご説明した再生計画を前提に
　　　　　進めさせていただきます。

❖ ◆ ❖

　事業再生において事業計画を作成する意義は，債権者の合意を採ることです。
事業計画の作成方法の大枠は事業再編と同じですが，事業再生の方がよりポイ
ントを押さえて作成する必要があります。

（1）　再生計画作成の手順

　再生計画を作るうえでは，いくつかのフェーズがあります。ここでは，その
フェーズに応じて，簡単に説明をしていきます。まず，事業計画を作成する
フェーズは図表4－4です。

【図表4－4：事業計画作成のフェーズ】

```
┌─────────────────────────┐
│　①　現状の把握　　　　　　　　　　│
└─────────────────────────┘
　　　　　　　　↓
┌─────────────────────────┐
│　②　改善要素の洗い出し　　　　　　│ ┐
└─────────────────────────┘ │
　　　　　　　　↓　　　　　　　　　　　 │
┌─────────────────────────┐ │
│　③　正常収益力の算定　　　　　　　│ ├─ キャッシュ・フローの算定
└─────────────────────────┘ │
　　　　　　　　↓　　　　　　　　　　　 │
┌─────────────────────────┐ │
│　④　設備投資等の予想　　　　　　　│ ┘
└─────────────────────────┘
　　　　　　　　↓
┌─────────────────────────┐
│　⑤　有利子負債等の返済計画の作成　│
└─────────────────────────┘
　　　　　　　　↓
┌─────────────────────────┐
│　⑥　債権者との合意　　　　　　　　│
└─────────────────────────┘
```

① 現状の把握

まず，再生計画の作成において，現状の分析が非常に重要です。たとえば，以下のような項目によって現状を把握します。

1) 過去における損益，資金繰りの状況
2) 財産の状況
3) 借入先別保全状況
4) 窮境の状況
5) 債務償還年数
6) 実質的な純資産額
7) 過剰債務

1) 過去における損益，資金繰りの状況

過去における業績，資金繰りの状況から，既存の体制の問題点を分析します。

過去の資金繰り（キャッシュ・フロー）がマイナスの場合，プラスになるような施策を講じなければなりません。プラスであっても，債務返済に十分なキャッシュ・フローを有していない場合もあります。

このような場合，いくらキャッシュ・フローが足りないのか，いくら債務が少なければ返済ができるのかを把握するためにも，会社の現状を理解する必要があります。

2) 財産の状況

余剰資産を含めて，どれくらいの返済原資を有しているかということを把握します。事業計画は，最終的には事業から発生するキャッシュ・フローを債務返済の原資とするわけですが，それ以外の返済原資（余剰資産等）がないかを検討します。

3) 借入先別保全状況

借入金の担保設定状況を把握することです。

再建計画を債権者と合意する際には，債権者は自分が不利に扱われていないかという点を非常に気にします。

　たとえば，不動産に抵当権を設定しているのに，自分の返済額が少なくない
か，などです。債権者間が平等に取り扱われるように，保全状況の把握は重要
です。

4）　窮境の状況

　窮境とは苦しい状況のことですが，「なぜ再生が必要になったのか？」とい
う理由を探すことです。再生計画を債権者に合意してもらうためには，再生が
必要になった理由とその改善策を示す必要があります。

　原因としては，内部要因と外部要因があります。内部要因とは，会社の内部
的な理由による原因です。たとえば，以下のようなものが該当します。

〈内部要因〉
- 過剰な設備投資
- 低稼働の機械設備の存在
- 原価管理，顧客別利益管理体制の未整備
- 社長のワンマン体制

外部要因としては，以下のようなものがあります。

〈外部要因〉
- 景気停滞による受注の大幅減
- デフレによる販売価格の硬直性
- 技術革新による既存製品の受注難

5）　債務償還年数

　最終的に再建計画を債権者と合意するうえで必要となる事項です。たとえば，
再生計画の終了後に10年未満の債務償還年数となる場合，債権者としては合意
しやすい計画と言えます。

　10年内返済が可能な再生計画を作成するためには，現状の債務償還年数を把

握しておく必要があります。

　たとえば，**図表4－5**のように有利子負債（借入金）が1,000百万円の場合，実際に償還が必要な金額は，正常運転資金や余剰資産を控除した金額です。運転資金が400百万円，換金性のある有価証券を50百万円保有している場合は，要償還債務は550百万円（1,000－400－50）です。

　これに対して，会社のキャッシュ・フロー（CF）は28百万円なので，要償還債務の返済に20年を要します。債務償還年数の目安は，一般的には10年なので20年のままでは債権者は再生計画に合意してくれません。

　現状を把握して，債権者が合意できる再生計画を作成するために改善すべき事項を検討する必要があります。

【図表4－5：債務償還年数の計算】

項　目	金　額 （百万円）
a　金融機関に対する有利子負債	1,000
b　正常運転資金（マイナスの場合はゼロ）	400
売上債権	500
棚卸資産	300
仕入債務	400
c　現金預金	0
d　換金性のある有価証券	50
e　要償還債務（a－b－c－d）	550
f　CF（借入元金返済原資）	28
経常利益	30
みなし法人税（減算）	12
減価償却費（加算）	10
g　債務償還年数（年）（e÷f）	20

6）　実質的な純資産額

主要な資産等を時価評価して，会社の実質純資産を把握します。

実態純資産がマイナス（債務超過）の場合は，原則として自己査定における債務者区分は破綻懸念先です。

再生計画の終了時に債務超過を解消できないと債権者は合意してくれません。現時点において，実質債務超過になっているかどうか，実質債務超過の場合はその金額を把握しないと，債権者が合意する再生計画を作成することはできません。

7）　過剰債務

考えられるだけのすべての改善を行って，キャッシュ・フローが50百万円確保できたとします。一方，要償還債務（有利子負債−運転資金−余剰資産）が700百万円の場合，10年間返済を前提とすると200百万円（700百万円−50百万円×10年間）の過剰債務が存在します。

200万円の過剰債務を解消（たとえば債権放棄）できれば，債務者区分を改善できるので，再生計画を作成する際の目安となるでしょう。

②　改善要素の洗い出し

次に，会社の現状の問題点を把握し，改善が可能な事項をピックアップします。たとえば，以下のような事項について可能な限り改善要素を洗い出し，収益改善額を試算します。

- 同一製品の他社への販売による収益増加額
- 原価改善による費用（売上原価）の削減
- 不採算事業からの撤退による影響額
- 過剰人員を抱えている部署の人員整理（配置転換）
- オフィス移転等による固定費の減少

③ 正常収益力の算定

改善事項を洗い出し，その金額を加減算して，会社の正常収益力を算定します。この収益力は，再生計画を行う場合のベースとなります。

収益力を実力以上に評価してしまうとそれだけ多くの債務返済を求められることになります。また，再生計画が途中で頓挫するということにもなりかねません。

したがって，再生計画には会社が達成可能な正常収益力を採用する必要があります。

実現可能な正常収益力を冷静に見極める必要があります。

④ 設備投資等の予想

再生計画を作成する際には設備投資（CAPEX：Capital Expenditure，資本的支出，キャペックス）を考慮する必要があります。特に，製造業は，新規投資をしなくても，更新維持投資が必要です。

設備投資は，支出額が貸借対照表に固定資産として計上されるため，損益計算書に費用として計上されません。設備投資は損益計算書に計上されていなくてもキャッシュ・アウトなので，再生計画の資金繰りの観点からできるだけ正確に見積もっておく必要があります。

⑤ 有利子負債等の返済計画の作成

余剰資産の売却，会社の正常収益力をもとにして，有利子負債の返済計画を検討します。この際，借入金に担保が設定されている場合は，担保設定資産から発生する返済額は担保権者に分配する必要があります。

返済条件を変更するのが，借入金等の金融債権者（銀行など）のみの場合は返済計画の合意がえられやすいのですが，一般債権者（仕入先など）も調整が必要な場合は，別途，一般債権者向けの返済計画を作成する必要があります。

（2）　パラメータの設定

　ここでは，製造業を例にして説明します。

　製造業においては，製品を製造し販売するという一連の流れで営業活動が行われます。実際には，原価計算が必要となるのですが，ここでは製造原価の計算は説明の都合上省略します。

　事業計画を作成するうえでは，販売単価がどのように推移していくか，販売数量がどのように推移していくか，原価率がどれだけ変化するかを予想します。

　また，設備投資についても年度ごとにどれくらいの金額が必要となるかを検討する必要があります。

①　変動要因の分析

　製品の販売，製造における変動要因は，単価（販売単価，製造単価）と数量（販売数量，製造数量）です。これらが，どのように推移していくかを予想します。

②　設備投資の前提

　製造業は，継続的な設備投資が必要となるため，CAPEX を考慮する必要があります。どの年度にいくらの CAPEX が必要になるかを予想します。

③　資金調達の前提

　役職員やスポンサーからの借入金や出資などが可能であれば，資金調達額を再生計画に折り込みます。

④　有利子負債の返済スケジュール

　最終的には条件変更（リスケ）や債務免除に至る可能性もありますが，まず現在の約定返済スケジュールを把握します。正常収益力をもとに「約定返済額の○％であれば返済できる」という試算を行います。

⑤　**シナリオの前提**

　最終的には債権者と合意する再生計画は1つです。ただし，再生計画の実行可能性を検討するためには，いくつかのシナリオを作成する必要があります。たとえば，再生計画の実行可能性に応じて，下記のような3パターンの計画を作成します。

- ●ベースケース：基礎となる再生計画
- ●アップサイドケース：計画が上ぶれしたケース
- ●ストレスケース：計画が達成できないケース

　ベースケースは，債権者と合意しようとしている再生計画です。アップサイドケースは，再生計画よりも好転したケースです。ストレスケースは，再生計画が達成できない場合を想定するための計画です。

　アップサイドケースは不要かもしれませんが，ストレスケースは作成しておいたほうがよいでしょう。

　再生計画では想定していない事象が発生するかもしれないからです。

⑥　**パラメータの設定**

　まず，売上高について，売上単価100，販売数量100を基準（ベースケース）として，アップサイドケースとストレスケースを作成します（**図表4－6**）。アップサイドケースは需要の増加により販売単価が上昇する場合，ストレスケースは価格競争によって販売単価が減少する場合です。なお，本節では説明の都合上，ストレスケースを再生が必要なケースとして使用しています。また，事業計画を作成する際には通常は数量を調整しますが，本節では利益率を変動させた場合の業績変動を検討するために，単価を変動させたシナリオを用いています。

【図表4－6：売上高のシナリオごとの金額】

〈シナリオ1　ベース・ケース〉

(単位：百万円)

	X0年度	X1年度	X2年度	X3年度	X4年度	X5年度
単価A	100	100	100	100	100	100
数量B	100	100	100	100	100	100
金額A×B	10,000	10,000	10,000	10,000	10,000	10,000

〈シナリオ2　アップサイド・ケース：毎年単価5％増加〉

	X0年度	X1年度	X2年度	X3年度	X4年度	X5年度
単価A	100.00	105.00	110.25	115.76	121.55	127.63
数量B	100	100	100	100	100	100
金額A×B	10,000	10,500	11,025	11,576	12,155	12,763

〈シナリオ3　ストレス・ケース：毎年単価1％減少〉

	X0年度	X1年度	X2年度	X3年度	X4年度	X5年度
単価A	100.00	99.00	98.01	97.07	96.06	95.10
数量B	100	100	100	100	100	100
金額A×B	10,000	9,900	9,801	9,703	9,606	9,510

　次に，売上原価についても，原価率80％（80），販売数量が100（売上数量と同じ）を基準（ベースケース）として，アップサイドケースとストレスケースを作成します（**図表4－7**）。

【図表４－７：売上原価のシナリオごとの金額】

〈シナリオ１　ベース・ケース〉 (単位：百万円)

	X0年度	X1年度	X2年度	X3年度	X4年度	X5年度
単価Ａ	80	80	80	80	80	80
数量Ｂ	100	100	100	100	100	100
金額Ａ×Ｂ	8,000	8,000	8,000	8,000	8,000	8,000

〈シナリオ２　アップサイド・ケース：毎年単価２％減少〉

	X0年度	X1年度	X2年度	X3年度	X4年度	X5年度
単価Ａ	80.00	78.40	76.83	75.30	73.79	72.31
数量Ｂ	100	100	100	100	100	100
金額Ａ×Ｂ	8,000	7,840	7,683	7,530	7,379	7,231

〈シナリオ３　ストレス・ケース：毎年単価１％上昇〉

	X0年度	X1年度	X2年度	X3年度	X4年度	X5年度
単価Ａ	80.00	80.80	81.61	82.42	83.25	84.08
数量Ｂ	100	100	100	100	100	100
金額Ａ×Ｂ	8,000	8,080	8,161	8,242	8,325	8,408

　CAPEXは，毎年200百万円（工場（建物）の補修費用：100百万円，設備（工具・器具）の更新投資：100百万円）を必要とします。ここでは，建物の耐用年数10年，工具・器具の耐用年数５年として定額法で減価償却費を計算します（図表４－８）。

【図表４－８：CAPEX の発生年度ごとの計画】

〈設備投資額〉　　　　　　　　　　　　　　　　　　　　　　（単位：百万円）

	X0年度	X1年度	X2年度	X3年度	X4年度	X5年度
建物	100	100	100	100	100	100
工具・器具	100	100	100	100	100	100
合計	200	200	200	200	200	200

償却年数は建物10年，工具・器具５年とします。

〈残高〉

	X0年度	X1年度	X2年度	X3年度	X4年度	X5年度
建物	1,000	990	970	940	900	850
工具・器具	1,000	880	740	580	400	200

〈減価償却費〉

	X0年度	X1年度	X2年度	X3年度	X4年度	X5年度
建物	100	110	120	130	140	150
工具・器具	200	220	240	260	280	300
合計	300	330	360	390	420	450

　X0年度の借入金残高が3,000百万円，更新投資（CAPEX）は金融機関からの追加融資（返済年数５年，金利３％）で調達すると，有利子負債の元利金返済計画は**図表４－９**です。

【図表4－9：有利子負債の返済計画】

〈残高〉 (単位：百万円)

	X0年度	X1年度	X2年度	X3年度	X4年度	X5年度
1	3,000	2,400	1,800	1,200	600	0
2		200	160	120	80	40
3			200	160	120	80
4				200	160	120
5					200	160
6						200
合計	3,000	2,600	2,160	1,680	1,160	600

〈元本返済額〉

	X0年度	X1年度	X2年度	X3年度	X4年度	X5年度
1		600	600	600	600	600
2			40	40	40	40
3				40	40	40
4					40	40
5						40
6						
合計	0	600	640	680	720	760

〈利息返済額〉

	X0年度	X1年度	X2年度	X3年度	X4年度	X5年度
1	100	90	72	54	36	18
2			6	5	3	3
3				6	5	3
4					6	5
5						6
6						
合計	100	90	78	65	50	35

※表示単位未満を四捨五入している。

● ベースケースの事業計画

　過去実績値，売上高（**図表4－6**），売上原価（**図表4－7**），設備投資計画（**図表4－8**），有利子負債の返済計画（**図表4－9**）をもとにして，損益計算書，貸借対照表，キャッシュ・フロー計算書を作成したのが**図表4－10**，**図表4－11**，**図表4－13**です。

【図表4－10：ベースケースの損益計算書】

過年度　予測⇒ （単位：百万円）

科目	X0年度	X1年度	X2年度	X3年度	X4年度	X5年度	
売上高	10,000	10,000	10,000	10,000	10,000	10,000	売上のシナリオより
売上原価	8,000	8,000	8,000	8,000	8,000	8,000	売上原価のシナリオより
売上総利益（粗利益率）	2,000 20.0%	2,000 20.0%	2,000 20.0%	2,000 20.0%	2,000 20.0%	2,000 20.0%	
給料手当	500	500	500	500	500	500	
賃借料	100	100	100	100	100	100	
減価償却費	300	330	360	390	420	450	設備投資状況より
旅費交通費	50	50	50	50	50	50	
水道光熱費	50	50	50	50	50	50	
販売費及び一般管理費合計	1,000	1,030	1,060	1,090	1,120	1,150	
営業利益	1,000	970	940	910	880	850	
受取利息	10	10	10	10	10	10	
雑収入	210	10	10	10	10	10	
営業外収益	220	20	20	20	20	20	
支払利息	100	90	78	65	50	35	借入明細より
雑損失	10	10	10	10	10	10	
営業外費用	110	100	88	75	60	45	
経常利益	1,110	890	872	855	840	825	
特別損益	0	0	0	0	0	0	
税引前当期純利益	1,110	890	872	855	840	825	
法人税等（40%）	444	356	349	342	336	330	
当期純利益	666	534	523	513	504	495	

【図表4－11：ベースケースの貸借対照表】

過年度　予測⇒　　　　　　　　　　　（単位：百万円）

科目	X0年度	X1年度	X2年度	X3年度	X4年度	X5年度	
現金及び預金	500	676	912	1,128	1,326	1,505	CF計算書により算出
売掛金	1,000	1,000	1,000	1,000	1,000	1,000	回転率により算出
商品	500	500	500	500	500	500	回転率により算出
その他資産	10	10	10	10	10	10	
流動資産合計	2,010	2,186	2,422	2,638	2,836	3,015	
建物	1,000	990	970	940	900	850	設備投資状況より
工具・器具	1,000	880	740	580	400	200	設備投資状況より
土地	2,000	2,000	2,000	2,000	2,000	2,000	
有形固定資産合計	4,000	3,870	3,710	3,520	3,300	3,050	
無形固定資産合計	500	500	500	500	500	500	
敷金	500	500	500	500	500	500	
投資その他の資産合計	500	500	500	500	500	500	
資産の部合計	7,010	7,056	7,132	7,158	7,136	7,065	
買掛金	500	500	500	500	500	500	回転率により算出
未払法人税等	444	356	349	342	336	330	
その他流動負債	10	10	10	10	10	10	
流動負債合計	954	866	859	852	846	840	
長期借入金	3,000	2,600	2,160	1,680	1,160	600	借入明細より
固定負債合計	3,000	2,600	2,160	1,680	1,160	600	
負債の部合計	3,954	3,466	3,019	2,532	2,006	1,440	
資本金	2,000	2,000	2,000	2,000	2,000	2,000	
利益準備金	300	300	300	300	300	300	
その他利益剰余金	756	1,290	1,813	2,326	2,830	3,325	
純資産の部合計	3,056	3,590	4,113	4,626	5,130	5,625	
負債・純資産の部合計	7,010	7,056	7,132	7,158	7,136	7,065	

　売上が増えると売掛金は増えます。事業計画を作成する際には，売掛金，商品は，売上高に回転率（売掛金÷売上高，棚卸資産÷売上高）の過去実績値を利用します。

　買掛金についても，同じく売上原価に対して回転率（買掛金÷売上原価）の過去実績値を利用します。

　売上高や売上原価の増減によって，売掛金，商品，買掛金の金額は増減するからです。この事例では，**図表4－12**の回転率を採用しています。

【図表4－12：使用した回転率】

項　目	比　率
売掛金	10.00%
商品	5.00%
買掛金	6.25%

　固定資産は設備投資計画の数値を，借入金は有利子負債の返済予定表の数値を使用しています。

　損益計算書，貸借対照表をもとにして作成したキャッシュ・フロー計算書は**図表4－13**です。

【図表 4 −13：ベースケースのキャッシュ・フロー計算書】

予測⇒ （単位：百万円）

科目	X0年度	X1年度	X2年度	X3年度	X4年度	X5年度
税引前当期利益		890	872	855	840	825
減価償却費		330	360	390	420	450
売上債権の増減額		0	0	0	0	0
棚卸資産の増減額		0	0	0	0	0
仕入債務の増減額		0	0	0	0	0
その他流動資産の増減		0	0	0	0	0
その他債務の増減		0	0	0	0	0
小計		1,220	1,232	1,245	1,260	1,275
法人税等の支払額		−444	−356	−349	−342	−336
その他						
営業活動による キャッシュ・フロー		776	876	896	918	939
有形固定資産の 取得支出・売却収入		−200	−200	−200	−200	−200
無形固定資産の 取得支出・売却収入		0	0	0	0	0
差入保証金の支出・回収		0	0	0	0	0
投資活動による キャッシュ・フロー		−200	−200	−200	−200	−200
借入金の増減 （減少はマイナス）		−400	−440	−480	−520	−560
資本金の増減		0	0	0	0	0
財務活動による キャッシュ・フロー		−400	−440	−480	−520	−560
キャッシュ増加額		176	236	216	198	179
キャッシュの期首残高		500	676	912	1,128	1,326
キャッシュ期末残高		676	912	1,128	1,326	1,505

　減価償却費は現金支出のない費用（非現金支出費用）なので，キャッシュ・フローを算定する際には，当期利益に加算します。

　ベースケースにおいては営業活動によるキャッシュ・フローから，設備投資を行い，借入金の返済ができそうです。

●ストレスケースの事業計画

次に，ストレスケースの事業計画を作成します。

まずは，損益計算書は**図表4-14**です。

売上高は減少し，売上原価は上昇するため，X5年度に赤字に転落します。

【図表4-14：ストレスケースの損益計算書】

過年度　予測⇒　　　　　　　　　　　　（単位：百万円）

科目	X0年度	X1年度	X2年度	X3年度	X4年度	X5年度	
売上高	10,000	9,900	9,801	9,703	9,606	9,510	売上の シナリオより
売上原価	8,000	8,080	8,161	8,242	8,325	8,408	売上原価の シナリオより
売上総利益 （粗利益率）	2,000 20.0%	1,820 18.8%	1,640 16.7%	1,461 15.1%	1,281 13.3%	1,102 11.6%	
給料手当	500	500	500	500	500	500	
賃借料	100	100	100	100	100	100	
減価償却費	300	330	360	390	420	450	設備投資 状況より
旅費交通費	50	50	50	50	50	50	
水道光熱費	50	50	50	50	50	50	
販売費及び 一般管理費合計	1,000	1,030	1,060	1,090	1,120	1,150	
営業利益	1,000	790	580	371	161	−48	
受取利息	10	10	10	10	10	10	
雑収入	210	10	10	10	10	10	
営業外収益	220	20	20	20	20	20	
支払利息	100	90	78	65	50	35	借入明細より
雑損失	10	10	10	10	10	10	
営業外費用	110	100	88	75	60	45	
経常利益	1,110	710	512	316	121	−73	
特別損益	0	0	0	0	0	0	
税引前当期純利益	1,110	710	512	316	121	−73	
法人税等（40%）	444	284	205	126	48	0	
当期純利益	666	426	307	189	72	−73	

【図表 4 −15：ストレスケースの貸借対照表】

過年度　予測⇒　　　　　　　　　　　　（単位：百万円）

科目	X0年度	X1年度	X2年度	X3年度	X4年度	X5年度	
現金及び預金	500	516	484	325	39	−373	CF 計算書により算出
売掛金	1,000	990	980	970	961	952	回転率により算出
商品	500	495	490	485	480	475	回転率により算出
その他資産	10	10	10	10	10	10	
流動資産合計	2,010	2,011	1,964	1,790	1,490	1,064	
建物	1,000	990	970	940	900	850	設備投資状況より
工具・器具	1,000	880	740	580	400	200	設備投資状況より
土地	2,000	2,000	2,000	2,000	2,000	2,000	
有形固定資産合計	4,000	3,870	3,710	3,520	3,300	3,050	
無形固定資産合計	500	500	500	500	500	500	
敷金	500	500	500	500	500	500	
投資その他の資産合計	500	500	500	500	500	500	
資産の部合計	7,010	6,881	6,674	6,310	5,790	5,114	
買掛金	500	505	510	515	520	526	回転率により算出
未払法人税等	444	284	205	126	48	0	
その他流動負債	10	10	10	10	10	10	
流動負債合計	954	799	725	651	579	536	
長期借入金	3,000	2,600	2,160	1,680	1,160	600	借入明細より
固定負債合計	3,000	2,600	2,160	1,680	1,160	600	
負債の部合計	3,954	3,399	2,885	2,331	1,739	1,136	
資本金	2,000	2,000	2,000	2,000	2,000	2,000	
利益準備金	300	300	300	300	300	300	
その他利益剰余金	756	1,182	1,489	1,679	1,751	1,678	
純資産の部合計	3,056	3,482	3,789	3,979	4,051	3,978	
負債・純資産の部合計	7,010	6,881	6,674	6,310	5,790	5,114	

　ベースケースと違うのは，売上高が減少するのに伴って，売掛金，商品が減少する点です。

　買掛金は，売上原価の上昇により増加します。

　損益計算書と貸借対照表をもとにして作成したキャッシュ・フロー計算書は図表4－16です。

【図表4－16：ストレスケースのキャッシュ・フロー計算書】

予測⇒ （単位：百万円）

科目	X0年度	X1年度	X2年度	X3年度	X4年度	X5年度
税引前当期利益		710	512	316	121	−73
減価償却費		330	360	390	420	450
売上債権の増減額		10	10	10	10	10
棚卸資産の増減額		5	5	5	5	5
仕入債務の増減額		5	5	5	5	5
その他流動資産の増減		0	0	0	0	0
その他債務の増減		0	0	0	0	0
小計		1,060	892	726	560	397
法人税等の支払額		−444	−284	−205	−126	−48
その他						
営業活動によるキャッシュ・フロー		616	608	521	434	348
有形固定資産の取得支出・売却収入		−200	−200	−200	−200	−200
無形固定資産の取得支出・売却収入		0	0	0	0	0
差入保証金の支出・回収		0	0	0	0	0
投資活動によるキャッシュ・フロー		−200	−200	−200	−200	−200
借入金の増減（減少はマイナス）		−400	−440	−480	−520	−560
資本金の増減		0	0	0	0	0
財務活動によるキャッシュ・フロー		−400	−440	−480	−520	−560
キャッシュ増加額		16	−32	−159	−286	−412
キャッシュの期首残高		500	516	484	325	39
キャッシュ期末残高		516	484	325	39	−373

　ストレスケースでは，年々利益が減少するため，営業活動によるキャッシュ・フローは年々減少します。

　売掛金や商品の減少は，キャッシュ・フローにプラスの影響を与えます。

　買掛金の増加についても，キャッシュ・フローにプラスの影響を与えます。

　1年目は全体のキャッシュ・フローがプラスですが，2年目からはトータルのキャッシュ・フローがマイナスです。5年目には現預金もマイナス残高になり資金繰りが破綻します。

　事業計画で想定している通りに業績が推移すれば特に有利子負債の返済は問題ありませんが，ストレスケースのように，業績が悪化すると借入金返済と設備投資を行えるだけのキャッシュ・フローが発生しなくなります。

　すなわち，再生計画が達成できなくなる状況（事例の場合は，販売単価：毎年1％下落，売上原価：毎年1％上昇）を把握しておくことで，最低限確保しなければならない，採算ラインがわかります。

（3）　弁済計画作成時に考慮すべき事項

　ここでは条件変更（リスケジュール）の必要性を説明するため，前述の3つのシナリオのうちストレスケースを用いて説明します。まず，実際の再建計画では，銀行が追加融資を避けるため，設備投資が必要になっても更新投資の資金を融資で賄うことができません。すなわち，先ほどのケースよりも資金的に厳しい状況で借入金の返済を行っていかなければならないのです。

　追加融資（借入）ができなかった場合のストレスケースのキャッシュ・フロー計算書は**図表4－17**です。借入残高が追加融資を受ける場合と比べて少ないため，支払利息が減少し，税引前当期利益と法人税等は図表4－16よりも大きくなります。

【図表4-17：追加融資がないストレスケースのキャッシュ・フロー計算書】

予測⇒　　　　　　　　　　　　　　　　　　　　（単位：百万円）

科目	X0年度	X1年度	X2年度	X3年度	X4年度	X5年度
税引前当期利益		710	518	327	135	−56
減価償却費		330	360	390	420	450
売上債権の増減額		10	10	10	10	10
棚卸資産の増減額		5	5	5	5	5
仕入債務の増減額		5	5	5	5	5
その他流動資産の増減		0	0	0	0	0
その他債務の増減		0	0	0	0	0
小計		1,060	898	737	575	414
法人税等の支払額		−444	−284	−207	−131	−54
その他						
営業活動による キャッシュ・フロー		616	614	530	444	360
有形固定資産の 取得支出・売却収入		−200	−200	−200	−200	−200
無形固定資産の 取得支出・売却収入		0	0	0	0	0
差入保証金の支出・回収		0	0	0	0	0
投資活動による キャッシュ・フロー		−200	−200	−200	−200	−200
借入金の増減 （減少はマイナス）		−600	−600	−600	−600	−600
資本金の増減		0	0	0	0	0
財務活動による キャッシュ・フロー		−600	−600	−600	−600	−600
キャッシュ増加額		−184	−186	−271	−356	−441
キャッシュの期首残高		500	316	130	−141	−497
キャッシュ期末残高		316	130	−141	−497	−937

　設備投資資金を営業CFから賄うため3年目に資金ショートします。

　借入金を5年間で返済する約定スケジュールとなっていますが，ストレスケースで返済することは不可能です。資金繰りとして問題なく返済できる金額は，営業CFから設備投資を差引いた金額（たとえば，1年目であれば，営業CF：616百万円−設備投資：200百万円＝416百万円）です。

　このキャッシュ・フローを，フリー・キャッシュ・フロー（FCF）といいます。

　フリー・キャッシュ・フロー（FCF）＝営業 CF－投資 CF（設備投資）

　ストレスケースの年間返済可能額（FCF）は**図表４－18**です。

【図表４－18：各年度の返済可能額（FCF）】

計画年度	元金返済可能額 （百万円）
1 年目	416
2 年目	414
3 年目	329
4 年目	244
5 年目	159

　厳密にいうと，借入金の返済額が減る（借入金残高が当初返済計画よりも増加する）と，支払利息が増加するため，返済可能額は図表４－18よりも少ない金額です。

　このように，債権者と合意する弁済計画は，図表４－18の元金返済額を上限とすべきです。

　なお，一般的な事業計画では，利益は概ね一定として作成します。このため，一般的に有利子負債の返済額は，フリー・キャッシュ・フロー（FCF）の○％のように決定されます。

（4）　再生計画の作成

　上記で，事業計画の前提に関する事項や有利子負債（借入金）の弁済計画について，大まかな理解ができたことでしょう。

　会社の収益予想がストレスケースの場合，返済可能な元金は年間200〜300百

万円程度です。

　元々の返済スケジュールは5年間の元本均等返済（年間600百万円の返済）ですが，年間のFCFは600百万円よりも少ないため払えません。

　このため，銀行に対して返済条件の変更（リスケジュール）を依頼する必要があります。条件変更により年間返済額300百万円（10年返済）に引き下げることができた場合，事業計画は**図表4−19〜21**です。

【図表4−19：リスケ後の損益計算書】

過年度　予測⇒　　　　　　　　　　　　　（単位：百万円）

科目	X0年度	X1年度	X2年度	X3年度	X4年度	X5年度
売上高	10,000	9,900	9,801	9,703	9,606	9,510
売上原価	8,000	8,080	8,161	8,242	8,325	8,408
売上総利益 （粗利益率）	2,000 20.0%	1,820 18.8%	1,640 16.1%	1,461 15.1%	1,281 13.3%	1,102 11.6%
給料手当	500	500	500	500	500	500
賃借料	100	100	100	100	100	100
減価償却費	300	330	360	390	420	450
旅費交通費	50	50	50	50	50	50
水道光熱費	50	50	50	50	50	50
販売費及び一般管理費合計	1,000	1,030	1,060	1,090	1,120	1,150
営業利益	1,000	790	580	371	161	−48
受取利息	10	10	10	10	10	10
雑収入	210	10	10	10	10	10
営業外収益	220	20	20	20	20	20
支払利息	100	90	81	72	63	54
雑損失	10	10	10	10	10	10
営業外費用	110	100	91	82	73	64
経常利益	1,110	710	509	309	108	−92
特別損益	0	0	0	0	0	0
税引前当期純利益	1,110	710	509	309	108	−92
法人税等（40%）	444	284	204	123	43	0
当期純利益	666	426	306	185	65	−92

【図表4−20：リスケ後の貸借対照表】

過年度　予測⇒ (単位：百万円)

科目	X0年度	X1年度	X2年度	X3年度	X4年度	X5年度
現金及び預金	500	616	721	736	660	494
売掛金	1,000	990	980	970	961	952
商品	500	495	490	485	480	475
その他資産	10	10	10	10	10	10
流動資産合計	2,010	2,111	2,201	2,201	2,111	1,931
建物	1,000	990	970	940	900	850
工具・器具	1,000	880	740	580	400	200
土地	2,000	2,000	2,000	2,000	2,000	2,000
有形固定資産合計	4,000	3,870	3,710	3,520	3,300	3,050
無形固定資産合計	500	500	500	500	500	500
敷金	500	500	500	500	500	500
投資その他の資産合計	500	500	500	500	500	500
資産の部合計	7,010	6,981	6,911	6,721	6,411	5,981
買掛金	500	505	510	515	520	526
未払法人税等	444	284	204	123	43	0
その他流動負債	10	10	10	10	10	10
流動負債合計	954	799	724	649	574	536
長期借入金	3,000	2,700	2,400	2,100	1,800	1,500
固定負債合計	3,000	2,700	2,400	2,100	1,800	1,500
負債の部合計	3,954	3,499	3,124	2,749	2,374	2,036
資本金	2,000	2,000	2,000	2,000	2,000	2,000
利益準備金	300	300	300	300	300	300
その他利益剰余金	756	1,182	1,488	1,673	1,738	1,645
純資産の部合計	3,056	3,482	3,788	3,973	4,038	3,945
負債・純資産の部合計	7,010	6,981	6,911	6,721	6,411	5,981

【図表４−21：リスケ後のキャッシュ・フロー計算書】

予測⇒　　　　　　　　　　　　　　　（単位：百万円）

科目	X0年度	X1年度	X2年度	X3年度	X4年度	X5年度
税引前当期利益		710	509	309	108	−92
減価償却費		330	360	390	420	450
売上債権の増減額		10	10	10	10	10
棚卸資産の増減額		5	5	5	5	5
仕入債務の増減額		5	5	5	5	5
その他流動資産の増減		0	0	0	0	0
その他債務の増減		0	0	0	0	0
小計		1,060	889	718	548	377
法人税等の支払額		−444	−284	−204	−123	−43
その他						
営業活動による キャッシュ・フロー		616	605	515	424	334
有形固定資産の 取得支出・売却収入		−200	−200	−200	−200	−200
無形固定資産の 取得支出・売却収入		0	0	0	0	0
差入保証金の支出・回収		0	0	0	0	0
投資活動による キャッシュ・フロー		−200	−200	−200	−200	−200
借入金の増減 （減少はマイナス）		−300	−300	−300	−300	−300
資本金の増減		0	0	0	0	0
財務活動による キャッシュ・フロー		−300	−300	−300	−300	−300
キャッシュ増加額		116	105	15	−76	−166
キャッシュの期首残高		500	616	721	736	660
キャッシュ期末残高		616	721	736	660	494

　元金返済期間を５年から10年に条件変更したことによって，資金ショートを回避することができました。

　再生計画を作成する際にはさまざまな変動要因を考慮する必要があります。

また，予想される FCF をもとに借入金の返済スケジュールを決定して，再生計画を作成しなければなりません。

　なお，本節の事例では特に問題はありませんが，再生計画は終了時に債務償還年数が正常先相当に改善し，実質純資産がプラスであることが大前提です。

【図表 4 −22：債務償還年数と実質純資産】

項目	X1年度	X2年度	X3年度	X4年度	X5年度	
有利子負債	2,700	2,400	2,100	1,800	1,500	A
営業キャッシュ・フロー	616	605	515	424	334	B
債務償還年数	4.4	4.0	4.1	4.2	4.5	A/B
純資産額	3,482	3,788	3,973	4,038	3,945	

2.　事業再編における事業計画

❖ ❖ ❖

　目黒セラミックでは取締役会で承認された画像解析の分社化（新設分割による子会社設立）を実施しました。志村さん（取締役）は，画像解析については，いくつかの会社と業務提携しながら企業価値を高めようと考えています。提携先の1つとして考えているのは，公官庁や医療機関から委託研究を行っている港南テクノロジーです。ちょうど，志村さんの前職（丸の内証券）の上司（山口部長）が港南テクノロジーに転職したため，訪問しました。

志村さん：ごぶさたしています。港南テクノロジーはどんな雰囲気ですか？

山口部長：まだ慣れていないけど，職場環境は悪くないね。前職の取引先に訪問しながら，港南テクノロジーと協業できそうな分野を探っている最中だよ。早く実績を作って，社内でのポジションを確保しないといけないから。

志村さん：そういうことであれば，ちょうどいいかもしれません。ご連絡したのは，御社と協業できないかと思ったからです。

山口部長：具体的にはどういう話かな？

志村さん：目黒セラミックで画像解析事業を行っていて，その分野での協業の提案です。御社の主な取引先は公官庁や医療機関だと思いますが，災害対策の分野と医療分野に当社の画像解析技術を使えないかと思っています。当社のサービスはすでに建設コンサルや民間医療機関に利用してもらっていて，実績も十分あると思っています。

山口部長：そうすると，販売代理店のような感じかな？　それとも，委託研究の一部として顧客に売り込む形でもいいのかな？

志村さん：後者です。当社としては，営業先が1社で済むので。

山口部長：港南テクノロジーで受託して，目黒セラミックに丸投げするだけか。中抜きになるけど，それは構わないの？

志村さん：事業展開を早めることを優先したいので，特に構いません。

山口部長：そうなんだ。ちなみに，港南テクノロジーの利益率を低く抑える代わりに少し出資させてもらうことはできるかな？　すでに事業として成長しているようだから，そっちのほうが儲かりそうな気がする。

志村さん：うちも上場会社なので基本的にはお断りしているのですが，映像解析事業を行っている子会社に対して5％までであれば。

山口部長：マイノリティ出資で問題ないよ。ちなみにバリュエーションは？

志村さん：今回の提携を含まない映像解析子会社の事業計画はこの資料（**図表4－23**）です。現時点の計画からDCF法で計算した事業価値（DCFの合計）は4,223百万円です。映像解析子会社には他に大きな資産・負債はないので，事業価値＝株式価値として計算すると5％相当は211百万円（4,223百万円×5％）です。

山口部長：200百万円か。それくらいであれば，5％出資で社内を調整しておくよ。

【図表4-23：画像解析事業の事業計画と事業価値】

(単位：百万円)

項目	X1年度	X2年度	X3年度	X4年度	X5年度	継続価値	計算式
売上高	3,000	3,500	4,000	4,500	5,000		A
売上原価	2,000	2,333	2,667	3,000	3,333		B
売上総利益	1,000	1,167	1,333	1,500	1,667		C＝A－B
販管費	1,000	1,000	1,100	1,200	1,300		D
営業利益	0	167	233	300	367		E＝C－D
減価償却費	200	200	250	300	300		F
EBITDA	200	367	483	600	667		G＝E＋F
法人税等	0	58	82	105	128		H＝E×35％
営業 CF	200	308	402	495	538		J＝G－H
CAPEX	200	250	300	300	300		K
FCF	0	58	102	195	238	4,767	L＝J－K
WACC	5％	5％	5％	5％	5％	5％	M
年数	1	2	3	4	5	5	N
DF	0.952381	0.907029	0.863838	0.822702	0.783526	0.783526	$O=\dfrac{1}{(1+M)^N}$
DCF	0	53	88	160	187	3,735	L×O
DCF 計	4,223						

✦ ✦ ✦

　事業再編の事業計画も，再生計画と基本的に同じです。再生計画は主に債権者に対する債務返済のために作成しましたが，事業再編の場合は特に債権者のために事業計画を作成するわけではありません。

　ここでは事業再生と比較しながら事業再編の事業計画を説明します。

（1）　事業再編の手順

　事業再編は会社を発展させることを目的としているため，再生会社のように資金繰りに窮しているわけではありません。事業再編には決まった形式がないものの，参考までに手順を示したのが**図表4－24**です。

【図表4－24：事業再編の手順】

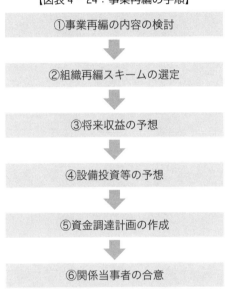

①事業再編の内容の検討

②組織再編スキームの選定

③将来収益の予想

④設備投資等の予想

⑤資金調達計画の作成

⑥関係当事者の合意

　事業再生と比較しながら事業再編の手順について説明します。

①　事業再編の内容の検討

　会社の現状を把握し，会社に必要な組織再編の内容を把握します。会社に欠けている部分を補うために他社から事業を取得する必要があるケース，会社のノンコア事業を切り離す必要があるケースなど，会社がどのようなアクションを採るべきか（下記のような事項）を検討します。

- 新規事業を開始するための M&A（買収・合併など）
- 同業他社の買収による企業規模の拡大（ロールアップ）
- 他社との戦略的提携（資本業務提携）
- ノンコア事業の売却（事業譲渡・会社分割）

② 組織再編スキームの選定

　会社が戦略として採用した事業再編（買収，売却など）を行うために必要なスキーム（下記のような組織再編スキーム）を選定します。事業再編の方法により適したスキームが異なります。スキームの特徴を理解したうえで，採用すべきスキームを決定します。

- 株式譲渡
- 合併
- 株式交換（株式交付）
- 株式移転
- 事業譲渡
- 会社分割
- 現物配当

③ 将来収益の予想

　再編後の事業から発生する将来収益を計算します。基本的には再生計画を作成する際に説明した事項と同じなので，ここでは説明を省略します。

④ 設備投資等の予想

　再編後の事業に必要な設備投資を予想します。基本的には再生計画を作成する際に説明した事項と同じなので，ここでは説明を省略します。

⑤　資金調達計画の作成

　再編後の事業に必要な資金調達を計画します。事業再生においては負債調達（金融機関（銀行）からの借入）をメインとしますが，事業再編においては負債調達以外に資本調達（エクイティ・ファイナンス）も行われます。

　外部から資本調達を行う場合は，資本政策（今後の持分比率の計画）を検討します。資本政策を決定する際には，下記のような資本調達手段について，「誰に・いつ（○年後）・いくら（議決権の○％）発行するか？」を検討する必要があります。

- 株主割当増資（内部調達）
- 第三者割当増資（外部調達）
- ストック・オプションの発行（役職員に対するインセンティブ・プラン）
- 譲渡制限付株式報酬の導入（役職員に対するインセンティブ・プラン）
- 従業員・役員持株会
- 種類株式の発行

---

⑥　関係当事者の合意

　上記の事項を踏まえて，関係当事者（たとえば，M&A の場合は売り手と買い手）との合意を取り付ける必要があります。内部の組織再編であっても，重要性に応じて取締役会・株主総会決議が必要になり，対象事業の従業員への説明も必要です。

（2）　パラメータの設定

　事業再編の際に作成する事業計画は，債権者への債務返済のために作成するわけではありません。再編後の事業の業績予想，株式価値を評価するために作成します。

　事業計画を作成する際に利用するパラメータは，再生計画を作成する際に利

用したものと基本的に同じです。ただ，事業再編により新規分野に進出しよう
とする場合，ベンチャー企業のようなキャッシュ・フローの安定しない成長期
の企業体と同じなので，外部からの借入は期待できません。収益が安定するま
での間，事業の拡大に必要な設備投資，その他費用の支出に必要なキャッ
シュ・フローをエクイティ・ファイナンスで調達する必要があります。

　ここでは成長期の事業においてエクイティ・ファイナンスで資金調達するこ
とを前提に解説を行います。なお，シナリオを分けずにベースケースのみで説
明を行います。

　X0年度を実績値とし，X1〜X5年度の5年間の事業計画を作成します。
　まず，売上高は販売数量の増加に伴い，年々増加していくことを予想してい
ます（図表4－25）。

【図表4－25：売上高の予想】

	X0年度	X1年度	X2年度	X3年度	X4年度	X5年度
単価（千円）A	10	10	10	10	10	10
数量（千個）B	100	200	300	400	500	600
金額（百万円）A×B	1,000	2,000	3,000	4,000	5,000	6,000

　売上原価は原価率を80%で一定として，売上高の増加に伴い年々増加します
（図表4－26）。

【図表4－26：売上原価の予想】

	X0年度	X1年度	X2年度	X3年度	X4年度	X5年度
単価（千円）A	8	8	8	8	8	8
数量（千個）B	100	200	300	400	500	600
金額（百万円）A×B	800	1,600	2,400	3,200	4,000	4,800

　次に，設備投資計画は図表4－27です。X0年度の建物と工具・器具の帳簿

残高はそれぞれ1,000百万円とし，X1〜X5年度において建物と工具・器具にそれぞれ毎年200百万円投資します。減価償却の耐用年数は建物10年，工具・器具5年として定額法で計算します。

【図表4−27：設備投資計画】

● 設備投資額（百万円）

	X0年度	X1年度	X2年度	X3年度	X4年度	X5年度
建物	200	200	200	200	200	200
工具・器具	200	200	200	200	200	200
合計	400	400	400	400	400	400

● 帳簿残高（百万円）

	X0年度	X1年度	X2年度	X3年度	X4年度	X5年度
建物	1,000	1,080	1,140	1,180	1,200	1,200
工具・器具	1,000	960	880	760	600	400
合計	2,000	2,040	2,020	1,940	1,800	1,600

● 減価償却費（百万円）

	X0年度	X1年度	X2年度	X3年度	X4年度	X5年度
建物	100	120	140	160	180	200
工具・器具	200	240	280	320	360	400
合計	300	360	420	480	540	600

※償却年数は建物10年，工具・器具5年として計算。

　次に，事業計画による現金不足額を資本調達（エクイティ・ファイナンスによる資金調達）する必要があるため，資金調達計画（資本政策）を作成します。まず，現金不足額を把握するため，上記の売上，売上原価，設備投資を前提として損益計算書（**図表4−28**），貸借対照表（**図表4−29**），キャッシュ・フロー計算書（**図表4−30**）を作成します。ここでは，事業計画による資金繰りを把握するため，現金不足額の資金調達（借入金，増資）はゼロとし，現金不足額はそのままマイナスとして表示しています。

ここでは，例題を通して必要な資金調達額を説明します。

例題 4 － 1

A 社の事業計画は，売上高，売上原価，設備投資の状況は図表 4 －25〜27のとおりです。資金調達を行わない場合，損益計算書，貸借対照表，キャッシュ・フロー計算書は図表 4 －28〜30です。A 社が X1年度から X5年度において必要な資金調達額はいくらですか？

【図表 4 －28：事業計画（損益計算書）】

(単位：百万円)

科目	X0年度	X1年度	X2年度	X3年度	X4年度	X5年度
売上高	1,000	2,000	3,000	4,000	5,000	6,000
売上原価	800	1,600	2,400	3,200	4,000	4,800
売上総利益 （粗利益率）	200 20.0%	400 20.0%	600 20.0%	800 20.0%	1,000 20.0%	1,200 20.0%
給料手当	200	200	200	200	200	200
賃借料	100	100	100	100	100	100
減価償却費	300	360	420	480	540	600
旅費交通費	50	50	50	50	50	50
水道光熱費	50	50	50	50	50	50
販売費及び一般管理費計	700	760	820	880	940	1,000
営業利益	−500	−360	−220	−80	60	200
営業外収益	20	20	20	20	20	20
営業外費用	10	10	10	10	10	10
経常利益	−490	−350	−210	−70	70	210
特別損益	0	0	0	0	0	0
税引前当期純利益	−490	−350	−210	−70	70	210
法人税等（40%）	0	0	0	0	0	0
当期純利益	−490	−350	−210	−70	70	210

【図表4−29：事業計画（貸借対照表）】

（単位：百万円）

科目	X0年度	X1年度	X2年度	X3年度	X4年度	X5年度
現金及び預金	500	−890	−2,080	−3,070	−3,860	−4,450
売掛金	1,000	2,000	3,000	4,000	5,000	6,000
商品	500	1,000	1,500	2,000	2,500	3,000
その他資産	10	10	10	10	10	10
流動資産合計	2,010	2,120	2,430	2,940	3,650	4,560
建物	1,000	1,080	1,140	1,180	1,200	1,200
工具・器具	1,000	960	880	760	600	400
土地	2,000	2,000	2,000	2,000	2,000	2,000
有形固定資産合計	4,000	4,040	4,020	3,940	3,800	3,600
無形固定資産合計	500	500	500	500	500	500
投資その他の資産合計	500	500	500	500	500	500
資産の部合計	7,010	7,160	7,450	7,880	8,450	9,160
買掛金	500	1,000	1,500	2,000	2,500	3,000
未払法人税等	0	0	0	0	0	0
その他流動負債	10	10	10	10	10	10
流動負債合計	510	1,010	1,510	2,010	2,510	3,010
長期借入金	0	0	0	0	0	0
固定負債合計	0	0	0	0	0	0
負債の部合計	510	1,010	1,510	2,010	2,510	3,010
資本金	6,000	6,000	6,000	6,000	6,000	6,000
利益準備金	500	500	500	500	500	500
その他利益剰余金	0	−350	−560	−630	−560	−350
純資産の部合計	6,500	6,150	5,940	5,870	5,940	6,150
負債・純資産の部合計	7,010	7,160	7,450	7,880	8,450	9,160

※運転資金を大きくするために，売掛金の回転期間は12カ月，商品・買掛金の回転期間は7.5カ月としている。

【図表4−30：事業計画（キャッシュ・フロー計算書）】

(単位：百万円)

科目	X1年度	X2年度	X3年度	X4年度	X5年度
税引前当期利益	−350	−210	−70	70	210
減価償却費	360	420	480	540	600
売上債権の増減額	−1,000	−1,000	−1,000	−1,000	−1,000
棚卸資産の増減額	−500	−500	−500	−500	−500
仕入債務の増減額	500	500	500	500	500
小計	−990	−790	−590	−390	−190
法人税等の支払額	0	0	0	0	0
営業CF	−990	−790	−590	−390	−190
有形固定資産の取得・売却	−400	−400	−400	−400	−400
投資CF	−400	−400	−400	−400	−400
借入金の増減	0	0	0	0	0
資本金の増減	0	0	0	0	0
財務CF	0	0	0	0	0
キャッシュ増加額	−1,390	−1,190	−990	−790	−590
キャッシュの期首残高	500	−890	−2,080	−3,070	−3,860
キャッシュ期末残高	−890	−2,080	−3,070	−3,860	−4,450

解答・解説

　キャッシュ・フロー計算書（図表4−30）から各年度に不足する資金（キャッシュ）の額を把握します。X1年度は期首残高500百万円に対して減少額（FCF＝営業CF＋投資CF）が−1,390百万円なので，890百万円不足します。X2年度以降はFCFが不足額と一致します。各年度の資金不足額（必要な資金調達額）と累計額は**図表4−31**です。

【図表 4 −31：各年度の資金不足額と累計額】

(単位：百万円)

項目	X1年度	X2年度	X3年度	X4年度	X5年度
資金不足額	890	1,190	990	790	590
累計額	890	2,080	3,070	3,860	4,450

　事業計画における資金調達計画（資本政策）は，図表 4 −31を参考にしながら決定します。

（ 3 ）　資本政策

　企業は設備投資などの不足額を資金調達します。資金調達方法は負債調達（借入，社債によるデット・ファイナンス）と資本調達（増資によるエクイティ・ファイナンス）の 2 つです。ただし，業績の安定しない企業は資本調達が主な資金調達手段となります。

　資金不足額（図表 4 −31）を参考にして，X1年度から X5年度の資本調達を計算（1,000百万円単位での増資を想定）したのが**図表 4 −32**です。

【図表 4 −32：各年度の資本調達額】

(単位：百万円)

	X1年度	X2年度	X3年度	X4年度	X5年度
資金調達額	2,000	1,000	1,000	1,000	0

　会社は資本調達する際には株式を発行します。ただし，第三者（現在の株主以外）に株式を発行すると持分比率が下がり，会社への支配権が弱くなります。ここでは事業計画をもとに，株式発行が持分比率に及ぼす影響を説明します。

例題 4 − 2

　Ａ社の売上高，売上原価の X1～X10年度の予想は**図表 4 −33**，**図表 4 −34**です。資金不足額は図表 4 −31の増資で賄うことを予定しており，その他は X1～X5年

度の事業計画（図表 4 −28〜30）と同じ前提です。

　この場合，X1〜X4年度に発行する株式（株式価値の評価基準日は前期末（X0年度末〜X3年度末）とします）の持分比率を計算しなさい。

　なお，株式価値は DCF 法で算定するものとし，割引率は 5 ％とします。

【図表 4 −33：各年度の予想売上高】

（単位：百万円）

項目＼年度	X0	X1	X2	X3	X4	X5	X6	X7	X8	X9	X10
単価 A	10	10	10	10	10	10	10	10	10	10	10
数量 B	100	200	300	400	500	600	700	800	900	1,000	1,100
金額 A×B	1,000	2,000	3,000	4,000	5,000	6,000	7,000	8,000	9,000	10,000	11,000

【図表 4 −34：各年度の予想売上原価】

（単位：百万円）

項目＼年度	X0	X1	X2	X3	X4	X5	X6	X7	X8	X9	X10
単価 A	8	8	8	8	8	8	8	8	8	8	8
数量 B	100	200	300	400	500	600	700	800	900	1,000	1,100
金額 A×B	800	1,600	2,400	3,200	4,000	4,800	5,600	6,400	7,200	8,000	8,800

解答

項目	X1年度	X2年度	X3年度	X4年度
資金調達額（百万円）	2,000	1,000	1,000	1,000
持分比率	21.7%	9.5%	8.4%	7.4%

解説

　まず，X1年度から X10年度の売上高，売上原価の予想値は図表 4 −33，図表 4 −34です。売上高，売上原価以外は X1〜X5年度の事業計画と同じ条件とすると，X1年度から X10年度の貸借対照表，損益計算書，キャッシュ・フロー計算書は図表 4 −35〜37です。

【図表4－35：各年度の貸借対照表】

（単位：百万円）

科目＼年度	X0	X1	X2	X3	X4	X5	X6	X7	X8	X9	X10
現金及び預金	500	1,110	920	930	1,140	550	160	970	772	602	560
売掛金	1,000	2,000	3,000	4,000	5,000	6,000	7,000	8,000	9,000	10,000	11,000
商品	500	1,000	1,500	2,000	2,500	3,000	3,500	4,000	4,500	5,000	5,500
その他資産	10	10	10	10	10	10	10	10	10	10	10
流動資産合計	2,010	4,120	5,430	6,940	8,650	9,560	10,670	12,980	14,282	15,612	17,070
建物	1,000	1,080	1,140	1,180	1,200	1,200	1,180	1,140	1,080	1,000	1,000
工具・器具	1,000	960	880	760	600	400	400	400	400	400	400
土地	2,000	2,000	2,000	2,000	2,000	2,000	2,000	2,000	2,000	2,000	2,000
有形固定資産合計	4,000	4,040	4,020	3,940	3,800	3,600	3,580	3,540	3,480	3,400	3,400
無形固定資産合計	500	500	500	500	500	500	500	500	500	500	500
投資その他の資産合計	500	500	500	500	500	500	500	500	500	500	500
資産の部合計	7,010	9,160	10,450	11,880	13,450	14,160	15,250	17,520	18,762	20,012	21,470
買掛金	500	1,000	1,500	2,000	2,500	3,000	3,500	4,000	4,500	5,000	5,500
未払法人税等	0	0	0	0	0	0	0	208	380	452	564
その他流動負債	10	10	10	10	10	10	10	10	10	10	10
流動負債合計	510	1,010	1,510	2,010	2,510	3,010	3,510	4,218	4,890	5,462	6,074
長期借入金	0	0	0	0	0	0	0	0	0	0	0
固定負債合計	0	0	0	0	0	0	0	0	0	0	0
負債の部合計	510	1,010	1,510	2,010	2,510	3,010	3,510	4,218	4,890	5,462	6,074
資本金	6,000	8,000	9,000	10,000	11,000	11,000	11,000	12,000	12,000	12,000	12,000
利益準備金	500	500	500	500	500	500	500	500	500	500	500
その他利益剰余金	0	−350	−560	−630	−560	−350	240	802	1,372	2,050	2,896
純資産の部合計	6,500	8,150	8,940	9,870	10,940	11,150	11,740	13,302	13,872	14,550	15,396
負債・純資産の部合計	7,010	9,160	10,450	11,880	13,450	14,160	15,250	17,520	18,762	20,012	21,470

※運転資金を大きくするために，売掛金の回転期間は12カ月，商品・買掛金の回転期間は7.5カ月としている。

【図表 4 −36：各年度の損益計算書】

（単位：百万円）

科目＼年度	X0	X1	X2	X3	X4	X5	X6	X7	X8	X9	X10
売上高	1,000	2,000	3,000	4,000	5,000	6,000	7,000	8,000	9,000	10,000	11,000
売上原価	800	1,600	2,400	3,200	4,000	4,800	5,600	6,400	7,200	8,000	8,800
売上総利益 （粗利益率）	200 20.0%	400 20.0%	600 20.0%	800 20.0%	1,000 20.0%	1,200 20.0%	1,400 20.0%	1,600 20.0%	1,800 20.0%	2,000 20.0%	2,200 20.0%
給料手当	200	200	200	200	200	200	200	200	200	200	200
賃借料	100	100	100	100	100	100	100	100	100	100	100
減価償却費	300	360	420	480	540	600	420	440	460	480	400
旅費交通費	50	50	50	50	50	50	50	50	50	50	50
水道光熱費	50	50	50	50	50	50	50	50	50	50	50
販管費合計	700	760	820	880	940	1,000	820	840	860	880	800
営業利益	−500	−360	−220	−80	60	200	580	760	940	1,120	1,400
営業外収益	20	20	20	20	20	20	20	20	20	20	20
営業外費用	10	10	10	10	10	10	10	10	10	10	10
経常利益	−490	−350	−210	−70	70	210	590	770	950	1,130	1,410
特別損益	0	0	0	0	0	0	0	0	0	0	0
税引前当期純利益	−490	−350	−210	−70	70	210	590	770	950	1,130	1,410
法人税等（40%）	0	0	0	0	0	0	0	208	380	452	564
当期純利益	−490	−350	−210	−70	70	210	590	562	570	678	846

※X0年度から X3年度において繰越欠損金が発生するため，X4年度から X6年度は法人税等が発生しない。

【図表 4 -37：各年度のキャッシュ・フロー計算書】

(単位：百万円)

科目＼年度	X1	X2	X3	X4	X5	X6	X7	X8	X9	X10
税引前当期利益	−350	−210	−70	70	210	590	770	950	1,130	1,410
減価償却費	360	420	480	540	600	420	440	460	480	400
売上債権の増減額	−1,000	−1,000	−1,000	−1,000	−1,000	−1,000	−1,000	−1,000	−1,000	−1,000
棚卸資産の増減額	−500	−500	−500	−500	−500	−500	−500	−500	−500	−500
仕入債務の増減額	500	500	500	500	500	500	500	500	500	500
小計	−990	−790	−590	−390	−190	10	210	410	610	810
法人税等の支払額	0	0	0	0	0	0	0	−208	−380	−452
営業 CF	−990	−790	−590	−390	−190	10	210	202	230	358
有形固定資産の取得	−400	−400	−400	−400	−400	−400	−400	−400	−400	−400
投資 CF	−400	−400	−400	−400	−400	−400	−400	−400	−400	−400
借入金の増減	0	0	0	0	0	0	0	0	0	0
資本金の増減	2,000	1,000	1,000	1,000	0	0	1,000	0	0	0
財務 CF	2,000	1,000	1,000	1,000	0	0	1,000	0	0	0
キャッシュ増加額	610	−190	10	210	−590	−390	810	−198	−170	−42
キャッシュ期首残高	500	1,110	920	930	1,140	550	160	970	772	602
キャッシュ期末残高	1,110	920	930	1,140	550	160	970	772	602	560

※増資額は X1年度から X4年度（図表 4 -32）以外に，X7年度も実施するものとして作成

　株式価値を DCF 法で算定する場合，フリー・キャッシュ・フローを用いて事業価値（EV）を計算する必要があります。X1年度から X10年度と継続年度（X11年度以降）の営業キャッシュ・フロー（営業 CF），投資キャッシュ・フロー（投資 CF），フリー・キャッシュ・フロー（FCF）は**図表 4 -38**です。

【図表 4 −38：各年度のフリー・キャッシュ・フロー】

(単位：百万円)

項目＼年度	X1	X2	X3	X4	X5	X6	X7	X8	X9	X10	継続年度
営業 CF	−990	−790	−590	−390	−190	10	210	202	230	358	1,358
税引前当期利益	−350	−210	−70	70	210	590	770	950	1,130	1,410	1,410
減価償却費	360	420	480	540	600	420	440	460	480	400	400
売上債権の増減額	−1,000	−1,000	−1,000	−1,000	−1,000	−1,000	−1,000	−1,000	−1,000	−1,000	0
棚卸資産の増減額	−500	−500	−500	−500	−500	−500	−500	−500	−500	−500	0
仕入債務の増減額	500	500	500	500	500	500	500	500	500	500	0
法人税等の支払額	0	0	0	0	0	0	0	−208	−380	−452	−452
投資 CF	−400	−400	−400	−400	−400	−400	−400	−400	−400	−400	−400
FCF	−1,390	−1,190	−990	−790	−590	−390	−190	−198	−170	−42	958

　図表 4 −38のフリー・キャッシュ・フロー（FCF）を用いて，各評価時点（X0年度末〜X5年度末）の事業価値（EV）を計算します。DCF 法は各年度に発生するキャッシュ・フローの割引現在価値（DCF）を事業価値とします。なお，継続年度（X11年度以降）のキャッシュ・フローの現在価値は，継続年度の FCF と割引率を利用して以下のように計算します。

$$継続価値＝\frac{FCF}{割引率}＝\frac{958百万円}{5\%}＝19,160百万円$$

　X0年度末時点から X5年度末時点の DCF の合計（事業価値：EV）を計算したのが，図表 4 −39です。

【図表 4 −39：X0年度末から X5年度末時点の事業価値】

● X0年度末時点の事業価値 (単位：百万円)

項目	X1年度	X2年度	X3年度	X4年度	X5年度	X6年度	X7年度	X8年度	X9年度	X10年度	継続年度
FCF	−1,390	−1,190	−990	−790	−590	−390	−190	−198	−170	−42	19,160
DF	0.952	0.907	0.864	0.823	0.784	0.746	0.711	0.677	0.645	0.614	0.614
DCF	−1,324	−1,079	−855	−650	−462	−291	−135	−134	−110	−26	11,763

DCF の合計：6,697百万円

● X1年度末時点の事業価値

項目	X1年度	X2年度	X3年度	X4年度	X5年度	X6年度	X7年度	X8年度	X9年度	X10年度	継続年度
FCF	—	−1,190	−990	−790	−590	−390	−190	−198	−170	−42	19,160
DF	—	0.952	0.907	0.864	0.823	0.784	0.746	0.711	0.677	0.645	0.645
DCF	—	−1,133	−898	−682	−485	−306	−142	−141	−115	−27	12,351

DCF の合計：8,421百万円

● X2年度末時点の事業価値

項目	X1年度	X2年度	X3年度	X4年度	X5年度	X6年度	X7年度	X8年度	X9年度	X10年度	継続年度
FCF	—	—	−990	−790	−590	−390	−190	−198	−170	−42	19,160
DF	—	—	0.952	0.907	0.864	0.823	0.784	0.746	0.711	0.677	0.677
DCF	—	—	−943	−717	−510	−321	−149	−148	−121	−28	12,968

DCF の合計：10,032百万円

● X3年度末時点の事業価値

項目	X1年度	X2年度	X3年度	X4年度	X5年度	X6年度	X7年度	X8年度	X9年度	X10年度	継続年度
FCF	—	—	—	−790	−590	−390	−190	−198	−170	−42	19,160
DF	—	—	—	0.952	0.907	0.864	0.823	0.784	0.746	0.711	0.711
DCF	—	—	—	−752	−535	−337	−156	−155	−127	−30	13,617

DCF の合計：11,524百万円

● X4年度末時点の事業価値

項目	X1年度	X2年度	X3年度	X4年度	X5年度	X6年度	X7年度	X8年度	X9年度	X10年度	継続年度
FCF	—	—	—	—	−590	−390	−190	−198	−170	−42	19,160
DF	—	—	—	—	0.952	0.907	0.864	0.823	0.784	0.746	0.746
DCF	—	—	—	—	−562	−354	−164	−163	−133	−31	14,297

DCF の合計：12,890百万円

● X5年度末時点の事業価値

項目	X1年度	X2年度	X3年度	X4年度	X5年度	X6年度	X7年度	X8年度	X9年度	X10年度	継続年度
FCF	—	—	—	—	—	−390	−190	−198	−170	−42	19,160
DF	—	—	—	—	—	0.952	0.907	0.864	0.823	0.784	0.784
DCF	—	—	—	—	—	−371	−172	−171	−140	−33	15,012

DCF の合計：14,125百万円

※表示単位未満は四捨五入して表示しています。以下，303頁まで同様。

　算定した事業価値（EV），現預金残高，有利子負債残高を用いて株式価値を算定します。株式価値は**図表4−40**と算定されました。

【図表4−40：X0年度末からX5年度末時点の株式価値】

(単位：百万円)

項目	X0年度末	X1年度末	X2年度末	X3年度末	X4年度末	X5年度末	
EV（事業価値）	6,697	8,421	10,032	11,524	12,890	14,125	A
現金預金	500	1,110	920	930	1,140	550	B
有利子負債	0	0	0	0	0	0	C
株式価値	7,197	9,531	10,952	12,454	14,030	14,675	D＝A＋B−C

　算定した株式価値を利用してX1年度からX4年度の株式発行による持分比率を計算したのが**図表4−41**です。

【図表4−41：X1年度からX4年度の株式発行による持分比率】

(単位：百万円)

項目	X1年度	X2年度	X3年度	X4年度	
株式価値	7,197	9,531	10,952	12,454	D＝A＋B−C
資金調達額	2,000	1,000	1,000	1,000	F
持分比率	21.7%	9.5%	8.4%	7.4%	F/(E＋F)

　資本調達を外部から行えば，既存株主の持分比率は増資の度に低下していきます。ただし，事業の進捗（収益の増加）に伴って株式価値が増加していくため，株式発行による持分比率は割合が低下していきます。すなわち，一般的に当初から株式を保有していたほうが，同じ投資金額でも多くの持分比率を確保することができます。念のために，増資によって持分比率がどのように変化するかを，例題を使って説明します。

例題4−3

　B社はA社の発行済株式の100%を保有しています。A社は，X1〜X4年度に図表4−41の増資を実施し，すべてB社以外の株主（C社，D社，E社，F社）が引受けました。株主（B〜F社）が保有する持分比率は，どのように変化しますか？

解答

【図表4−42：A社株主の持分比率の変化】

株主	当初	X1年度	X2年度	X3年度	X4年度
B社	100.0%	78.3%	70.8%	64.9%	60.1%
C社	0.0%	21.7%	19.7%	18.0%	16.7%
D社	0.0%	0.0%	9.5%	8.7%	8.1%
E社	0.0%	0.0%	0.0%	8.4%	7.7%
F社	0.0%	0.0%	0.0%	0.0%	7.4%
合計	100.0%	100.0%	100.0%	100.0%	100.0%

解説

当初はＢ社が100％の株式を保有していますが，増資の度に他の投資家が株主となるため，Ｂ社の持分はX4年度時点で60.1％まで低下します。持分比率の計算方法について説明します。

X1年度にＣ社が投資する際，Ａ社の株式価値総額7,197百万円に対してＣ社の出資額2,000百万円なので，X1年度の持分比率は下記のように計算します（以下，表示単位未満は四捨五入して表示しています）。

$$\text{X1年度のＢ社の持分比率} = \frac{\text{増資前の株式価値}}{\text{増資前の株式価値＋増資額}}$$

$$= \frac{7,197百万円}{7,197百万円＋2,000百万円}$$

$$= 78.3\%$$

$$\text{X1年度のＣ社の持分比率} = \frac{\text{増資額}}{\text{増資前の株式価値＋増資額}}$$

$$= \frac{2,000百万円}{7,197百万円＋2,000百万円}$$

$$= 21.7\%$$

次に，X2年度にＤ社が投資する際，Ａ社の株式価値総額9,531百万円に対してＤ社の出資額1,000百万円なので，X2年度の持分比率は下記のように計算します。

$$\text{X2年度のＢ社の持分比率} = \frac{\text{増資前の株式価値×Ｂ社の持分比率}}{\text{増資前の株式価値＋増資額}}$$

$$= \frac{9,531百万円×78.3\%}{9,531百万円＋1,000百万円}$$

$$= 70.8\%$$

$$\text{X2年度のC社の持分比率}=\frac{\text{増資前の株式価値}\times\text{C社の持分比率}}{\text{増資前の株式価値}+\text{増資額}}$$

$$=\frac{9,531\text{百万円}\times21.7\%}{9,531\text{百万円}+1,000\text{百万円}}$$

$$=19.7\%$$

$$\text{X2年度のD社の持分比率}=\frac{\text{増資額}}{\text{増資前の株式価値}+\text{増資額}}$$

$$=\frac{1,000\text{百万円}}{9,531\text{百万円}+1,000\text{百万円}}$$

$$=9.5\%$$

その後も同様の計算方法で，持分比率を計算します。このように，増資を行う度に持分比率が変動していくので，最終的に株主の持分比率をどのように計画するかを考えておかなければなりません。この株主の持分比率の計画が，資本政策です。

事業再編における負債調達（借入）は，事業再生において説明した事項とほとんど同じような点に留意して行うため，ここでは説明を省略します。

おわりに

　本書では，事業再編・事業再生の基本的な考え方，その過程において発生する事象について，さまざまな角度から説明しました。

　事業再編・事業再生に用いられる法律や税法は時限立法であることも多く，実際に利用する時点で有効な法律や税法を理解したうえで利用する必要があります。どのような場合でも広く網羅的に対応できることが重要なので，個別の法律，税務の細部には極力触れずに説明をしています。本書は，細かい実務上の論点について解説をする書籍というよりも，事業再編・事業再生の基本的な考え方，知識を学ぶための書籍としてご利用ください。

　経済環境が変化すると，企業業績に大きな影響を与えます。新たな環境に適応するために事業再編が必要で，企業業績を改善させるために事業再生が必要です。

　本書では，読者の理解を計るために可能な限り具体例を掲載して解説しており，本書が事業再編・事業再生に関するノウハウを身に付けるための一助となれば幸いです。

　なお，本書における，登場人物のコメント，その他の意見に係る記述は著者の私見であることを申し添えます。

　最後に，本書の出版にあたって，筆者の趣旨を理解し，企画・編集でご協力いただきました株式会社中央経済社の阪井あゆみ氏に，心よりお礼申し上げます。

2022年9月

山下　章太

索　引

【著者略歴】

山下　章太（やました　しょうた）

公認会計士

神戸大学工学部卒業後，監査法人トーマツ（現有限責任監査法人トーマツ），みずほ証券，東京スター銀行を経て独立。
独立後は，評価会社，税理士法人，監査法人を設立し代表者に就任。その他，投資ファンド，証券会社，信託会社，学校法人などの役員を歴任し，現在に至る。
著書に『金融マンのための実践ファイナンス講座〈第3版〉』『金融マンのための実践デリバティブ講座〈第3版〉』『金融マンのための不動産ファイナンス講座〈第3版〉』『金融マンのためのエクイティ・ファイナンス講座』『図解　為替デリバティブのしくみ〈第2版〉』『図解 不動産ファイナンスのしくみ』（いずれも中央経済社）がある。

金融マンのための
再編・再生ファイナンス講座

2022年10月1日　第1版第1刷発行

著　者	山　下　章　太	
発行者	山　本　　　継	
発行所	㈱中 央 経 済 社	
発売元	㈱中央経済グループ パ ブ リ ッ シ ン グ	

〒101-0051　東京都千代田区神田神保町1-31-2
電話　03（3293）3371（編集代表）
　　　03（3293）3381（営業代表）
https://www.chuokeizai.co.jp
印刷／昭和情報プロセス㈱
製本／誠　製　本　㈱

©2022
Printed in Japan